Hamburger Rechtsstudien

herausgegeben von Mitgliedern der Rechtswissenschaftlichen

Fakultät der Universität Hamburg

Heft 54

Das sogenannte Synallagma in den Konsensualkontrakten des klassischen römischen Rechts

von

Dr. HANS-PETER BENÖHR

Hamburg

Hamburg

Cram, de Gruyter & Co.

1965

Diese Arbeit hat der Rechtswissenschaftlichen Fakultät
der Universität Hamburg im Jahre 1964 als Dissertation
vorgelegen.
Gedruckt mit Unterstützung
der Stiftung Volkswagenwerk

Gesamtherstellung: Graph. Betrieb Gebr. Rasch & Co., Bramsche/Osnabrück.
Printed in Germany.

Vorwort

Die vorgelegte Schrift ist im November 1964 von der Rechtswissenschaftlichen Fakultät der Universität Hamburg als Dissertation angenommen worden. Für die Aufnahme der Untersuchung in die »Hamburger Rechtsstudien« bin ich den Herausgebern zu Dank verpflichtet. Danken möchte ich auch den Stiftungen, die durch Druckkostenbeihilfen die Veröffentlichung ermöglicht haben. Besonders dankbar bin ich Herrn Professor Dr. Max Kaser. Er hat mich in das römische Recht eingeführt, mir das Thema vorgeschlagen und mich bei der Anfertigung der Arbeit durch wertvolle Hinweise gefördert.

Hans-Peter Benöhr

Hamburg, im Juni 1965

Inhaltsverzeichnis

Abkürzungen

a.a.O.	am angegebenen Ort
ACJI	Acta congressus iuridici internationalis, Roma 1934, 5 Bde. (Rom 1935–1937)
AG	Archivio giuridico 'Filippo Serafini' (Bologna, Pisa, seit 1921 Modena)
AHDO-RIDA	Archives d'histoire de droit oriental – Revue internationale des droits de l'antiquité (Brüssel)
An. Pal.	Annali del Seminario giuridico della Università di Palermo
An. Per.	Annali della Facoltà di Giurisprudenza dell' Università di Perugia
Arangio-Ruiz	Vincenzo Arangio-Ruiz, La compravendita in diritto romano, 2 Bde., 2. Aufl., Neudruck (Neapel 1956)
Atti Roma	Atti del Congresso internazionale di diritto romano, Roma 1933, 2 Bde. (Pavia 1934)
Atti Verona	Atti del Congresso internazionale di diritto romano e di storia di diritto, Verona 1948, 4 Bde. (Mailand 1953)
Bas.	Basiliken
Bearb.	Bearbeiter
Bechmann	August Bechmann, Der Kauf nach gemeinem Recht 1, Geschichte des Kaufs im römischen Recht (Erlangen 1876)
Beseler 1–5	Gerhard von Beseler, Beiträge zur Kritik der römischen Rechtsquellen 1 (Tübingen 1910), 2 (1911), 3 (1913), 4 (1920), 5 (Leipzig 1931)
Biondi	Biondo Biondi, Iudicia bonae fidei, An. Pal. 7 (1918) 3ff.
Bull.	Bullettino dell'Istituto di diritto romano (Rom, seit 1940 Mailand; Bd. 42 [1934] — Bd. 1 der Nuova serie 'Vittorio Scialoja')
C.	Codex Iustinianus (Corpus iuris civilis, vol. 2, ed. Paul Krüger, 12. Aufl., Berlin 1959)
CIL	Corpus Inscriptionum Latinarum
consult.	consultatio veteris cuiusdam iurisconsulti (FIRA 2, 591ff.)
C. Th.	Codex Theodosianus (ed. Th. Mommsen – Paul M. Meyer, 2. Aufl., Berlin 1954)
D.	Digesta (Corpus iuris civilis, vol. 1, edd. Th. Mommsen – Paul Krüger, 16. Aufl., Berlin 1954)
Dig. Mil.	Digesta (edd. P. Bonfante – C. Fadda – C. Ferrini – S. Riccobono – V. Scialoja, Mailand 1931)
dir.	diritto
F.	codex Florentinus
Festg.	Festgabe
Festschr.	Festschrift
FIRA	Fontes iuris Romani antejustiniani, 2. Aufl. (Florenz), 1 (Leges, ed. S. Riccobono, 1941), 2 (Auctores, edd. J. Baviera et J. Furlani, 1940), 3 (Negotia, ed. V. Arangio-Ruiz, 1943)
fr.	Fragment

Gai.	Gai institutionum comm. 4 (FIRA 2, 3ff.)
Gai Epit.	Gai institutionum Epitome (FIRA 2, 229ff.)
gl.	Glossem
Glück ital.	Chr. Fr. Glück, Commentario alle Pandette, ital. Übersetzung, 44 Bde. (Mailand 1888–1907)
Grosso	Giuseppe Grosso, Il sistema romano dei contratti, 3. Aufl. (Turin 1963)
Heimb.	Basilicorum libri LX, ed. G. E. Heimbach, 6 Bde. (Leipzig 1833–1870)
I.	Institutiones (Corpus iuris civilis, vol. 1, ed. Paul Krüger, 16. Aufl., Berlin 1954)
Ind. Itp.	Index Interpolationum, 3 Bde., 1 Suppl. (edd. E. Levy, E. Rabel, Weimar 1929–1935)
Itp.	Interpolation
itp.	interpoliert
Iura	IVRA, Rivista internazionale di diritto romano e antico (Neapel)
Jörs-Kunkel	Römisches Privatrecht, auf Grund des Werkes von Paul Jörs in 2. Aufl. bearb. v. Wolfgang Kunkel, 3. Aufl. (Berlin – Göttingen – Heidelberg 1949)
Kaser, EB	Max Kaser, Eigentum und Besitz im älteren römischen Recht, 2. Aufl. mit Nachträgen (Köln – Graz 1956)
Kaser, RPR 1	Max Kaser, Das römische Privatrecht, 1. Abschnitt (München 1955)
Kaser, RPR 2	Max Kaser, Das römische Privatrecht, 2. Abschnitt (München 1959)
Kr.	Paul Krüger, Anmerkungen innerhalb des Corpus iuris civilis
Lenel, EP	Otto Lenel, Das Edictum perpetuum, 3. Aufl. (Leipzig 1927)
Lenel, Pal.	Otto Lenel, Palingenesia iuris civilis, 2 Bde. (Leiptzig 1889) (zitiert nach der Spaltenzahl sowie nach der Fragmentnummer des Juristen)
von Lübtow	Ulrich von Lübtow, Catos leges venditioni et locationi dictae, in: Symbolae Raphaeli Taubenschlag dedicatae, Bd. 3 = Eos, Commentarii Societatis Philologae Polonorum, vol. XLVIII 1956 fasc. 3 (Vratislaviae – Varsaviae 1957)
Medicus	Dieter Medicus, Id quod interest (Köln – Graz 1962)
Mo.	Theodor Mommsen, Anmerkungen innerhalb der Digesten
N.	Fußnote, Anmerkung
Nardi	Enzo Nardi, Studi sulla ritenzione in diritto romano, Bd. 1 (Mailand 1947)
NRH	Nouvelle revue historique de droit français et étranger (Paris)
o.	oben
Partsch	Josef Partsch, Das Dogma des Synallagma im römischen und byzantinischen Rechte, in: Aus nachgelassenen und kleineren verstreuten Schriften (Freiburg 1931)
Pernice	Alfred Pernice, Marcus Antistius Labeo, Bd. 1 (Halle 1873)
PS	Pauli sententiae receptae (FIRA 2, 317ff.)
RE	Paulys Realencyclopädie der classischen Altertumswissenschaft, neue Bearb. v. G. Wissowa, W. Kroll, K. Mittelhaus, K. Ziegler (Stuttgart) (in der zweiten Reihe, beginnend mit R, sind die Bände mit 1 A, 2 A... bezeichnet; zitiert nach der Spaltenzahl)
rell	reliqua
RH	Revue historique de droit français et étranger (Paris)

RIDA	Revue internationale des droits de l'antiquité (Brüssel, 1. Serie ab 1948, jetzt RIDA³ = 3. Serie ab 1954)
RPR	Römisches Privatrecht
s.	siehe
Schulz, Gesch.	Fritz Schulz, Geschichte der römischen Rechtswissenschaft (Weimar 1961)
Schulz, Hist.	Fritz Schulz, History of Roman Legal Science (Oxford 1946)
Schulz, Prinz.	Fritz Schulz, Prinzipien des römischen Rechts (München – Leipzig 1934)
Scr.	Scritti
SD	Studia et documenta historiae et iuris (Rom)
sog.	sogenannt
St.	Studi
s. v.	sub voce
Symbolae Lenel	Symbolae friburgenses in honorem Ottonis Lenel (Leipzig o. J. [1935])
SZ	Zeitschrift der Savigny-Stiftung für Rechtsgeschichte, romanist. Abt. (Weimar)
Thielmann	Georg Thielmann, Die römische Privatauktion (Berlin 1961)
TS	Tijdschrift voor Rechtsgeschiedenis – Revue d'histoire du droit (Haarlem, seit 1950 Groningen, Djakarta, Brüssel, Den Haag)
u.	unten
Ulp.	Ulpiani regulae (FIRA 2, 259ff.)
vat.	fragmenta Vaticana FIRA 2, 461ff.)
vgl.	vergleiche
VIR	Vocabularium Iurisprudentiae Romanae (Berlin seit 1903) (zitiert nach der Spaltenzahl)

1. Abschnitt

Einleitung

§ 1

Fragestellung

I. Synallagma, als Begriff der modernen Dogmatik[1]), bezeichnet die gegenseitige Abhängigkeit von Forderung und Gegenforderung in den gegenseitigen Verträgen[2]). Die gegenseitige Abhängigkeit kann sich in dreifacher Gestalt äußern: Wenn die eine Forderung nicht entsteht, ist auch die andere nicht vorhanden (genetisches Synallagma). Soweit die eine erlischt, geht auch die andere unter (konditionelles Synallagma). Und wenn Erfüllung der einen Forderung begehrt wird, muß die andere befriedigt sein oder befriedigt werden (funktionelles Synallagma). In der vorliegenden Arbeit soll untersucht werden, ob diese gegenseitige Abhängigkeit auch im römischen Recht bestand, und ob sie schon dort als »Synallagma« bezeichnet wurde.

II. Die Frage ist wiederholt erörtert worden. Schon Bartolus lehrt: »ex contractu ultro citroque obligatorio non potest effectualiter agi, nisi ab eo, qui totum contractum ex parte sua impleverit«[3]). Alciat (1536)[4]) und Gans (1819)[5]) verknüpfen die Abhängigkeit zwischen den versprochenen Leistungen[6]) mit dem Ausdruck συνάλλαγμα[7]). Das gemeine

---

[1]) Ehrenzweig, Syst. d. österr. allg. Priv. R. 2/1 (1920) 166ff. und 198f.; Ravà, Ist. di dir. priv. (1938) 446f.; Planiol-Ripert-Esmein, Traité de droit civil franç. 6[2] (1952) 590ff.; Guhl, Schweiz. Obl. R.[5] (1956) 37ff.; Reimer Schmidt bei Soergel-Siebert, BGB 1 (1959) N. 6–10 vor § 320.

[2]) Zu den gegenseitigen Verträgen sogleich in § 2.

[3]) Opera omnia 2 (Venetiis 1590) 118: D. 19, 1, 13, 8; § »offerri«.

[4]) Paradoxa, l. V. c. 7 de verbor. signific. ad D. 50, 16, 19. (Bat. Lugd. 1536) p. 117f. – zitiert nach Partsch 25f. N. 52.

[5]) Partsch 25 N. 52: »...Daß Synallagma begrifflich den ›Austausch‹ der Leistungen darstellte, ist eine Lehre, die in der rechtshistorischen Schule des 19. Jh. durch einen ihrer ersten Widersacher heimisch gemacht worden zu sein scheint: Ed. Gans ›Über römisches Obligationenrecht‹, Heidelberg 1819, p. 100 N. 4, 190ff., 199...«.

[6]) Über die Bedeutung von συνάλλαγμα bei den griechischen Schriftstellern und den römischen Juristen sogleich in § 3.

[7]) Im englischen Sprachbereich werden diese Erscheinungen auch als »bilaterality« (so z.B. De Zulueta, Rom. Law of Sale [1945 Neudr. 1949] 3; 5; 7; 8; 29; 34), in der franz. Sprache als »bilatéralité« (so z.B. Meylan, St. Riccobono 4 [1936] 279ff.), in der ital. Sprache als »bilateralità« (so z.B. Grosso 195ff.) und in der span. als »bilaterali-

Recht brachte dann eine reiche Literatur über dieses Problem hervor[8]). Für die Dogmatik des französischen und des italienischen Rechts ist bis in die Gegenwart die thèse von Cassin von Einfluß[9]), der das funktionelle Synallagma von dem Rechtszustand seiner Zeit ausgehend durch die gesamte Rechtsgeschichte bis in das klassische Recht zurückverfolgt hat. Dann wandten sich, kurz vor dem ersten Weltkrieg, De Francisci[10]) und Partsch[11]) dem Synallagma im justinianischen Recht zu. Später wurde es besonders von Haymann[12]), Rabel[13]), Appleton[14]) und neuerdings Betti[15]) in die Diskussion um das *periculum emptoris* einbezogen. Heute spielt es eine Rolle bei den Versuchen, vor allem von Meylan[16]) und Cancelli[17]), den Ursprung des Konsensualkaufes aufzuhellen. Zuletzt haben dem Synallagma Grosso[18]) und Nardi[19]) in ihren Werken besondere Kapitel gewidmet[20]).

III. Die bisher geäußerten Meinungen zu den Problemen des Synallagmas ergeben folgendes Bild: Im 19. Jahrhundert hat man die verschiedenen Erscheinungsformen des Synallagmas auf scharfsinnige Weise erfaßt[21]); heute glaubt man, die Verknüpfung der beiden Leistungspflichten sei nicht sehr stark gewesen[22]). Es ist heute anerkannt, daß das klassische römische Recht das funktionelle Synallagma im Rahmen des Kaufvertrages beachtet hat. Man untersucht aber kaum, ob man beim Kauf von einem konditionellen und einem genetischen Synallagma sprechen kann. Noch seltener wird die Frage nach dem Synallagma in anderen Verträgen gestellt. Im

---

dad« (so z.B. D'Ors, Elementos [1960] 331f.) bezeichnet. Außerdem finden sich Ausdrücke wie: lien de connexité und interdipendenza.

Der Name einer »exceptio non adimpleti contractus« taucht zum ersten Mal 1560 auf: Nach Cassin, De l'exception tirée l'inexécution (1914) 77 N. 5: Fr. Marcus, Decisiones aureae in sacro Delphinatus senatu discussae et promulgatae, Lugduni 1560, 2 vol; notam: pars 2, qu. DCXCVIII: »Quod in istis contractibus ultro citroque obligatoriis habet obstare exceptio non adimpleti contractus.«

8) Z.B. Gans (o. N. 5); Dernburg, Compensation² (1868) 57ff.; Bekker, Aktionen 1 (1871) 372ff.; Bechmann 540ff. – Ausführliche Literaturangaben bringen Windscheid-Kipp, Lehrbuch d. Pandektenrechts⁹ 2 (1906) 319ff.

9) Oben N. 7.

10) Synallagma 1 (1913); 2 (1916).

11) SZ 35 (1914) 335ff.; ders., Das Dogma des Synallagma... in: Aus nachgelass. ... Schriften (1931) 3ff.

12) SZ 41 (1920) 44ff. und SZ 48 (1928) 314ff.

13) SZ 42 (1921) 543ff.

14) RH 5 (1926) 375ff.

15) Besonders in: St. De Francisci 1 (1956) 131ff.

16) Scr. Ferrini 4 (1949) 176ff.; TS 21 (1953) 129ff.; Aequitas und Bona Fides (Festg. Simonius) (1955) 247ff.

17) L'origine del contratto consensuale di compravendita nel dir. rom. (1963).

18) Il sistema romano dei contratti³ (1963).

19) Studi sulla ritenzione 1 (1947); 2 und 3 (1957).

20) Weitere Literatur im folgenden.

21) S. o. N. 8.

22) Seckel-Levy, SZ 47 (1927) 138; Partsch 32; F. Schulz, Class. Roman Law (1951) 531f.; F. Schwarz, SZ 71 (1954) 217; Arangio-Ruiz 215; Grosso 219; alle mit Hinweisen auf entsprechende Äußerungen anderer.

Prozeß berücksichtigt es der *iudex* nach der einen modernen Ansicht nur auf förmliche *exceptio* hin[23]), nach der anderen schon auf Grund der *bona fides*[24]).

Widersprüche zwischen den verschiedenen Meinungen bestehen auch hinsichtlich der Entwicklungsgeschichte des Synallagmas. Zwar geht die Mehrzahl der Schriftsteller davon aus, daß die Römer das Synallagma erst anerkannten, nachdem sie die Konsensualkontrakte schon voll entwickelt hatten. Doch hält eine kleine Gruppe daran fest, daß das Synallagma von Anfang an ein wesentliches Element des Kaufes gewesen sei[25]). Andere Forscher vertreten die Ansicht, am Anfang der Entwicklung habe das Synallagma nur zugunsten des Käufers bestanden, so daß der Käufer die Ware verlangen durfte, ohne selbst zu zahlen, während der Verkäufer den Preis erst nach der eigenen Lieferung einklagen konnte[26]). Die meisten dagegen glauben nicht an eine ungleichartige Behandlung von Käufer und Verkäufer zu irgendeiner Zeit[27]).

IV. Alle diese Probleme sollen den Gegenstand der vorliegenden Arbeit bilden. Der Überblick über die Verträge, in denen sich die Abhängigkeit von Leistung und Gegenleistung zeigen kann (§ 2), der Versuch, die Bedeutung des Wortes συνάλλαγμα aufzuklären (§ 3), und die Betrachtung solcher Formulierungen, die – dem Anschein nach – die gegenseitige Abhängigkeit theoretisch umschreiben (§ 4), leiten über zu dem Hauptteil der Arbeit: dem funktionellen Synallagma beim Kaufvertrag (§§ 5–11). Darauf folgen Erörterungen über das genetische und das konditionelle Synallagma beim Kauf (§ 12 und §§ 13–15), denen sich Erwägungen über das Synallagma bei der *locatio conductio* (§§ 17–20) anschließen.

Für die Wirksamkeit des Synallagmas ist es bedeutungsvoll, ob es von den Parteien besonders vereinbart werden muß (§ 5 II), oder ob es auch ohne eine solche Vereinbarung gilt. Weiter ist zu fragen, auf welche Weise es im Prozeß zutage tritt (§ 7), wie die Juristen es beschreiben (§ 8), und ob die Parteien es außer Anwendung setzen können.

Die Betrachtung von Erscheinungen, die vom Synallagma verschieden, ihm aber vergleichbar sind (§§ 9, 11 und 21), und von Problemkreisen, die sich mit dem des Synallagmas überschneiden, aber nicht decken, wie dem der Rechtsstellung der Gewaltunterworfenen (§ 12 II), des *concursus causarum* (§§ 13 I und 19 II), der Vertragsaufhebung (§§ 13 II und 19 III) und der

---

23) Cuq, Manuel² (1928) 472 N. 4; Biondi, Iudicia bonae fidei, An. Pal. 7 (1918) 43. Zögernd auch: Kipp, SZ 42 (1921) 331 m. N. 2; Monier, Manuel, Obl.⁵ (1954) 150 m. N. 5.

24) Schulz (o. N. 22) 531f.; Talamanca, Contributi allo studio delle vendite all'asta (1954) 123; Nardi, ritenz.² (1957) 144 N. 24 u. ö. bezügl. *retentio;* von Lübtow, Symb. Taubenschlag 3 (1957) 414; Thielmann, Privatauktion (1961) 141f.

25) Kniep, Festg. Thon (1911) 55; Haymann, SZ 41 (1920) 51ff.; ders., SZ 48 (1928) 326f.; Collinet, St. Bonfante 3 (1930) 418; vgl. auch Meylan, St. Riccobono 4 (1936) 309ff.; von Lübtow 411 und Watson, TS 32 (1964) 251.

26) Dernburg (o. N. 8) 66; Pernice 457ff.; Cuq (o. N. 23) 472 f. m. N. 2; Grosso 219f.

27) Ausdrücklich gegen eine verschiedene Entwicklung der Zurückbehaltung wegen Nichterfüllung zugunsten des Käufers und des Verkäufers: Bechmann 573; 594f.

Gefahrtragung (§§ 15 und 19 IV), soll nicht mehr Raum einnehmen, als es für die Erkenntnis und Abgrenzung des Synallagmas unerläßlich ist.

Zwei Rechtseinrichtungen, die das Verhältnis von Leistung und Gegenleistung berühren, sind aus der folgenden Untersuchung gänzlich ausgeschieden worden: der sogenannte Eigentumsvorbehalt und die *lex commissoria*. Der sogenannte Eigentumsvorbehalt – sei er vertraglich oder gesetzlich – macht den Übergang des Eigentums auf den Käufer von der Preiszahlung an den Verkäufer abhängig. Diese Frage gehört vornehmlich dem Sachenrecht an. Ihre Erörterung würde die Aufmerksamkeit von den schuldrechtlichen Beziehungen der beiden Parteien ablenken. Auf die schuldrechtlichen Beziehungen wirkt jedoch die *lex commissoria* ein. Sie gewährt dem einen Teil ein Rücktrittsrecht im Falle der nicht oder nicht rechtzeitig erfolgten Leistung des anderen Teils. Dieses Rücktrittsrecht ist stets von der vorherigen Parteivereinbarung abhängig geblieben und nie als Rechtsinstitut in das Amtsrecht übernommen worden. Die Erörterung der *lex commissoria* bleibt daher einer Erörterung der *pacta* vorbehalten.

Aus den Untersuchungen der soeben aufgezeigten Einzelfragen werden sich Vermutungen darüber gewinnen lassen, wie sich die Abhängigkeit von Leistung und Gegenleistung im römischen Recht entwickelt hat, und ob die römischen Juristen das Synallagma als ein allgemeines Prinzip erkannt haben.

§ 2

Die gegenseitigen Verträge

I. Gegenseitige Verträge sind im römischen Recht die *emptio venditio* und die *locatio conductio*.

Der Verkäufer sagt die Lieferung der Ware zu, damit ihm der Kaufpreis bezahlt werde. Der Käufer verspricht dem Verkäufer die Entrichtung des Preises, um von dem Verkäufer die Ware zu erhalten. Diejenigen römischen Juristen, die den Tausch als eine besondere Art des Kaufes ansahen[1]), hätten der Vereinbarung eines Tausches die Eigenschaft des gegenseitigen Vertrages zuerkennen müssen; ob sie es wirklich taten, ist den Quellen nicht zu entnehmen[2]).

Vermieter, Dienstnehmer und Werkunternehmer verpflichten sich zu bestimmten Leistungen, weil ihnen die Geldzahlung versprochen wird. Um in den Genuß dieser Leistung zu kommen, verspricht der andere Teil den Mietzins, den Dienstlohn oder die Werkvergütung. Diese Leistungen sollen gegeneinander ausgetauscht werden. Sie haben Entgeltscharakter und stehen zueinander im Verhältnis der Gegenseitigkeit.

II. Man könnte versucht sein, den gegenseitigen Verträgen auch *societas*

---

[1]) Kaser, RPR 1, 484 und 458: »vorübergehender Vorstoß der Sabinianer«: Gai. 3, 141; Paul. D. 18, 1, 1 pr./1.

[2]) Zu den Innominatkontrakten, denen der Tausch im allgemeinen zugerechnet wurde, sogleich unter VII.

und Mandat, ferner gewisse Rechtsverhältnisse, die in eine Stipulation eingekleidet sind, und schließlich die Real- und die Innominatkontrakte zuzurechnen. Voraussetzung für diese Zuordnung wäre es, daß auf Grund eines Vertrages zwei Leistungen gegeneinander ausgetauscht werden.

1. In einer *societas* wollen die beiden Parteien ihre Anstrengungen miteinander verbinden, um dadurch ein ihnen gemeinsames Ziel zu erreichen. Folglich liegt der Zweck, um dessen willen eine Partei eine Leistung vollbringt, nicht in der Bereicherung ihres eigenen Vermögens um die Leistung der Gegenseite[3]). Daß es den Parteien nicht auf den Austausch ihrer Leistungen ankommt, zeigt sich besonders klar, wenn nach den Gesellschaftsvereinbarungen alle Parteien einen gleichartigen Gegenstand, z.B. Geld oder Arbeit, erbringen; es gilt das aber auch in allen anderen Fällen. Eine Partei erfüllt also ihre Beitragspflicht nicht, damit oder weil der andere Teil die seine vollbringt[4]). Die Beiträge der Gesellschafter haben mithin keinen Entgeltscharakter. Deswegen ist die *societas* kein gegenseitiger Vertrag[5]).

2. Aber selbst wenn die *societas* ein gegenseitiger Vertrag wäre, könnte sich das funktionelle Synallagma doch nicht so auswirken, daß die Nichtleistung des Klägers die Verurteilung des Beklagten hinderte. Zu diesem Schluß führt folgende Überlegung:

Ein *socius*, der gegen den anderen klagt, gibt damit zu erkennen, daß er nicht mehr Gesellschafter sein und daß er die Gesellschaft beenden will[6]). Das Gesellschaftsverhältnis wird durch die Klage so stark erschüttert, daß es nicht mehr fortbestehen kann. Deswegen beendet die Klage die Gesellschaft zwischen Kläger und Beklagtem[7]). Mit der Beendigung der *societas* können Beiträge zur weiteren Führung der Gesellschaft nicht mehr geleistet oder verlangt werden[8]). Zweckmäßigerweise wird der *iudex* – soweit ihm das im Einzelfall möglich ist, ohne den Urteilsspruch hinauszuzögern – von seiner Befugnis Gebrauch machen[9]), den Beklagten auf die Geldsumme zu verurteilen, die sich aus der Bewertung aller Einzelposten[10]) ergibt. Da die *actio pro socio* als *bonae fidei iudicium* auf das gerichtet ist, was der Beklagte dem Kläger nach der guten Treue schuldet, kommt es für die Durchführung

---

[3]) Wieacker, SZ 69 (1952) 324: Julian lehnt in einem Fall (Ulp. D. 19, 5, 13, 1) das Bestehen einer *societas* deswegen ab, weil ein Teil dem anderen sein Grundstück übereignet hat. Ein Gesellschaftsverhältnis habe niemals zur Folge, daß ein Gesellschafter das Eigentum an seiner Sache an einen Mitgesellschafter endgültig verliere: *quia nemo societatem contrahendo rei suae dominus esse desinit.*

[4]) »Causa der Leistung des einen ist nicht die Beitragspflicht des anderen«, Wieacker (o. N. 3) 324; anders: Arangio-Ruiz, Mandato (1949) 84f.

[5]) Wieacker (o. N. 3) 309, 320ff., 493ff., 501f. Dagegen: Arangio-Ruiz, Mandato 85; ders., Società (1950) 73ff.

[6]) Paul. D. 17, 2, 65 pr. – Wieacker (o. N. 3) 503f. trotz Kritik an der genannten Stelle. Weitere Kritik bei Arangio-Ruiz, Società, 176ff.

[7]) Wieacker 308f., 503f. u. ö. Dagegen Arangio-Ruiz, Società, 175ff.

[8]) Wieacker 317. Anders: Arangio-Ruiz, Società, 175: Die Nachholbarkeit der Erfüllung beim Kauf sei praktisch leichter als bei der *societas*, das läge aber nicht an einer »differenza di struttura«.

[9]) Gai. 4, 61ff.

[10]) Im einzelnen: Wieacker 311f., 318, 327.

der Generalabrechnung[11]) nicht darauf an, ob der Kläger seine Aktivposten ganz einfordert und es dem Beklagten überläßt, die Aufrechnung mit den eigenen Aktiva zu betreiben[12]), oder ob der Kläger sogleich Aktiva und Passiva miteinander verrechnet und nur den Aktivsaldo geltend macht[13]). Werden aber die Ansprüche des Beklagten und die des Klägers gegeneinander verrechnet, dann wäre für das funktionelle Synallagma selbst dann kein Raum, wenn – entgegen unserer Ansicht – die *societas* ein gegenseitiger Vertrag wäre[14]).

III. Ebensowenig hat das Mandat[15]) den Austausch von Gegenleistungen zum Inhalt. Der Beauftragte kann den Auftraggeber lediglich auf den Ersatz gewisser Aufwendungen und Schäden, nicht aber auf die Leistung eines Entgeltes verklagen. Auch wenn dem Beauftragten ein Honorar zugesagt worden ist[16]), wird angenommen, daß er nicht um des Honorars willen seine Tätigkeit entfaltet hat. Das altruistische Element bleibt in den Rechtsbeziehungen der beiden Parteien bestimmend, folglich ist das Mandat kein gegenseitiger Vertrag[17]). Zudem könnte sich das funktionelle Synallagma in dem Mandat nicht zeigen, weil die *actio mandati* – ebenso wie die *actio pro socio* – das gesamte, zwischen den Parteien bestehende Rechtsverhältnis aufhebt und eine Abrechnung aller Einzelposten herbeiführt[18]).

IV. Die Stipulation ist nicht als ein gegenseitiger Vertrag anzusehen, weil sie nur eine einzige Leistungspflicht, die des Versprechenden, begründet. Das gilt auch für Rechtsbeziehungen, in denen der Stipulationsgläubiger seinerseits eine Leistung zusagt, etwa, wenn eine Partei stipulationsweise die Zahlung einer Geldsumme verspricht, damit die andere eine Ware leiste[19]) oder auf die Durchführung einer Klage verzichte[20]). Die Geldzahlung kann hier nur aus der Stipulation, nicht aus der zugrundeliegenden Zweckabrede eingeklagt werden[21]).

V. Wenn die *transactio* über den Klagverzicht formlos[22]), ohne Stipulation, vereinbart wird, erzeugt sie als ein *pactum* nur eine *exceptio*, keine *actio*. Sie kann dann nur eine Abwehr gegen eine Klage begründen, nicht aber einen klagbaren Anspruch hervorbringen, und ist daher nicht als ein vollkommener Vertrag anzusehen.

---

11) Sabin.-Paul. D. 17, 2, 38 pr. – Wieacker 306, 318, 503. – Gegen den Ausdruck »Liquidationsklage«: Wieacker 311.

12) Paul. D. 16, 2, 9 pr. Dazu Wieacker 326f.: »an der sedes materiae sehr stark zerstör.« – Zur *compensatio* s. auch u. § 7 II 2.

13) Serv.-Paul. D. 17, 2, 30; Ulp. eod. 63, 9; Paul. eod. 65, 14.

14) Wieacker 326.

15) Zum Mandat zuletzt: Arangio-Ruiz, Mandato (1949); Watson, Contract of Mandate (1961); Medicus 186ff.; Michel, Gratuité (1962) 168ff.

16) Dazu Watson (o. N. 15) 102ff. und Michel (o. N. 15) 185ff.

17) So H. J. Wolff, Iura 2 (1951) 260 gegen Grosso 143f. und 197ff.; vgl. auch Arangio-Ruiz, Mandato, 84ff.

18) Gemäß Gai. 4, 61ff.

19) Iul. D. 19, 1, 25; Gai. 4, 126a – dazu unten § 10.

20) Vgl. C. 2, 3, 21; C. 2, 4, 28 – dazu unten § 21.

21) S. insbesondere C. 2, 3, 21; C. 2, 4, 28.

22) S. N. 20.

VI. Auch die vier in Gai.res cott.[23]) genannten Realkontrakte – *mutuum, commodatum, depositum, pignus* – sind keine gegenseitigen Verträge. Die Rückzahlung des Darlehens und die Rückgabe der verliehenen, hinterlegten oder als Pfand hingegebenen Sache steht mit dem Ersatz gewisser Aufwendungen oder Schäden nicht in einem Entgeltsverhältnis. Eine echte Gegenleistung ist beim Pfand, das zur Sicherung einer Forderung bestellt wird, sowie bei Leihe und Verwahrung, die begrifflich unentgeltlich sind, ausgeschlossen. Für die Darlehensgewährung können zwar Zinsen als Entgelt vereinbart werden, doch bedarf es für die Zinsverpflichtung eines besonderen Vertrages, der Stipulation.

VII. Bei den Realkontrakten ist die für die gegenseitigen Verträge typische Abhängigkeit von Leistung und Gegenleistung schon deshalb undenkbar, weil der Realkontrakt überhaupt erst besteht, nachdem die eine Partei ihre Leistung erbracht hat[24]). Dieselbe Überlegung gilt für die sogenannten Innominatkontrakte[25]). Sie werden, zumindest in den Ansätzen, vermutlich schon in klassischer Zeit ausgebildet worden sein, um außerhalb des klassischen Kontrakts- und Aktionenschemas stehende Vereinbarungen über Sachgewährungen, Handlungen und Unterlassungen, sofern ihnen ein Teil schon nachgekommen war, zu schützen[26]). Zu ihnen gehören beispielsweise der Tausch[27]), der sogenannte Trödelvertrag *(aestimatum)*[28]) und die Vereinbarung von Freilassungen[29]). Auch diese Rechtsverhältnisse erzeugen nur die einseitige Verpflichtung der empfangenden Partei, so daß sich das Synallagma dort nicht auswirken kann[30]).

Damit ist der Kreis der Rechtsverhältnisse, die als gegenseitige Verträge, in denen sich die Abhängigkeit von Leistung und Gegenleistung zeigen könnte, in Frage kommen, erschöpft. Es bleiben einzig *emptio venditio* und *locatio conductio* übrig, die von der Frage nach dem Synallagma betroffen werden.

---

[23]) D. 44, 7, 1, 2–6; I. 3, 14, 2–4.

[24]) Besonders deutlich: Dulckeit, Festschr. Schulz 1 (1951) 160. – Die Frage nach der Bedeutung des Willenselementes kann hier auf sich beruhen.

[25]) Beispiele unter N. 27–29.

[26]) Kaser, RPR 1, 484ff. und 2, 302ff. m. Lit. Angaben.

[27]) Paul. D. 19, 4, 1, 1/2.

[28]) Ulp. D. 19, 3, 1 pr.; Ulp. D. 19, 5, 13 pr.

[29]) Aristo-Cels.-Iul.-Maurician.-Ulp. D. 2, 14, 7, 2 (zu dieser Stelle sogleich in § 3 III 2); Paul. D. 19, 5, 5 pr.

[30]) Deswegen ist in diesem Rahmen auf die zahlreichen Kontroversen bezügl. der sogen. Innominatkontrakte nicht einzugehen.

§ 3

Bedeutung des Wortes συνάλλαγμα bei den griechischen und römischen Autoren

I. Συνάλλαγμα und stammverwandte Wörter[1]) bedeuten bei den griechischen Autoren[2]) das Zusammentreffen, den Umgang, den Verkehr, die Beziehungen unter den Menschen[3]), ferner Versöhnung und Friedensschluß zwischen Einzelpersonen oder Parteien[4]), schließlich Wirtschaftsleben, Handelsverkehr[5]) oder Zivilsache[6]), welche zuweilen der öffentlichen[7]), zuweilen der Strafsache[8]) gegenübergestellt wird. Unter συνάλλαγμα verstehen die Schriftsteller auch Übereinkommen, Vertrag[9]), das Eingehen von Verpflichtungen oder die Verpflichtung selbst[10]). Sie nehmen mit diesem Wort gelegentlich auf Heirat[11]), Mitgiftbestellung[12]) oder Kreditkauf[13]) Bezug. Juristisch scharf ist die Bedeutung des Wortes nicht zu fassen[14]).

II. In den Papyri[15]) meint συνάλλαγμα jeden Vertrag beliebigen Inhalts oder auch Vertragsurkunde.

III. In den römischen Rechtsquellen und überhaupt in der römischen Literatur, soweit sie uns überliefert sind, erscheint das Wort συνάλλαγμα innerhalb eines lateinischen Textes überhaupt nur an zwei Stellen (Labeo-Ulp. D. 50, 16, 19 und Aristo-Ulp. D. 2, 14, 7, 2). Die eine wird auf Labeo zurückgeführt, die andere auf Aristo.

---

1) z.B.Συναλλαγή, συνάλλαξις, συναλλαγματικός, συναλλάττειν, συναλλακτεῖσθαι.

2) Die folgenden Ausführungen und Beispiele beruhen vornehmlich auf: Partsch 11ff.; Seidl, RE 4A (1932) 1322ff. s. v. Synallagma; Liddell-Scott, Greek-English Lexicon[9] (1940, Nachdruck 1958) 1694 s. v. Synallagma. Weitere Ausführungen, auch zur Geschichte des Wortes und zur Abgrenzung gegen ähnliche Begriffe bei Betti, Bull. 28 (1915) 13f. m. N.; De Francisci, Synallagma 2 (1916) 499ff. und Latte, RE 4 A (1932) 1085ff. s. v. Symbolaion.

3) Aeschylus, Septem contra Thebas, 597; Euripides, Andromache, 1245; Heraclidae, 4; Sophocles, Ajax, 493; Oedipus Tyrannus, 960; 1110; 1130; Oedipus Coloneus, 410.

4) Thucydides 1, 24, 6; 3, 82, 7; 4, 20, 1; 8, 90, 2; Xenophon, Anabasis, 1, 2, 1; Hellenica, 2, 4, 43; 6, 5, 8.

5) Demosthenes XXIV con. Timocrates, 213; Dion. Halicarn. 1, 60; Euripides, Hippolytus, 652; Sophocles, Oedipus Tyrannus, 34.

6) Aristoteles, Rhetorica, 1, 1, 10 = 1354b; Polybius 6, 17, 7.

7) Demosthenes XXIV con. Timocrates, 192.

8) Dion. Halicarn. 4, 13, 1.

9) Aristoteles, Eth. Nic., 8, 13, 7 = 1162b; Demosthenes XXXIII con. Apaturium, 12; Dion. Halicarn. 2, 75, 3; 6, 22, 1.

10) Legg. Gortyn, 9, 44; Archytas, abgedruckt bei Diels-Kranz, Vorsokratiker 1[11] (1964) 437; Aristoteles, Eth. Nic., 8, 13, 7 = 1162b; 10, 8, 7 = 1178b; Rhetorica, 1, 15, 22 = 1376b; Demosthenes XXIV con. Timocrates, 192; XXX con. Onetor I, 12; vgl. auch Aristoteles, Eth. Nic., 5, 2, 13 = 1131a.

11) Demosthenes XXX con. Onetor I, 12.

12) Demosthenes XXX con. Onetor I, 21.

13) Aristoteles, Eth. Eudem., 7, 10, 20 = 1243a; Dion. Halicarn. 6, 22, 2; 6, 24, 1; Platon, Leges, 8 = 849e.

14) Seidl (o. N. 2) 1322.

15) Preisigke, Wörterbuch 2 (1927) 524ff.; Seidl (o. N. 2) 1322; Taubenschlag, Law... of the Papyri[2] (1955) 292f.

Labeos Lehrer waren griechischem Gedankengut besonders aufgeschlossen[16]), und er selbst verfügte über eine bemerkenswert reiche Bildung[17]). So ist es zu erklären, daß er durch Definitionen[18]) und Distinktionen[19]) von den Methoden der griechischen Philosophen[20]) Gebrauch macht und in seinen juristischen Arbeiten mehrmals zu einem griechischen Ausdruck greift[21]). Zu seinen Werken hat später wahrscheinlich Aristo Anmerkungen verfaßt[22]).

Aristos Bildung wurde von Plinius d. J. gelobt[23]); ein Beispiel seiner Gelehrsamkeit vermittelt Gellius[24]); auch als Redner soll er aufgetreten sein[25]); doch geben die Digesten nur ein einziges Mal ein griechisches Wort wieder, das er in seinen Schriften gebraucht haben soll[26]): συνάλλαγμα.

---

16) Servius, von Labeo sehr oft zitiert (vgl. Lenel, Pal. 2, 321 ff. = Servius 25, 31, 32, 37, 43, 55, 56, 61, 64, 65; vgl. auch 20, 28, 41, 67, 71; ferner Pal. 1, 501 ff. = Labeo 390, 393, 399), hat zusammen mit Cicero auf Rhodos studiert (Cicero, Brut. 41, 151) und soll als einer der ersten die aus der griech. Philosophie übernommene dialekt. Methode in d. röm. Rechtswissenschaft angewandt haben (Cicero, Brut. 41, 152 ff.).
Aelius Tubero, bei dem Labeo »Hörer« war (Pomp. D. 1, 2, 2, 47), war früher Gerichtsredner gewesen (Pomp. D. 1, 2, 2, 46), demnach in der griech. Rhetorik ausgebildet; zudem gehörte er dem Scipionenkreis an (Schulz, History [1946] 63 = Geschichte [1961] 74; Dulckeit-Schwarz, Röm. Rechtsgesch.[3] [1963] 137).
Trebatius, der Labeo in die Rechtswissenschaft eingeführt hat (Pomp. D. 1, 2, 2, 47), kann mit der griech. Philosophie nicht unbekannt gewesen sein, wie die Eingangsworte zu Ciceros Topik zeigen (Top. 1, 1; vgl. auch fam. 7, 5 ff.; 7, 19).
Umstritten ist, wie weit griechische Ideen das römische Recht inhaltlich verändert haben (zurückhaltend: Pernice 30f.; Levy, SZ 48 [1928] 669 ff.; Himmelschein, Symb. Lenel, 392 ff.; Beseler, St. Riccobono 1 [1936] 285 ff.; Albertario, St. 5 [1937] 91 ff.; Schulz, Hist., 70ff., 85 f., 135 ff. [= Gesch., 84ff., 102, 159ff.]; Kaser, RPR 1, 161) (dagegen stark betont von: Stroux, Summum ius summa iniuria [1926] 18 N. 30, 28 u. ö.; Riccobono, Mél. Cornil 2 [1926] 358f.). Allgemein anerkannt ist jedoch der Einfluß der platonischen und aristotelischen Dialektik (s. außer den Vorgenannten noch: La Pira, SD 1 [1935] 319ff.; Schulz, Hist., 62 ff. [= Gesch. 73 ff.]; Coing, SZ 69 [1952] 24ff.; alle m. weit. Nachw.; zurückhaltend jedoch Grosso, Il sistima romano dei contratti[3] [1963] 3).

17) Gellius, N. A. 13, 10, 1 u. 2. – Im übrigen s. die Zitate bei Jörs, RE 1 (1894) 2557 s. v. M. Antistius Labeo.

18) Pernice 25 ff.; Jörs (o. N. 17) 2555.

19) D. h. Gegenüberstellung von Begriffen, so: Jörs, RE a. a. O. Vgl. Lenel, Pal 1, 501 ff.: außer Labeo 5 (= D. 50, 16, 19) noch 29, 78, 111, 124, 214; ferner Pal. 1, 306 = Iavol. 188. – S. auch Pernice 23 ff.

20) Vgl. Gellius, N. A. 13, 10, 1. – Jörs, RE a. a. O.; Sokolowski, Philosophie 1 (1907, Neudr. 1959) 12; Dulckeit-Schwarz (o. N. 16) 137f.

21) Meylan, St. Riccobono 4 (1936) 303 f. N. 75: Lenel, Pal. 1, 501 ff.: außer Labeo 5 (= D. 50, 16, 19) noch: 10, 124, 126, 159, 225, 364; vgl. auch 386 i. Verb. m. Ulp. 725 (Pal. 2, 560); ferner Pal. 2, 778 = Ulp. 1374; Pal. 1, 299 ff. = Iavol. 169, 173.

22) Pernice 87; Jörs (o. N. 17); Mommsen, Ges. Schr. 2, Jur. Schr. 2 (1905) 21 ff. (= Ztschr. f. Rechtsgesch. 7 [1868] 474 ff.); P. Krüger, Quellen[2] (1912) 158: Lenel, Pal. 1, 501 ff. = Labeo 231, 232; vgl. auch 169, 316. – In Zweifel gezogen von Schulz, Hist., 209f. (= Gesch., 261). – Vgl. auch u. N. 68.

23) Plin., ep. 1, 22.

24) Gellius, N. A. 11, 18, 16.

25) Schanz-Hosius, Gesch. d. röm. Lit.[4] 2 (1935) 840 N. 6: Plin., ep. 3, 5, 7.

26) Nämlich in D. 2, 14, 7, 2; dazu sogleich.

1. Die eine Stelle mit συνάλλαγμα ist:

Ulp. D. 50, 16, 19 (11. ed.): Labeo libro primo[27]) praetoris urbani definit, quod quaedam ›agantur‹, quaedam ›gerantur‹, quaedam ›contrahantur‹: et actum quidem generale verbum esse, sive verbis sive re quid agatur, ut in stipulatione vel numeratione: contractum autem ultro citroque obligationem, quod Graeci συνάλλαγμα vocant, veluti emptionem venditionem, locationem conductionem, societatem: gestum rem significare sine verbis factam.[28])

Nach diesem Text könnte man daran denken, Labeo habe die gegenseitigen Verträge als eine besondere Gruppe erfaßt und erkannt, daß diese sich von allen anderen durch die Gegenseitigkeit der Forderungen unterscheiden[29]). Hiernach hätte er συνάλλαγμα und *ultro citroque obligatio* auf die heute sogenannten synallagmatischen Verträge bezogen[30]). Die Real-, Verbal- und wohl auch die Litteral-Kontrakte[31]) wären ihm als einseitig verpflichtende Verträge erschienen; er hätte diesen die gegenseitig verpflichtenden, zu denen er auch die *societas*[32]) gerechnet hätte, gegenübergestellt, und alle restlichen Schuldverhältnisse unter einen Sammelbegriff gebracht[33]).

Labeo nimmt sich vor – in welchem Zusammenhang, bleibt unklar – eine Distinktion[34]) zwischen den drei Begriffen *agere*, *gerere* und *contrahere* zu treffen[35]). Er löst seine Aufgabe dadurch, daß er zu jedem der Substantive[36]), die aus dem Partizip der genannten Verben gebildet sind, eine Anmerkung verfaßt. Dabei ändert er nicht nur die Reihenfolge der behandelten Wörter (*agentur-gerantur-contrahantur*, *actum-contractum-gestum*)[37]), sondern auch die

---

[27]) *ad edictum:* Mo.

[28]) Zu den Mängeln dieses Fragmentes, die insbesondere De Francisci (Synallagma 2 [1916] 332ff.) und Beseler (SZ 52 [1932] 293ff.) Grund zu heftiger Kritik an dieser Stelle gegeben haben, s. im folgenden.

[29]) So insbes. Collinet, St. Bonfante 3 (1930) 417; Meylan (o. N. 21) 302ff.; Voci, Dottr. (1946) 53; Biondi, Contr. e stip. (1953) 91f., 207 u. ö.; Grosso 49 f. m. N. 3, 51, 198ff., 210 u. ö.; Wunner, Contractus (1965) 33ff.

[30]) Im Anschluß an dieses Fragment hat Alciat das συνάλλαγμα definiert als »mutuum pactum obligatorium« und als »quasi permutatio« (Paradoxa l. V. c. 7 de verbor. signific. ad D. 50, 16, 19. Bat. Lugd. 1536, p. 117f. – zit. nach Partsch 25f. N. 52). Wenig später hat aber Duaren zu dieser Stelle geschrieben: »in quibus omnibus contractibus nihil utrimque geri praeter consensum mutuum nemo dubitat.« (Opera, Paris 1550, p. 100f. = Opera, Aureliae Allobrogum, 1608, S. 62; zit. nach Partsch, a. a. O.).

[31]) Dazu sogleich bei N. 41.

[32]) Grosso 48: ursprünglich habe sich auch das *mandatum* in dieser Aufzählung befunden. Dagegen H. J. Wolff, Iura 2 (1951) 261.

[33]) Wunner (o. N. 29) 40f. äußert unter Berufung auf Beseler ([o. N. 28] 295) den Gedanken, Labeo habe *actum* und *contra-actum* = *contractum* einander gegenübergestellt.

[34]) Andere Distinktionen Labeos sind bereits oben N. 19 nachgewiesen worden.

[35]) Beseler (o. N. 28) 293: »*definit, quod* = ὁρίζεται, ὅτι ist unklassisch: B I 53 sqq«; ähnl. schon Partsch 9 N. 16.

[36]) Wunner (o. N. 29) 34: das Verb mit dem Verb selbst zu definieren, wäre plump; *actus* mit *agere* zu deuten, habe einen Sinn, zumal sich der Inhalt beider Worte nicht decke; auch *contractus* und *gestus* seien Substantiven gleichgesetzt.

[37]) Besonders beanstandet von Partsch (S. 10) und von Beseler ([o. N. 28] 293). Partsch a. a. O. weist dazu noch auf die von Cicero überlieferte Reihenfolge *gessit-contraxit* hin (Cicero, pro Rab. Post. 2, 4; pro Quinct. 3, 11).

Art der jeweiligen Erläuterung: Zu *actum* gibt er die entsprechenden Vertragsarten genau an; *contractum* erklärt er zuerst mit einem Ausdruck in lateinischer, dann mit einem in griechischer Sprache und schließlich mit drei Beispielen; bei *gestum* begnügt er sich mit einer ganz allgemeinen Kennzeichnung. Die »Symmetrie des Aufbaus«[38]) ist also ganz oberflächlich und erweckt von vornherein wenig Vertrauen in die einzelnen Definitionen.

Actus, so beginnt Labeo, sei ein allgemeiner Ausdruck. Dennoch verwendet Labeo *actus* nicht als Oberbegriff zu *gestus* und *contractus*. Vielmehr stehen die drei Begriffe gleichwertig nebeneinander. *Actus* wird – entgegen dem früheren und späteren Sprachgebrauch[39]) – auf Verbal- und Realkontrakte[40]), denen vermutlich noch die zu Justinians Zeit längst abgestorbenen Litteralkontrakte beigefügt waren[41]), beschränkt[42]).

Gestus bezeichne eine ohne Worte vollzogene Angelegenheit[43]). Zu diesen Angelegenheiten rechnet Labeo wohl die *negotiorum gestio* und die *pro herede gestio*[44]).

Contractus sei eine *ultro citroque obligatio*, das, was die Griechen συνάλλαγμα nannten, wie z.B. *emptio venditio*, *locatio conductio* und *societas*. – Die als Beispiele angeführten Verträge haben alle die beiden Eigenschaften, daß sie durch Konsens allein zustandekommen und daß sie jedem Vertragsteil eine *actio* gewähren. Es ist kaum zu entscheiden, ob es Labeo auf die Wirkung des Vertrages, also die beiderseitigen Verbindlichkeiten[45]), oder auf das Zustandekommen, also die beiderseitige Abgabe von Willenserklärungen[46]), ankommt. Nur bei Annahme der ersten Alternative ist man berechtigt, Labeo die Bildung der Gruppe der gegenseitigen Verträge zuzuerkennen.

Das Wort *contractus* selbst läßt keinen Schluß zu, da es sowohl vor als nach Labeo in einem weiteren Sinn gebraucht wurde. *ultro citroque obligatio*[47]) kann den Vorgang, aber auch das Ergebnis der gegenseitigen Obligierung meinen.

»Das, was die Griechen συνάλλαγμα nennen«, sind Geschäfte aller

---

[38]) Wunner (o. N. 29) 36.

[39]) Wunner (o. N. 29) 34; vgl. auch Voci (o. N. 29) 54; Kaser, RPR 1, 436 m. N. 7.

[40]) Kaser, SZ 70 (1953) 160 N. 124: »... wird *sive verbis sive re quid agatur* auf Ulpian, nicht schon auf Labeo, zurückgehen.« – Partsch 9 N. 18: »... für den Klassiker die *numeratio* kein technischer Ausdruck für ein Geschäft...«.

[41]) Partsch 9 m. N. 17; Betti (o. N. 2) 10. Dagegen: Beseler (o. N. 28) 294 und D'Ors, Atti Verona 3 (1951) 279 N. 60 m. weit. Lit.

[42]) Partsch 10 N. 21: »Die Beispiele des *actum*, das sich doch wohl auf die *actus legitimi* bezog, sind justinianisch.«

[43]) Partsch 10 N. 21: »*Gestum* ist für den Klassiker sicher nicht ein Begriff, der neben den *acta* (...) und dem *contractum* als dritte Gruppe stand, sondern das *gestum* ist anscheinend ein weiterer Begriff, in dem die Kontrakte mitbegriffen sind.«

[44]) Weitere, vielleicht dazugehörige Verträge zählt Biondi (Contr., 208) auf; s. auch Partsch (folg. N.).

[45]) S. die oben N. 29 Genannten.

[46]) Partsch 13ff.; Beseler (o. N. 28) 294; Wieacker, SZ 69 (1952) 322.

[47]) Der Gebrauch von *ultro citroque* als adjektivisches Attribut, beanstandet von Partsch (10ff.) und von Beseler ([o. N. 28] 294), ist einzigartig. – Partsch (12f.) hält *obligatio* für justinianisch.

Art[48]). Das wichtigste Geschäft des Wirtschaftslebens, der Kauf, ist im griechischen Recht aller Wahrscheinlichkeit nach Bargeschäft gewesen[49]). Kredit- und Terminkauf[50]), Darlehen[51]) sowie Zusagen von Dienst- und Werkleistungen[52]) werden im allgemeinen nur klagbar gewesen sein, wenn die Parteien ein besonderes Haftungsgeschäft, sei es urkundlich und vor Zeugen, sei es durch Hingabe einer Arrha, abgeschlossen hatten. Die Leistungen beider Parteien sollen – nach Aristoteles[53]) – dadurch miteinander verknüpft sein, daß kraft ausdrücklichen oder stillschweigenden Einverständnisses jede Leistung im Hinblick auf eine bestimmte andere Leistung erbracht und auch angenommen wird[54]).

Ob für Labeo das Element der Willensübereinstimmung oder das der beiderseitigen Leistung entscheidend ist, läßt der Abschnitt *contractum – societatem* nicht erkennen. Ein Ergebnis verspricht der Vergleich mit den beiden anderen in D. 50, 16, 19 enthaltenen Erläuterungen:

Im ersten Fall wird gesagt, *actus* sei das, was *sive verbis sive re* geschehe; im dritten wird erklärt, *gestus* sei die ohne Worte erledigte Angelegenheit. In beiden Fällen geht es ausschließlich um den Vorgang, der die Verbindlichkeit herbeiführt, und nicht um die Art der begründeten Verbindlichkeit selbst. Da das Element, das die Verpflichtung aus den Konsensualkontrakten begründete, für Labeo und seine Zeitgenossen noch schwer faßbar gewesen sein muß, konnte er nur die uns überlieferte, etwas unscharfe Definition geben[55]). Einteilungsprinzip ist demnach vermutlich nicht die

---

[48]) S. o. unter I. So die allgemeine Ansicht. Vgl. auch die N. 29 und 46 Genannten.

[49]) Pringsheim, Greek Law of Sale (1950) 90ff. – Weitere Lit. zum griechischen Kaufrecht bei D'Ors, SD 20 (1954) 445f.

[50]) Pringsheim (o. N. 49) 90ff., 130f., 244ff., 269.

[51]) Pringsheim (o. N. 49) 58ff., 66.

[52]) Pringsheim 57, 374ff.

[53]) Eth. Nic. 8, 13, 5ff. = 1162b; vgl. auch Eth. Eudem. 7, 10, 24 = 1243a.

[54]) Folglich wurde ein Geschäft, das nicht auf dem freien Willen der Parteien beruht hatte oder das durch List oder Gewalt herbeigeführt worden war, für ungültig erklärt: Partsch, Griech. Bürgschaftsrecht (1909) 172f.; Arangio-Ruiz, Lineamenti (1928) 20; Pringsheim 35, 36 m. N. 3, 38:
Vgl. Aristoteles, Rhet. 1, 15, 25 = 1376b; Demosthenes XLII c. Phaenippum 12; XLVII c. Evergum 77; LVI c. Dionysiodorum 2 u. 42; LIX c. Neaeram 58; Euripides, Cyclops, 256; Hyperides, c. Athenogenem, 13, 27; s. auch Plato, Leges, 11 = 913a.
Jedoch wurde die Willensübereinstimmung allein nie als für die Begründung von Verbindlichkeiten ausreichend angesehen; stets wurde vorausgesetzt, daß das Geschäft in der gesetzlich vorgeschriebenen Art und Weise zustandegekommen war: Vgl. Partsch, Geschichtl. Entwicklg. d. Arrha, in: Nachgelass. ... Schriften (1931) 266ff. (= Gött. Gelehrte Anz. 1911, 713ff.); De Francisci, Synallagma 2 (1916) 498; Pringsheim (o. N. 49) 91ff.; 132.; 157ff. Anderer Ansicht: Gneist, Formelle Verträge (1845) 472ff.; Vinogradoff, Outlines of Hist. Jurisprud. 2 (1922) 238.

[55]) Die Mängel im Aufbau und im Inhalt dieser Stelle gehen wohl auf Labeo selbst zurück (Arangio-Ruiz, Compravendita, 216), da die römischen Juristen bei der Darstellung abstrakter Begriffe oder bei dem Entwurf eines theoretischen Systems keine so große Meisterschaft wie bei der Entscheidung konkreter Sachverhalte entwickelt haben. Für die Urheberschaft Labeos sprechen nicht nur seine eigene reiche Bildung, die Menge der von ihm überlieferten Distinktionen und Definitionen sowie die Zahl der von ihm auch an anderen Stellen verwandten griechischen Wörter, sondern auch die Qualitäten

Zahl der entstandenen Verpflichtungen (eine oder zwei), sondern die Art ihrer Entstehung gewesen, so daß die Meinung nicht unbegründet erscheint, Labeo habe in D. 50, 16, 19 nicht die Gruppe der gegenseitigen Verträge gemeint[56]).

2. Das zweite Mal findet sich συνάλλαγμα in:

Ulp. D. 2, 14, 7 pr. (4. ed.): Iuris gentium conventiones quaedam actiones pariunt, quaedam exceptiones.

§ 1: Quae pariunt actiones, in suo nomine non stant, sed transeunt in proprium nomen contractus: ut emptio venditio, locatio conductio, societas, commodatum, depositum et ceteri similes contractus.

§ 2: Sed et si in alium contractum res non transeat, subsit tamen causa, eleganter Aristo Celso respondit esse obligationem. ut puta dedi tibi rem ut mihi aliam dares, dedi ut aliquid facias: hoc συνάλλαγμα esse et hinc nasci civilem obligationem. et ideo puto recte Iulianum a Mauriciano reprehensum in hoc: dedi tibi Stichum, ut Pamphilum manumittas: manumisisti: evictus est Stichus. Iulianus scribit in factum actionem a praetore dandam: ille ait civilem incerti actionem, id est praescriptis verbis sufficere: esse enim contractum, quod Aristo συνάλλαγμα dicit, unde haec nascitur actio.

Die Fragmente D. 2, 14, 1; 5 und 7 leiten Ulpians Kommentar zu dem Ediktstitel *de pactis et conventionibus*[57]) ein. In fr. 1, 3 beginnt die Erörterung der *conventio*[58]). In fr. 7 pr. trifft Ulpian die für die Anwendung des Ediktes wichtige Unterscheidung zwischen den *conventiones*, die Ansprüche begründen, und denen, die Einreden hervorbringen. Er nimmt sodann (fr. 7, 1) den in fr. 1, 4 bereits angesprochenen Gedanken wieder auf und erklärt, einige der auf die Begründung von Ansprüchen gerichteten *conventiones* hätten einen eigenen Namen[59]); diese – so wird Ulpian gemeint haben – fallen unter besondere Ediktstitel und nicht unter den *de pactis et conventionibus*[60]).

Den auf eine Leistung gerichteten *conventiones*, die nicht an einer anderen Stelle im Edikt geregelt sind, wendet sich Ulpian in fr. 7, 2 zu. Es handelt

---

seiner unmittelbaren und mittelbaren Lehrer (s. im einzelnen o. N. 16). Wäre die vorliegende Aufgliederung wirklich im ganzen Kompilatorenwerk, dann wäre sie vollständiger und ließe nicht die *pacta* und die sogen. Innominatkontrakte außer acht. Außerdem dürfte man dann das Wort συνάλλαγμα noch an anderen Stellen erwarten. Gerade die Einsetzung griechischer Wörter in den lateinischen Text ist äußerst selten.

[56]) So die N. 46 Genannten, anders die N. 29 Angeführten. Weitere, z. T. abweichende Ausführungen zu D. 50, 16, 19 bei: Betti (o. N. 2) 14ff.; Bonfante, Scr. 3 (1926) 140 N. 2; Brasiello, St. Bonfante 2 (1930) 556f.; Seidl (o. N. 2) 1323ff.; Perozzi, Scr. 2 (1948) 414 (416) N. 1; Kaser, RPR 1, 440; alle m. weit. Nachw. – Es ist nicht auszuschließen, daß der Inhalt und der Zusammenhang der ursprünglichen Äußerung Labeos einen ganz anderen Sinn als den soeben gefundenen ergaben. Sichere Aussagen über die Art etwaiger Eingriffe in den Text und über seine echte Gestalt sind jedoch nicht möglich.

[57]) Der Wortlaut des Rubrums ist unsicher: zuletzt: Magdelain, Consensualisme (1958) 26 m. N. 89.

[58]) Zu fr. 1, 3: Dulckeit, Festschr. Schulz 1 (1951) 169 u. ö.; van Oven, Iura 4 (1953) 114ff.

[59]) *[et ceteri similes contractus]* gilt als nachklassische Verallgemeinerung; so zuletzt: Maschi, St. De Francisci 2 (1956) 377. – Es ist umstritten, ob zu der Aufzählung auch das Mandat gehörte. Bejahend zuletzt Grosso 48 und 85. Ablehnend H. J. Wolff (o. N. 32) 261.

[60]) Magdelain (o. N. 57) 29, 32, 40 u. ö.

sich um die Vereinbarungen nach dem Schema *dedi tibi rem ut mihi aliam dares, dedi ut aliquid facias*. Derartige Vereinbarungen sind nach Aristo ein συνάλλαγμα und bringen eine *obligatio* hervor. Hierüber hatte Aristo eine Kontroverse mit Celsus, deren genauer Gehalt dunkel bleibt. Vielleicht wollte Celsus nur eine *condictio* auf Rückgabe des schon Geleisteten, Aristo dagegen eine *actio* auf Erbringung der versprochenen Gegenleistung gewähren[61]). An diesen Bericht schließt Ulpian den Fall an, daß Ego dem Tu den Sklaven Stichus gegeben hat, damit Tu den Pamphilus freilasse, daß aber später der Stichus evinziert worden ist. Über die hier zuständige Klage hat wiederum Streit bestanden, und zwar zwischen Julian und Maurician. Den Inhalt dieser Darstellung darf man wohl Ulpian zuschreiben. Sie wird allerdings in nachklassischer Zeit teils gekürzt[62]), teils erweitert worden sein[63]).

In diesem Zusammenhang taucht das Wort συνάλλαγμα zweimal auf. Es ist vielleicht nicht auszuschließen, daß es eines von den beiden Malen unecht ist. Nachklassische Erfindung wird aber weder sein, daß Aristo dieses Wort verwendet hat[64]), noch daß das συνάλλαγμα eine *obligatio* hervorbringt. Aristo versteht mithin unter συνάλλαγμα den Tatbestand, aus dem die Bindung der Vertragsteile entsteht. Ob er dabei das Schwergewicht in die Vorleistung einer Partei oder in die Vereinbarung beider Parteien legt, bleibt unklar. Für die erste Auslegung würde es sprechen, wenn Aristo ausschließlich die in § 2 cit. angeführten Verhältnisse *(dedi tibi rem ut mihi aliam dares, dedi ut aliquid facias)* als συνάλλαγμα angesehen hätte, oder wenn er mit dem griechischen Wort auf den vom griechischen Recht

---

61) Partsch 15f.; abweichend ders. SZ 35 (1914) 338; Giffard, RH 35 (1957) 341; Osuchowski, Symb. Taubenschlag 3 (1957) 457f.

62) Osuchowski (o. N. 61) 461ff. unter Hinweis auf die Basiliken-Scholien.

63) In dem Text wird folgendes, über Ulpians eigene Ausführungen wohl hinausgehende System errichtet:

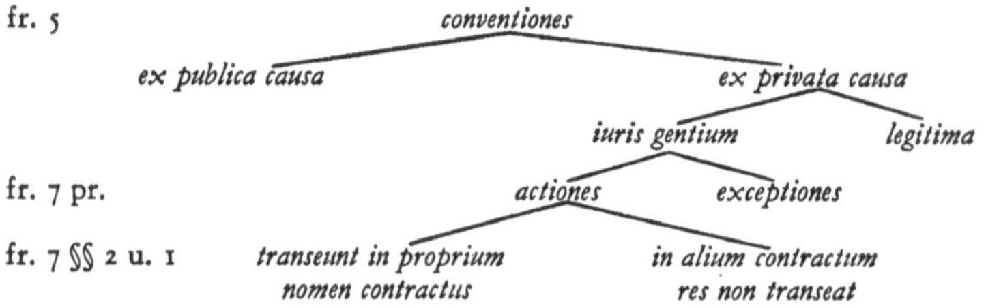

Es ist allgemein anerkannt, daß der Text in nachklassischer Zeit verändert worden ist. Umstritten ist aber, wie stark diese späteren Eingriffe waren. Radikale Textkritik üben: Beseler 2, 157f.; De Francisci, Synallagma 1, 108ff., 167ff.; 2, 518ff.; Perozzi, Scr. 2 (1948) 414 N. 1; vgl. auch Partsch 15ff. – Zurückhaltung bei der Annahme von Verfälschungen zeigen: Betti (o. N. 2) 21ff.; Maschi (o. N. 59) 376f.; Magdelain (o. N. 57) 23ff.; Grosso 85ff.

64) Partsch 15f.; ders. SZ 35 (1914) 336; Bonfante, Scr. 3 (1926) 140 N. 2. – Für Unechtheit aber: Beseler 2, 158 und De Francisci (o. N. 63).

beeinflußten Gedanken[65]) des Bindungseffektes der Vorleistung hätte hinweisen wollen; beide Argumente sind aber höchst unsicher. Nicht weniger zweifelhaft ist die andere Annahme, Aristo habe auch die in § 1 cit. aufgezählten Verträge *(emptio venditio, locatio conductio, societas, commodatum, depositum)* zu den Synallagmata gerechnet, sich auf die *conventio* (fr. 7 pr.) bezogen[66]), den Sprachgebrauch Labeos – welcher als das für das συνάλλαγμα Wesentliche den *consensus* angesehen habe[67]) – übernommen[68]) und die sogenannte Willenslehre des griechischen Rechts[69]) vertreten; er habe das συνάλλαγμα also in der Willensübereinstimmung der Parteien[70]) gesehen. Keine der beiden Meinungen ist fest zu begründen.

Sicher ist dagegen, daß sich in der Textstelle nicht der mindeste Anhalt dafür findet, daß Aristo mit συνάλλαγμα die gegenseitig verpflichtenden Verträge gemeint haben könnte[71]). Die Gruppe der gegenseitig verpflichtenden Verträge ist in der mannigfaltigen Aufgliederung der Rechtsbeziehungen, die in D. 2, 14, 1; 5 und 7 vorgenommen wird, nicht zu erkennen.

IV. 1. Justinians Institutionen enthalten das Wort συνάλλαγμα nicht[72]).

2. In den kaiserlichen Reskripten[73]) findet es sich nur, wo der ganze Text – nach der Restitution P. Krügers[74]) – in griechischer Sprache abgefaßt ist, und steht dann für Handelsverträge[75]) oder ganz allgemein für Schuldvertrag oder Übereignung[76]).

3. Nicht anders ist der Sprachgebrauch in den Novellen[77]), wo sich συνάλλαγμα auf Tausch[78]), Darlehen[79]), unbestimmte Handelsverträge[80]) oder Eheschenkungen[81]) bezieht.

---

[65]) H. J. Wolff (o. N. 32) 261 f.; zustimmend: Kaser, RPR 1, 438 N. 3.

[66]) So versteht den Text: De Francisci, Synallagma 2, 496ff., insbes. 518f.; er hält aber die Stelle für insoweit byzantinisch.

[67]) S. o. unter III 1.

[68]) Auf die Verbindung Aristos mit Labeo weisen hin: Betti (o. N. 2) 23f.; Meylan (o. N. 21) 305 N. 77; Grosso 49f. N. 3, 51, 87, 151, 169. Dagegen jedoch Biondi (o. N. 29) 91. S. auch oben N. 22.

[69]) S. o. unter III 1 m. N. 53 und 54.

[70]) Partsch 15; Betti (o. N. 2) 23; Grosso 51, 87, 150, 168. S. auch De Francisci (o. N. 66).

[71]) Kaser, RPR 1, 440; Magdelain (o. N. 57) 30f. – Anders aber: Grosso 51 und 87; Meylan (o. N. 21) 305 N. 77.

[72]) Ambrosino, Voc. Inst. (1942) 312.

[73]) San Nicolò, Voc. Cod. 2 (1925) 424.

[74]) Praefatio zur Ausgabe von 1877; s. auch Wenger, Quellen (1953) 651. Nicht hierher gehören die Fälle, in denen Krüger an Stelle der verlorengegangenen Konstitution den griechischen Auszug der Basiliken oder anderer byzantinischer Quellen bietet.

[75]) C. 4, 59, 1, 3 – a. 473.

[76]) C. 1, 2, 24 pass. – a. 530; C. 1, 5, 18, 5 – Iustinus et Iustinianus.

[77]) Quellen zitiert nach Partsch 13ff.; Seidl (o. N. 2) 1324.

[78]) Nov. 120, 7 pr. – a. 544.

[79]) Nov. 4, 3, 1 – a. 535; Nov. 136 pass. – a. 535.

[80]) Nov. 115, 3, 13 – a. 542.

[81]) Nov. 119, 1 – a. 544.

Συνάλλαγμα hat also nirgends in den griechischen oder römischen Quellen die Bedeutung »gegenseitiger Vertrag« oder »gegenseitige Abhängigkeit von Leistung und Gegenleistung«.

§ 4

Andere Formulierungen für »gegenseitige Verträge« ?

Wird die gegenseitige Abhängigkeit auch nicht mit dem Wort συνάλλαγμα bezeichnet, so wäre es doch denkbar, daß sie ihren Ausdruck in anderen Formulierungen gefunden hätte. Äußerungen, die scheinbar die Eigenart der gegenseitig verpflichtenden Verträge hervorheben, gibt es in den Schriften Ciceros[1]) und in den Institutionen des Gaius[2]). Diese Stellen sind nun zu untersuchen.

I. Nachdem Cicero im ersten Buche de officiis von dem Sittlichen gehandelt hat, spricht er im zweiten über das Nützliche. Besonders nützlich sei es, andere Menschen für sich zu gewinnen, was insbesondere durch Freigebigkeit geschehen könne. Durch Freigebigkeit dürften jedoch nicht die Macht des Staates geschwächt und durch soziale Forderungen die Eintracht der Bürger nicht zerrissen werden (de off. 2, 21–24). Er schreibt:

de off. 2, 23, 83: . . . Habitent gratis in alieno. Quid ita? ut, cum ego emerim, aedificarim, tuear, impendam, tu me invito fruare meo? Quid est aliud aliis sua eripere, aliis dare aliena? Tabulae vero novae quid habent argumenti, nisi ut emas mea pecunia fundum, eum tu habeas, ego non habeam pecuniam?

Es wäre äußerst unbillig, meint Cicero, wenn gewisse neue Gesetze[3]) dazu führen sollten, daß Pächter oder Käufer ein Grundstück besäßen, ohne dem Verpächter oder Verkäufer dafür zu bezahlen. Hier offenbart sich ein starkes Gefühl dafür, daß dem Kaufgegenstand der Preis, der Pachtsache der Zins gegenüberstehen. Eine juristisch greifbare Regel ist aber in Ciceros Worten nicht zu finden.

II. 1. An einer anderen Stelle desselben Werkes erklärt Cicero:

de off. 3, 17, 70: Nam quanti verba illa: UTI NE PROPTER TE FIDEMVE TUAM CAPTUS FRAUDATUSVE SIM! quam illa aurea: UT INTER BONOS BENE AGIER OPORTET ET SINE FRAUDATIONE! Sed, qui sint ›boni‹, et quid sit ›bene agi‹, magna quaestio est. Q. quidem Scaevola, pontifex maximus, summam vim esse dicebat in omnibus iis arbitriis, in quibus adderetur EX FIDE BONA, fideique bonae nomen existimabat manare latissime, idque versari in tutelis societatibus, fiduciis mandatis, rebus emptis venditis, conductis locatis, quibus vitae societas contineretur; in iis magni esse iudicis statuere, praesertim cum in plerisque essent iudicia contraria, quid quemque cuique praestare oporteret.[4])

Von dem Sittlichen und dem Nützlichen, jedes für sich in den ersten beiden Büchern »de officiis« behandelt, gelangt Cicero in seinem dritten

---

[1]) De off. 2, 23, 83 und 3, 17, 70; topica 17, 66.

[2]) Gai. 3, 137 u. 155.

[3]) *Novae tabulae* im Gegensatz zu den strengen *XII tabulae:* Facciolati – Forcellini – Furlanetto, Totius Latinitatis Lexicon 3 (1833) 184 s. v. novae tabulae. – Vgl. auch u. § 14 I.

[4]) Zu der Formel *uti ne propter te fidemve tuam captus fraudatusve sim:* Kaser, SZ 71 (1954) 434f.; ders., RPR 1, 182 N. 17, 387 N. 13; Magdelain, Les actions civiles (1954) 29f.

Buch zu der Synthese: *nam eadem utilitatis, quae honestatis, est regula* (3, 18, 75). Den übermäßigen Verfolg des eigenen Nutzens zum Schaden der eigenen *honestas* und der *communis utilitas* verbietet schon das Recht. Über erfolglose und erfolgreiche Versuche, das Recht zu umgehen, belehren die berühmten Fälle des Hauses auf dem Caelius-Hügel und der Villa in Syrakus. Im ersten Fall (de off. 3, 16, 65–67) hatte der Verkäufer dem Käufer verschwiegen, daß die Auguren den Abbruch befohlen hatten. Im zweiten hatte der Verkäufer dem Kauflustigen vorgespiegelt, der See, an dem sich die Villa befand, sei voller Fische (de off. 3, 14, 58–60). – Immer wieder kehrt Cicero zu dem Rechtsgebot zurück *ut inter bonos bene agier oportet* (z.B. de off. 3, 15, 61; 3, 17, 70; s. auch 3, 16, 66; ferner top. 17, 66)[5]). Besonders kraftvoll wirkte es sich in den *arbitria* aus, in deren Formeln die Worte *ex fide bona* aufgenommen seien. Zu diesen *arbitria* gehörten, nach Q. Mucius Scaevola, Tutel, *societas*, *fiducia*, Mandat, Kauf und *locatio conductio*. Sache eines großen Richters sei es zu erkennen, was jede der Parteien der anderen zu leisten verpflichtet sei, zumal da die meisten dieser Rechtsverhältnisse *iudicia contraria* hervorbrächten. Da mit *iudicia contraria* vermutlich gemeint ist »Gegenklage« in dem Sinne, daß jeder der beiden Parteien aus dem Rechtsverhältnis eine Klage zusteht, wird mit *quid quemque cuique praestare oporteret* das Ermessen des Richters angesprochen sein, auch die Forderungen des Beklagten durch Anrechnung auf die Klagforderung[6]) oder durch Bewilligung der Zurückbehaltung zu berücksichtigen[7]).

Die unterschiedliche Beschaffenheit der aufgezählten Rechtsverhältnisse verbietet die Vorstellung von der Gegenseitigkeit der Verträge[8]). Nach Ciceros Worten haben diese Rechtsbeziehungen nichts anderes gemein als den Formelbestandteil *ex fide bona*. Die Tutel ist ein außervertragliches Rechtsverhältnis; bei der *fiducia* kommt es auf die Rückübereignung einer manzipierten oder *in iure* zedierten Sache und allenfalls den Ersatz von Aufwendungen und Schäden an; beim Mandat verhält es sich ähnlich. Vertragliche Hauptpflichten entstehen für beide Teile nur bei Gesellschaft, Kauf und Miete, doch sind nur die beiden zuletztgenannten Verträge gegenseitige[9]). Inhalt, Formulierung oder Reihenfolge dieser Aufzählung, die sich auch nicht an das Edikt hält[10]), lassen nicht das mindeste für eine Hervorhebung der gegenseitigen Verträge erkennen. Jedenfalls ist es ohne

---

[5]) Hierzu Broggini, Iudex arbiterve (1957) 218ff.; vgl. die Rezension Wieackers in SZ 76 (1959) 582ff.

[6]) Zur »Aufrechnung« auch unten § 7 II 2.

[7]) Von Lübtow 410f.; vgl. auch Wieacker, SZ 69 (1952) 322; F. Schwarz, SZ 71 (1954) 213.

[8]) *iudicia contraria* wird hier untechnisch verwendet (anders: von Lübtow 410 N. 192) und meint hier weder die verselbständigte Gegenklage gegen eine Hauptklage, noch etwa einen besonderen Formeltyp, der die Worte *alterum alteri* enthielt; so aber, wenn auch wieder untereinander abweichend: Partsch 67ff.; Biondi 59ff.; Kreller, Iura 2 (1951) 217 – Wie hier: F. Schwarz (o. N. 7) 171ff., 189ff., 213f.; Kaser, RPR 1, 441 N. 6 u. N. 8.

[9]) S. oben § 2.

[10]) Nach Lenel, EP.: *tutela* §§ 121ff.; *societas* § 109; *fiducia* § 107; Mandat § 108; *emptio venditio* § 110; *locatio conductio* § 111.

Erheblichkeit, ob die von dem Richter zu beachtende Gegenforderung einer vertraglichen Hauptpflicht oder einem gesetzlichen Gebot entspringt. – De off. 3, 17, 70 sagt also nichts über die »gegenseitigen Verträge«[11]).

2. Eine weitere Äußerung Ciceros, die diese Frage betreffen könnte, findet sich in

topica 17, 66: In omnibus igitur eis iudiciis, in quibus EX FIDE BONA est additum, ubi vero etiam UT INTER BONOS BENE AGIER OPORTET, in primisque in arbitrio rei uxoriae, in quo est QUOD EIUS AEQUIUS MELIUS, parati eis esse debent. Illi dolum malum, illi fidem bonam, illi aequum bonum, illi quid socium socio, quid eum qui negotia aliena curasset ei cuius ea negotia fuissent, quid eum qui mandasset, eumve cui mandatum esset, alterum alteri praestare oporteret, quid virum uxori, quid uxorem viro tradiderunt.

Cicero betont, die Beteiligung der *iuris consulti* sei besonders bei den Judizien erforderlich, bei denen es auf die *bona fides* ankommt. Als Beispiele für die Parteien in solchen Verfahren nennt er die Eheleute und den Geschäftsführer, außerdem – wie in de off. 3, 17, 70 – den *socius*, den Mandanten und den Mandatar[12]). Weder Mann und Frau, noch Geschäftsführer und Geschäftsherr sind regelmäßig durch Schuldverträge aneinander gebunden. Die Parteien aus Kauf- und Mietverträgen finden gar keine Erwähnung. Cicero will hier allein solche Rechtsbeziehungen herausstellen, in denen sich die Beteiligten in einer besonders engen Treuebindung befinden[13]).

III. Als Hinweise auf die synallagmatischen Verträge kommen noch gewisse Formulierungen des Gaius in Frage:

Gai. 3, 137: Item in his contractibus alter alteri obligatur de eo, quod alterum alteri ex bono et aequo praestare oportet; cum alioquin in verborum obligationibus alius stipuletur, alius promittat, et in nominibus alius expensum ferendo obliget, alius obligetur.

Die gleichen Ausdrücke stehen in D. 44, 7, 2, 3 sowie in I. 3, 22, 3. Ähnlich lauten

Gai. 3, 155: ... contrahitur mandati obligatio, et invicem alter alteri tenebimur in id, quod vel me tibi vel te mihi bona fide praestare oportet.

sowie D. 44, 7, 5 pr.

Auf den ersten Blick möchte es so scheinen, als könnten die Kontrakte, in denen *alter alteri obligatur*, und aus denen geschuldet wird *quod alterum alteri ... praestare oportet*, nur die gegenseitigen sein. Der Gedanke liegt nahe, diesen Verträgen seien die Stipulation und der Litteralkontrakt als streng einseitige Verträge gegenübergestellt worden[14]).

Wir halten diese Erklärung nicht für richtig. Mit *his contractibus* wird zwar eine erste Gruppe von Verträgen gemeint, die sich von der zweiten der Verbal- und der dritten der Litteralkontrakte unterscheidet. Aber zu der ersten Gruppe werden in § 135, auf den sich § 137 bezieht, außer Kauf

---

11) Zu der ganzen Stelle außer den Vorgenannten noch: Beseler, Bull. 39 (1931) 338ff. Seine Itp.-Vermutungen *tutelis – locatis* und *praesertim – contraria* teilen andere Forscher nicht. Von Lübtow 410 meint, *praesertim – contraria* gehöre hinter *contineretur*.

12) *alterum alteri* wird wohl – abgesehen von den Teilungsklagen – nicht ein Formelbestandteil gewesen sein; s. die Nachweise unter N. 8. – Vgl. jedoch Pringsheim, SZ 52 (1932) 121: »*alterum alteri* ist Abkürzung für *Nm. Nm. Ao. Ao.*«.

13) Vgl. Wieacker (o. N. 7) 312. – F. Schwarz (o. N. 7) 203 N. 337 glaubt, auch hier sei die Berücksichtigung der Forderung des Beklagten das Wesentliche.

14) So Grosso 144f., 197f., 203f. u. ö. Vgl. auch von Lübtow 411f.

und *locatio conductio* auch die nicht synallagmatischen Rechtsverhältnisse *societas*[15]) und *mandatum* gerechnet.

Hingegen gleichen sich die vier in § 135 aufgezählten Verträge in mehreren anderen Punkten. Sie werden durch bloße Willensübereinstimmung geschlossen[16]). Ihre Geltung beruht auf der *bona fides*[17]). Die *bona fides* bestimmt auch den Umfang der Ansprüche und gebietet häufig die Anrechnung der Schuldnerforderung[18]). Für jeden der Vertragsteile steht eine *actio* bereit[19]).

Sowohl nach der Betonung des *consensus* in den §§ 89, 135 und 136 als auch im Hinblick auf die Beschreibung des Zustandekommens der Stipulation und des Litteralkontraktes im zweiten Teil von § 137 ist anzunehmen, daß es Gaius in diesem Zusammenhang auf die Art des Vertragsabschlusses angekommen ist[20]). – Die Wendungen in Gai. 3, 137 und 155[21]), die gerade auch bei Behandlung der Abrechnungsklage des *mandatum* wiederkehren (Gai. 3, 155; D. 44, 7, 5 pr.), und der Ausdruck *ex bono et aequo*[22]) lassen vermuten, daß Gaius außerdem auf die Berücksichtigung der Schuldnerforderung im *bonae fidei iudicium* hinweisen wollte (Gai. 4, 61)[23]). Ob jedoch die Forderungen zueinander im Gegenseitigkeitsverhältnis stehen, erörtert Gaius nicht[24]).

Als Ergebnis dieser Teiluntersuchung halten wir fest, daß weder Labeo noch Aristo, weder Cicero noch Gaius das Wesen der synallagmatischen, i. S. der gegenseitigen Verträge theoretisch erfaßt haben.

---

[15]) Über die Zudordnung der *societas* zu den Konsensualkontrakten: Wieacker, Societas (1936) 75ff.

[16]) Gai. 3, 136. – Pringsheim (o. N. 12) 123f. u. ö.; Arangio-Ruiz, Mand. (1949) 86ff.; Wieacker (o. N. 7) 322; Solazzi, Iura 4 (1953) 293; F. Schwarz (o. N. 7) 208.

[17]) F. Schwarz (o. N. 7) 208; Kaser, RPR 1, 455.

[18]) Wieacker (o. N. 7) 322f.; F. Schwarz 203 N. 337; ebenso von Lübtow 383; 411.

[19]) Pringsheim (o. N. 12) 123; F. Schwarz 208; 217; ähnlich schon Betti, Bull. 28 (1915) 15ff.; vgl. auch Arangio-Ruiz, Mand., 86.

[20]) Besonders hervorgehoben von Wieacker (o. N. 15) 82f. Im übrigen s. die N. 16 Genannten.

[21]) S. oben unter III.

[22]) Pringsheim (o. N. 12) 114f.: vielleicht gl. Seinen Verdacht teilen Solazzi, Compens.[2] (1950) 14 N. 16; Kreller (o. N. 8) 217 und Kaser, RPR 1, 455 N. 4. – Kaser a. a. O. nimmt wohl klassischen Gehalt der Äußerung an. – Die Echtheit verteidigt Riccobono, An. Pal. 20 (1949) 57ff. (= Bull. 53/54 [1948] 31ff.).

[23]) S. die N. 18 Genannten.

[24]) Außer den N. 16–19 Angeführten: H. J. Wolff, Iura 2 (1951) 260. – Abweichend die N. 14 Genannten.

2. Abschnitt

Emptio venditio

§ 5

Funktionelles Synallagma zugunsten des Verkäufers: Vor- und frühklassisches Recht

Wenn im folgenden die Rechtslage von Verkäufer und Käufer getrennt behandelt wird[1]), so ist das weniger durch die unterschiedliche sachliche Situation – Zurückbehaltung von Sachen oder von Geld, Termin- oder Kreditkauf – als durch den andersartigen Stand der Quellen bedingt.

Auf Grund des funktionellen Synallagmas darf der Verkäufer die Lieferung der Ware verweigern, wenn er den Preis noch nicht erhalten hat. Es ist zunächst zu prüfen, ob das schon in der vor- und frühklassischen Zeit gegolten hat, auf die sich zwei Texte beziehen[2]).

I. Varro führt den Leser zunächst auf die Erörterung des Kaufes hin in

de r. r., 2, 1, 15: Quarta pars est de iure in parando, quem ad modum quamque pecudem emi oporteat civili iure. Quod enim alterius fuit, id ut fiat meum, necesse est aliquid intercedere; neque in omnibus satis est stipulatio aut solutio nummorum ad mutationem domini[3]). In emptione alias stipulandum sanum esse, alias e sano pecore, alias neutrum.

Dann beschreibt Varro ausführlich den Hergang eines Kaufgeschäftes:

de r. r., 2, 2, 5: In emptionibus iure utimur eo, quo lex praescripsit; in ea enim alii plura, alii pauciora excipiunt ... De reliquo antiqua fere formula utuntur: cum emptor dixit: »Tanti sunt mi emptae?« et ille respondit: »sunt« et expromisit nummos,

6. emptor stipulatur prisca formula sic: »Illasce oves, qua de re agitur, sanas recte esse, uti pecus ovillum quod recte sanum est ... habereque recte licere; haec sic recte fieri spondesne?« Cum id factum est, tamen grex dominum non mutavit, nisi si est adnumeratum;

nec non emptor pote ex empto vendito illum damnare, si non tradet, quamvis non solverit nummos, ut ille emptorem simili iudicio, si non reddit pretium.

1. Seit alters fragt der Käufer den Verkäufer: »Für soviel sind sie mir verkauft?«, und es antwortet der Verkäufer: »Sie sind es.«

Mit diesen Worten wird die Sachlieferung nicht stipuliert, denn die Parteien verwenden nicht die Stipulationsworte *spondere* oder *(fide)*

---

[1]) Verkäufer: §§ 5–9, Käufer: §§ 10 und 11.

[2]) Varro, de re rustica 2, 2, 6 und Labeo D. 18, 1, 78, 2.

[3]) Überliefert wird *mutationem dominii*. Das zweite *i* ist aber in Übereinstimmung mit Varro, de r. r. 2, 2, 6 *dominum non mutavit* zu streichen: Bruns-Gradenwitz, Fontes 2 (1909) 63.

promittere. Mit der *antiqua formula* wird nur der Kaufabschluß endgültig festgestellt[4]) und so von den Vorverhandlungen getrennt – ein Verfahren, das aus der Staatsverwaltung bekannt war[5]) und schon von Plautus[6]) und noch von Julian[7]) berichtet wird[8]).

Auch mit dem *habereque recte licere* stipuliert der Käufer nicht die Lieferung[9]), welche mit *vacuam possessionem tradi* umschrieben zu werden pflegt, sondern den ungestörten Besitz und Genuß der Sache.

Außer dem *habere licere* stipuliert der Käufer die Gesundheit der verkauften Schafe und ihre Herkunft aus einer gesunden Herde. Werden ihm dann die Schafe zugezählt, gehen sie in sein Eigentum über; damit ist das eingangs von Varro gestellte Problem des Eigentumsübergangs gelöst.

Es darf angenommen werden, daß der Verkäufer den Preis stipuliert, wenn er – wie hier – das Geld nicht sofort bar erhalten hat. *expromisit*[10]) und *dixit* haben als Subjekt *emptor*[11]). Varro selbst schreibt in seiner eben schon angeführten Einleitung (2, 1, 15), daß für den Eigentumswechsel die *stipulatio aut solutio* des Preises[12]) keinesfalls genüge. – Bereits die catonischen Formulare[13]) sehen die Stipulation des Preises vor. Ein XII-Tafel-Satz wird die Zahlung oder Stipulation des Preises gefordert haben:

---

[4]) Pernice 458; De Zulueta, Roman Law of Sale (1945, Neudruck 1949) 4; Beck, in: Aequitas und Bona Fides (Festg. Simonius) (1955) 14 m. N. 19; von Lübtow 369 und 372f. m. weit. Lit.; Thielmann 86; J. G. Wolf, Error (1961) 35ff. – S. auch die N. 5 Genannten.

[5]) Bechmann 462; Cancelli, L'origine del contratto consensuale di compravendita (1963) 19ff.

[6]) In der Komödie Epidicus (471) fragt Miles *estne empta mihi istis legibus?*, und erhält die Antwort *habeas licet.* Es darf angenommen werden, daß Plautus diesen Dialog nicht von einem griechischen Vorbild übernommen hat, da es einen Konsensualkauf im griech. Recht nicht gegeben hat; vgl. o. § 3 bei N. 49–54. – Weiter zu Plautus' Epidicus: Schanz-Hosius, Gesch. d. röm. Lit. 1[4] (1927, Neudr. 1959) 63. – Über die Auswertung von Einzelheiten, die Plautus mitteilt, für das röm. Recht: Wenger, Quellen (1953) 224f. – Zu Plautus' Epidicus, 471 cit. zuletzt: J. G. Wolf (o. N. 4) 39f.

[7]) In Iul. D. 18, 1, 41 pr. finden sich die Worte ... *emptor interrogaverit: ›erit mihi fundus emptus ita,...‹.*

[8]) Weitere Quellen und Lit. zu der Frage-Antwort-Form des Kaufabschlusses bei den oben N. 4 und 5 Genannten.

[9]) Kaser, RPR 1, 326 und 459; ders. EB[2] (1956) 210ff. und 375; Arangio-Ruiz 333ff.

[10]) Beseler, ACJI 1 (1935) 339: »*Expromittere* ... Gut ist es nicht ... und vermeidbar war es auch. In Varro de re rust 2. 2. 5 ist selbstverständlich das unsinnige, ja geradezu irrsinnige *et expromisit nummos* zu streichen. Allem Anscheine nach ist *expromittere* ein spätlateinisches Wort. Ich bin davon überzeugt dass die Klassiker es überhaupt nicht gekannt haben.« Gegen Beselers Auffassung: Kaser, RPR 1, 544 N. 26.

[11]) Grammatikalisch scheint sich *expromisit* auf *ille*, den *venditor*, zu beziehen. Vor allem deswegen halten Beseler (o. N. 10); C. Longo, Bull. 45 (1938) 30 und Jörs-Kunkel, RPR, 129 N. 21 die Überlieferung an dieser Stelle auch für inhaltlich verdorben.

[12]) *stipulatio* nicht auf den Preis, sondern auf die im letzten Satz von 2, 1, 15 beschriebenen Sachmängel bezogen von Pringsheim, SZ 50 (1930) 340.

[13]) M. Porcius Cato, de agri cultura, 146, 2, 5; 147, 1, 4; 148, 2, 9; vgl. auch 149, 2, 7 und 150, 2, 7 – Zu Cato und seinem Werk: RE 22 (1953) 108ff. (Gelzer) und 145ff. (Helm) s. v. M. Porcius Cato Censorius; von Lübtow 227ff.; ders., Nachtrag zu Symb. Taubenschlag (1958); Thielscher, Des Marcus Cato Belehrung über die Landwirtschaft (1963).

Inst. 2, 1, 41: ... etiam lege duodecim tabularum ... »sed si is qui vendidit fidem emptoris secutus fuerit...«.

Und noch Seneca klagt:

de beneficiis 3, 15: ... utinam nulla stipulatio emptorem venditori obligaret.

2. Der Verkäufer kann den Käufer auf die Zahlung des Preises, der Käufer den Verkäufer auf die Übergabe der Tiere verklagen.

Beide Parteien klagen im *simili iudicio*. Die Bedeutung dieser Worte ist heute umstritten. Nach der einen Auffassung[14]) sind die Verfahren nur insofern gleich, als sie beide *in personam* sind. Varro bringt nach dieser Ansicht zum Ausdruck, daß die *actio* des Käufers nicht *in rem* ist, der Käufer noch kein dingliches Recht an den Schafen hat, und daß folglich durch den Kaufvertrag allein – ohne die Zuzählung der Schafe – das Eigentum an ihnen nicht übergegangen ist. Von den beiden *actiones in personam* entspringt, nach dieser Betrachtung, die des Käufers dem Konsensualkontrakt, die des Verkäufers der Stipulation.

Diese Auslegung halten wir für wenig überzeugend. Schon die Unterschiede zwischen Verbal- und Konsensualkontrakt, zwischen strengrechtlicher Klage und *bonae fidei iudicium* sind so erheblich, daß die Stipulationsklage und die *actio empti* nicht als *simile iudicium* bezeichnet werden können.

Doch kann sich *simili iudicio* auch nicht auf Stipulationsklagen von Käufer und Verkäufer beziehen, wie eine zweite Meinung will[15]), da die Lieferung der Schafe nicht stipuliert worden ist.

Es bleibt also nur die dritte Erklärung, daß sich die Klagen darin gleichen, daß sie beide – trotz Stipulation der Geldforderung – dem Konsensualkontrakt entspringen und beide *bonae fidei* sind[16]). Demnach geht der Verkäufer mit der *actio venditi*, der Käufer mit der *actio empti* vor.

3. *emptor pote ... illum damnare* bedeutet, der Käufer kann »die Verurteilung bewirken«, »... betreiben« oder »... zu bewirken suchen«[17]). Sollte es Varros Absicht gewesen sein, nur auf die Möglichkeit einer Klage hinzuweisen, über ihren Erfolg aber nichts auszusagen und die Gefahr der Abweisung nicht auszuschließen, würde seine Erklärung einem Ratsuchenden kaum etwas helfen. Varro wird darauf Rücksicht genommen haben, daß sich der Leser seines Werkes allein dafür interessiert, ob er bei Gericht durchdringen wird oder nicht. Diesem Bedürfnis wird der Schriftsteller

---

14) Vgl.: Pernice 458f. m. N. 16; Meylan, Scr. Ferrini 4 (1949) 181ff.; ders., TS 21 (1953) 162f.; ders., in: Aequitas und Bona Fides (Festg. Simonius) (1955) 248f.; Sargenti, SD 20 (1954) 231 m. N. 74; von Lübtow 370f.; Watson, TS 32 (1964) 252.

15) Bekker, Aktionen (1871) 157; Mitteis, RPR 1 (1908) 45 N. 12; Kniep, Festg. Thon (1911) 55; Haymann, SZ 41 (1920) 52f.; Appleton, RH 5 (1926) 379; ferner die bei Meylan in: Aequitas und Bona Fides (Festg. Simonius) 248 N. 1 Genannten. – Arangio-Ruiz zieht Varro in «La Compravendita» nicht heran, um seine »Stipulationstheorie« zu stützen.

16) Diese Ansicht bestätigt ein Zeitgenosse Varros: Cicero, de off. 3, 17, 70 (s. o. § 4 II 1). Sowohl Kauf als auch Verkauf begründen eine *actio bonae fidei*. Von einer Stipulationsklage einer der beiden Parteien ist nicht die Rede.

17) Georges, Handwörterbuch 1 [11] (1962) 1879, s. v. damno. – Den »häufig anzutreffenden kausativen Gebrauch der lateinischen Verben« erwähnt auch, in anderem Zusammenhang, Thielmann 50 m. N. 30f.

entsprochen haben. Noch die klassischen Juristen meinen mit Ausdrücken wie *agere posse*, *actionem dare* usw., daß der Kläger mit seinem Begehren bei Gericht durchdringen werde[18]).

Demnach wird der Käufer die Verurteilung des Verkäufers erreichen, und dieses sogar dann, wenn er selbst den Preis noch nicht gezahlt hat.

Es ist anzunehmen, daß diese Feststellung von Varro stammt. Es fehlt jedes Anzeichen dafür, daß eine der beiden negativen Partikeln dem Text später hinzugefügt und dadurch die ursprüngliche Aussage in ihr Gegenteil verkehrt worden ist. Auch hätte eine dieser Partikeln allein den vorletzten mit dem letzten Satz in stilistisch unbefriedigender Weise verknüpft. Die Durchsetzung der Käuferforderung ist also unabhängig von der Erfüllung der Verkäuferforderung.

Man könnte diese Unabhängigkeit auf die Kaufpreisstipulation zurückzuführen geneigt sein[19]) und folgern: in der Regel dürfe der Verkäufer sich weigern, die Ware zu liefern, solange er den Preis noch nicht erhalten hat. An die Stelle der tatsächlichen Zahlung trete hier aber die stipulationsmäßige Verpflichtung. Wenn dem Verkäufer der Preis in Form der Stipulation versprochen worden sei, verliere er ebenso die Befugnis, seine Leistung zurückzuhalten, als wenn er schon das Geld selbst bekommen hätte. Hätte sich in dem varronischen Fall nicht ereignet *emptor ... expromisit nummos*, dann hätte nicht geschehen können *emptor pote ... illum damnare ... quamvis non solverit nummos*.

Dieses Argument mündet in einem Trugschluß: mit der Unabhängigkeit der Forderungen nach der Stipulation der Preiszahlung ist ihre gegenseitige Abhängigkeit bei einem Kauf ohne spätere Stipulation nicht bewiesen. – Zudem würde die hier abgelehnte Auffassung dazu führen, daß der Verkäufer mit der Stipulation die ursprünglich vorhandene Möglichkeit, die Nichterfüllung des Käufers geltendzumachen, verlöre. Dieser Nachteil würde den Vorteil, den eine Stipulation gegenüber der einfachen Preisforderung hat, kaum aufwiegen.

Wir meinen deswegen, Varro, de r. r. 2, 2, 6, folgendermaßen verstehen zu dürfen: Käufer und Verkäufer klagen beide aus dem Konsensualkontrakt. Der Käufer kann ohne Rücksicht auf die Erfüllung der eigenen Verpflichtung den Partner in Anspruch nehmen. Der Verkäufer jedenfalls ist zu Varros Zeit noch nicht befugt, die Übereignung der Kaufsache deshalb zu verweigern, weil er den Kaufpreis noch nicht erhalten habe[20]).

---

[18]) Z.B.: Paul. D. 4, 4, 48, 1: *Minor ancillam vendidit: si eam emptor manumiserit, ob hoc in integrum restitui non poterit, sed adversus emptorem quanti sua interest actionem habebit.* – Ulp. D. 19, 1, 13, 8: *...nondum est ... actio.* Cels. D. 42, 7, 3: *Si plures eiusdem bonorum curatores facti sunt, in quem eorum vult actor, in solidum ei datur actio ...* – Labeo D. 43, 16, 20: *Si colonus tuus vi deiectus est, ages unde vi interdicto ...* S. im übrigen VIR 1, 103 ff. s. v. actio und 321 ff. s. v. ago (Bearb. Gradenwitz-Kübler).

[19]) So insbesondere Meylan und Watson (o. N. 14).

[20]) Bechmann 543 äußert die Vermutung, die Nachdrücklichkeit des Berichtes könnte darauf hindeuten, »dass sich schon zu Varros Zeiten die entgegengesetzte Ansicht geltendzumachen begann oder dass wenigstens durch besondere Verabredung eine funktionelle Connexität beider Forderungen hergestellt werden konnte.«

4. In demselben Verfahren kann der Verkäufer den Kaufpreis verlangen, wenn der Käufer nicht zahlt, sagt Varro und schweigt über ein Erfordernis gleichzeitiger Lieferung. Der Umkehrschluß – da Varro nur im ersten Fall ausdrücklich das Leistungserfordernis verneint, sei es in dem zweiten als selbstverständlich vorausgesetzt – entbehrt jeder Grundlage. Es wäre nicht weniger wahrscheinlich, daß Varro bei Beschreibung des Rechtsvorganges besonders darauf hingewiesen hätte, wenn sich der Käufer gegenüber dem Zahlungsbegehren des Verkäufers darauf hätte berufen können, daß der Verkäufer selbst noch nicht erfüllt habe. Die Frage muß offenbleiben. Es ist dem varronischen Bericht nicht zu entnehmen, ob der Käufer mit Erfolg die Nichterfüllung des Verkäufers geltend machen könnte[21]). Nur soviel überliefert Varro, daß der Verkäufer zur Leistung verpflichtet war, auch wenn die Zahlung des Käufers noch ausstand.

II. Daß sich auch in frühklassischer Zeit[22]) die Rechtslage noch nicht geändert hat, zeigt

Labeo D. 18, 1, 78, 2 (4. post. a Iav. epit.): Qui fundum ea lege emerat, ut soluta pecunia traderetur ei possessio, duobus heredibus relictis decessit. si unus omnem pecuniam solverit, partem familiae herciscundae iudicio servabit: nec, si partem solvat, ex empto cum venditore aget, quoniam ita contractum aes alienum dividi non potuit.

Ein Kaufvertrag über ein Landgut wird mit der *lex contractus* abgeschlossen, daß die Einweisung in den Besitz nur nach Zahlung des Preises zu erfolgen habe[23]). Die *leges contractus*[24]) werden regelmäßig von der Partei diktiert, die die Sache[25]) zur Verfügung stellt[26]). Mit dem *consensus* über die *emptio venditio* unterwirft sich die andere Partei über die Pflicht zur Geldzahlung hinaus dem in der *lex* Gebotenen[27]).

Der Käufer stirbt und hinterläßt zwei Erben. Der eine hat den ganzen Kaufpreis bezahlt. Labeo gibt ihm den Ausgleich gegen den Miterben im Verhältnis seines Erbteils bei der Erbteilungsklage[28]).

---

21) Unentschieden – wie hier: Cassin, exception (1914) 6 N. 3; Haymann (o. N. 15) 53; vgl. auch De Zulueta (o. N. 4) 5. – Dagegen nehmen an, daß auch der Verkäufer ohne eigene Leistung habe klagen können: Bechmann 570; Scaduto, An. Pal. 8 (1921) 95 m. N. 4; Pringsheim (o. N. 12) 338; wohl auch Grosso 218. – Vgl. auch u. N. 34.

22) Zu Labeo s. auch unten § 13 II 1 und § 14.

23) Vgl. die von Gai. 4, 126a mitgeteilte *lex* – dazu unten § 10 I 1.

24) Über den Begriff der *lex contractus* zuletzt: Mayer-Maly, Locatio conductio (1956) 106ff. m. weit. Lit.; Kaser, SZ 73 (1956) 428; von Lübtow 244ff.; Cancelli (o. N. 5) insbes. 50ff.

25) Ware: z.B. Ulp. D. 8, 4, 13 pr.; Procul. D. 18, 1, 68 pr.; Labeo D. 19, 1, 53, 2; Cato, de agri cult., c. 146, c. 147 u. ö. – Miet- oder Pachtgegenstand: z.B. Alfen. D. 19, 2, 29 und eod. 30, 4; Iavol. eod. 51 pr.; lex Malacitana c. 63 (FIRA 1, 215).

26) Es kommt also nicht auf die tatsächliche wirtschaftliche Überlegenheit an: Mayer-Maly (o. N. 24) 109f.

27) Durch die Unterwerfung unterscheidet sich die *lex contractus* vom *pactum*. Allerdings verwischen sich die Unterschiede im Laufe der Zeit: von Lübtow 247, 251.

28) Daraus wird zu schließen sein, daß entweder der Verkäufer seine Verpflichtung gegenüber beiden Miterben erfüllt hat, oder daß die Geltendmachung des Käuferanspuchs noch beiden Erben offensteht. Denn hätte etwa der zahlende Miterbe das ganze Grundstück erhalten, dann müßte dies in der Erbteilungsklage gleichfalls berücksichtigt

Hat der Miterbe nur einen Teil des Kaufpreises entrichtet, so soll er, wenn der Verkäufer noch nicht erfüllt hatte, nicht auf Erfüllung klagen können. Das beruht aber nicht auf dem Gedanken des Synallagmas, sondern auf streng wörtlicher Auslegung – wenn auch im Sinne der Abhängigkeit von Leistung und Gegenleistung – der *lex contractus: soluta pecunia* wird als Zahlung des vollen Kaufpreises verstanden[29]).

Es fragt sich, was zu gelten hätte, wenn die *lex contractus* nicht festgesetzt worden wäre. Darauf gibt der Text keine klare Antwort. Man könnte aber – e contrario – erschließen: Wenn die *lex contractus* nötig war, um eine Vorleistungspflicht des Käufers festzulegen, dann konnte ohne sie die Übergabe unabhängig von der Kaufpreiszahlung verlangt werden[30]). Dagegen läßt sich nicht anführen, daß die *lex contractus* vielleicht eine typische Vertragsklausel gewesen sei, die nur wiederholte, was auch ohne sie gelten würde[31]). Andernfalls hätte Labeo sie nicht zum Gegenstand seiner Auslegung gemacht.

Mit der Entscheidung des Labeo sind die Stellen zu vergleichen, in denen der Schuldner, der eine Leistung unter Vertragsstrafe versprochen hatte, stirbt und mehrere Erben hinterläßt[32]). In allen diesen Fällen wird entschieden, daß die Teilleistung eines der Miterben die Schuldner nicht befreit, so daß die Vertragsstrafe verfällt. Gewiß sind diese Äußerungen mehr als zwei Jahrhunderte jünger als die des Labeo und betreffen Abreden, die zum Gegenstand einer Stipulation und nicht bloß einer *lex contractus* gemacht worden sind. Gleichwohl dürfen diese Stellen zur Bestätigung der Meinung Labeos herangezogen werden[33]).

Labeo sagt nichts über eine Zurückbehaltungsbefugnis des Käufers. Es wäre denkbar, daß auch dem Käufer im allgemeinen die Möglichkeit fehlte, sich auf die Nichterfüllung durch seinen Vertragspartner zu berufen[34]).

---

werden, so daß er nicht ohne weiteres die Erstattung des entsprechenden Kaufpreisanteils fordern könnte.

Da die Leistung des Grundstücks unteilbar ist, findet die Regel *nomina ipso iure divisa* (C. 3, 36, 6) keine Anwendung. Zu dem genannten Grundsatz Kaser, AHDO-RIDA 1 (1952) 507ff.; ders., RPR 1, 87; 134; 606; 609f.

[29]) Daß die Behandlung einer teilbaren Schuld als unteilbare nicht möglich sei, ist den Quellen nicht zu entnehmen. – Anders, ohne weitere Begründung: Beseler, SZ 46 (1926) 89: »Leitsätze: ... Vollherrschaft des Satzes *nomina ipso iure*.« – Ders. (SZ 47 [1927] 367) hält die Begründung *quoniam rell* für »einen groben juristischen Fehler«, denn in Wirklichkeit sei der Kaufpreis wie immer entsprechend den Erbteilen gespalten. – Ohne Bedenken: Voci, Dir. ered. 1 (1960) 683 N. 49.

[30]) Dernburg, Compens.[2] (1868) 69; zustimmend: Pernice 459f. gegen Bekker (o. N. 15) 373; Monier, Droit romain, Obl.[5] (1954) 150 m. N. 2.

[31]) So aber Bekker (o. N. 15) 373 und Bechmann 572 und 573 N. 4; gegen Dernburg und Pernice (o. N. 30).

[32]) Paul. D. 10, 2, 25, 13 – dazu Guarneri Citati, Obbl. indivis. 1 (1921) 242ff.; Beseler, SZ 46 (1926) 93. Pomp. D. 45, 1, 5, 3a – dazu Guarneri Citati 232ff.; Beseler a. a. O. 101. Paul. D. 45, 1, 85, 6 – dazu Guarneri Citati 153ff. und Beseler a. a. O. 102. – Nachweise zum Problem der unteilbaren Obligationen bei Kaser, RPR 1, 550 N. 13.

[33]) Andere Fälle, in denen die Teilleistung abgelehnt wird: unten § 6.

[34]) Einseitige Vorleistungspflicht des Verkäufers nehmen hingegen an: Dernburg (o. N. 30) 68f.; Pernice 459f.; ferner Grosso 218f. – Gegen regelmäßige einseitige

III. Aus Varros und Labeos Berichten läßt sich die Vermutung ableiten, daß in einer frühen Phase des Konsensualkaufes die beiden Forderungen voneinander unabhängig waren. Die Selbständigkeit der beiden Forderungen läßt sich mit der allgemeinen Entwicklung des Kaufes vereinigen.

Die Entwicklung vom Barkauf zur obligatorisch wirkenden formlosen Kaufvereinbarung kann damit begonnen haben, daß der Käufer oder der Verkäufer seine eigene Leistung sofort erbrachte – wie bei dem ursprünglichen Handgeschäft –, die Leistung des anderen Teiles aber stundete, und daß man erst später dazu überging, den Vollzug der Leistungen beider Teile bis zu einem Zeitpunkt, der von dem der Vereinbarung verschieden ist, hinauszuzögern[35]). Wird nun eine Leistung erbracht und die Erfüllung der anderen Verpflichtung aufgeschoben, kann sich das funktionelle Synallagma nicht entwickeln. Derjenige Teil, der seine Sache oder sein Geld dem anderen Vertragsteil hingegeben hat, kann diese nicht mehr zurückhalten; der Teil, der sie empfangen hat, ist befriedigt und hat zur Zurückhaltung seiner eigenen Erfüllung keine Veranlassung. Auf diese Weise könnte es sich erklären, daß sich die Unabhängigkeit beider Leistungen voneinander noch in der ersten Zeit des Konsensualkaufes erhalten hat.

Nach der von Arangio-Ruiz vertretenen Meinung[36]) ist Ausgangspunkt des Konsensualkaufes eine Stipulation der Käuferpflichten und eine der Verkäuferpflichten gewesen. Diesem Zustand würde die Unabhängigkeit von Forderung und Gegenforderung auch in der Geltendmachung am besten entsprechen.

Wir halten die Darstellung von Wieacker[37]) für wahrscheinlicher, daß es die *fides* war, die zu der Klagbarkeit der Forderungen aus dem Konsensualkauf geführt hat, als sie es gebot, zu dem einmal gegebenen Wort zu stehen[38]). Sie wird von Anfang an ebenso wie der Haftungsgrund auch der Haftungsmaßstab gewesen sein[39]). Die *fides* wird anfangs eine geringere Reichweite als in der klassischen Zeit gehabt haben; auf diese Weise würde

---

Vorleistungspflicht des Verkäufers, aber für regelmäßige beiderseitige Zug-um-Zug-Verpflichtungen: Bechmann 572. – Vgl. auch oben N. 21.

[35]) Dieser Gedanke klingt an bei Watson (o. N. 14) 251 f. – Davon unabhängig sind die verschiedenen Theorien über die Entstehung des Konsensualkaufes; s. die Hinweise in den N. 36 bis 38.

[36]) Arangio-Ruiz, Festschr. Koschaker 2 (1939) 161; ders., Compravendita, 57ff. Ebenso: Ihering, Geist 3/1 (1888) 199ff.; Scaduto (o. N. 21) 94ff.; Girard, Manuel[7] (1924) 561 ff.; Appleton (o. N. 15) 378f. und Watson (o. N. 14) 252.

[37]) Wieacker, SZ 80 (1963) 1 ff.; vgl. schon Kaser, SZ 59 (1939) 67ff. und Kunkel, Festschr. Koschaker 2 (1939) 1 ff.

[38]) Hiervon verschiedene Theorien haben entwickelt insbesondere: Pernice 441 und 454ff.; Meylan TS 21 (1953) 129ff. und in: Aequitas und Bona Fides (Festg. Simonius) 247ff.; von Lübtow 365 ff.

[39]) Für die Funktion des Haftungsmaßstabes von Anfang an: Biondi 34f.; Kaser (o. N. 37) 68ff.; Kunkel (o. N. 37) 4f.; Schulz, History, 83 (= Geschichte, 100); Frezza, RIDA 2 (= Mél. De Visscher 1) (1949) 270ff.; Beck (o. N. 4) 9; Wieacker, SZ 79 (1962) 417; ders., SZ 80 (1963) 34ff.
Dagegen: Lenel, Ursprung ... der Exc. (1876) 80ff.; wohl auch Beseler, Atti Roma 1 (1934) 165; Horvat, St. Arangio-Ruiz 1 (1953) 425; Lombardi, Dalla fides (1961) 186ff.

es sich auch erklären, daß – nach allen Anzeichen, die wir besitzen – das Fordern trotz eigener Nichterfüllung nicht von Anfang an als *fides*-widrig angesehen wurde[40]).

Es zwingen also weder die Entwicklung des Konsensualkaufes – welcher Theorie auch immer man folgen mag – noch die des Haftungsmaßstabes der *fides* zu der Annahme, dem Kaufe sei zu allen Zeiten die gegenseitige Abhängigkeit beider Forderungen eigentümlich gewesen.

Auf das Fehlen der Abhängigkeit muß Varro ausdrücklich hinweisen. Man hielt diese Rechtslage in seiner Epoche also schon für auffällig, vielleicht sogar für unbefriedigend[41]). Zu Labeos Zeiten wird diesem Zustand durch Vertragsklauseln abgeholfen, deren Gebrauch möglicherweise zu allgemeiner Geschäftspraxis wurde. Labeo selbst – wie sein Gutachten zeigt – unterstützt anscheinend die Tendenz, die Geltendmachung der einen Forderung von der Erfüllung der anderen abhängig zu machen.

§ 6

Fortsetzung: Hochklassisches Recht

In dem Fall des Labeo war der Lieferungsanspruch des Käufers mit seiner eigenen Zahlungsverpflichtung durch eine besondere Vertragsklausel verknüpft. Es ist nun zuerst zu prüfen, ob die gegenseitige Abhängigkeit der beiden Forderungen von den späteren Juristen auch anerkannt wird, wenn es an einer entsprechenden Vereinbarung fehlt.

1. Die Hauptstelle ist

Ulp. D. 19, 1, 13, 8 (32. ed.): Offerri pretium ab emptore debet, cum ex empto agitur, et ideo etsi pretii partem offerat, nondum est ex empto actio: venditor enim quasi pignus retinere potest eam rem quam vendidit.[1])

Der Verkäufer braucht die Ware nicht zu liefern, solange ihm nicht der ganze Preis angeboten wird[2]).

Zweimal wird betont *offerri pretium*. An einigen Stellen der Digesten

[40]) Vgl. daneben Watson (o. N. 14) 251: »Even at a fairly early stage of the development it could be envisaged that reciprocity of these obligations should follow from the concept of *bona fides*«. Vgl. auch die § 1 N. 25 Genannten.

[41]) S. oben N. 20.

[1]) Die Basiliken überliefern: Bas. 19, 8, 13 = Heimb. 2, 290:
Καὶ περὶ τοῦ, ἐὰν κληρονόμου τοῦ ἀγοραστοῦ μὴ διδόντος ὁλόκληρον τὸ τίμημα, ἢ καὶ αὐτοῦ τοῦ ἀγοραστοῦ, ἢ μέρους δοθέντος, παραδοθῇ αὐτῷ τὸ πρᾶγμα, καὶ ἐκνικηθῇ, πότε οὐ δύναται κινεῖν ὁ ἀγοραστής, ἤτοι πρὸ τῆς καταβολῆς τοῦ τιμήματος κατὰ τοῦ πράτου, καὶ πῶς ὅλον τὸ τίμημα οὐ δύναται ζητεῖν, ἀλλὰ τό μέρος, ὃ κατέβαλεν, τοῦ πράγματος, ὡς εἴρηται, ἐκνικηθέντος.
P. Krüger weist in den D. auf die Basiliken hin und bemerkt, daß wahrscheinlich auch D. 19, 1, 13, 8 mehrere Erben betroffen hätte. Da aber in den Basiliken die beiden Fälle aus den §§ 8 und 9 zusammengezogen sind, bieten sie für diese Annahme keine feste Stütze. Krügers Vermutung ist in den neueren Werken über das Erbrecht von Scialoja (Dir. ered. rom. 1 [1914]); Fadda (1 und 2 [1949]) und Voci (1 [1960]; 2[2] [1963]) nicht aufgegriffen worden.

[2]) Wegen des Hinweises auf das Pfand s. u. § 8.

wird das *offerre* dem *accipere* gegenübergestellt[3]) und bedeutet dann »anbieten«[4]); an anderen Stellen hat *offerre* die Bedeutung von »hingeben«[5]). Inhalt und Zusammenhang des Fragmentes Ulp. D. 19, 1, 13, 8 geben keine Antwort auf die Frage, ob Ulpian das Angebot oder ob er die tatsächliche Aushändigung des Geldes an den Verkäufer meint.

Wir glauben, daß hier dem Käufer das Verhalten auferlegt wird, welches er beobachten muß, um den Verkäufer in Annahmeverzug *(mora creditoris)* zu setzen, und welches von den Quellen oft mit *offerre* umschrieben wird[6]). Hierzu muß der Schuldner dem Gläubiger die Leistung so anbieten, wie sie geschuldet wird: ergibt sich aus dem Vertrag und den Umständen nichts anderes, so braucht eine geschuldete Sache dem Gläubiger nicht übergeben oder hingetragen, sondern nur wörtlich angeboten zu werden[7]). Durch das Anbieten zeigt der Käufer, daß er zu erfüllen bereit ist. Damit wird das Sicherungsinteresse des Verkäufers, um dessen willen ihm die Verweigerung seiner Leistung gestattet wird, stark vermindert. Auf der anderen Seite ist es billig, daß der Käufer an der Durchsetzung seines Lieferungsanspruches nicht deshalb gehindert werden soll, weil ihm der Verkäufer seine Zahlung nicht abgenommen hat. Es ist also glaubhaft, daß der Verkäufer die Nichterfüllung des Käufers nicht mehr geltend machen kann, wenn er in Gläubigerverzug geraten ist[8]), so daß insofern das Leistungsanerbieten ausreicht.

2. Das Leistungsangebot muß den ganzen Preis umfassen. Teilleistung genügt nicht[9]). Das wird noch an zwei anderen Stellen hervorgehoben[10]), vielleicht erschien es den Römern fraglich[11]). Auf der Unzulänglichkeit der Teilleistung fußt das Responsum

Scaev. D. 18, 4, 22 (2. resp.): Hereditatis venditae pretium pro parte accepit: reliquum emptore non solvente quaesitum est, an corpora hereditaria pignoris nomine teneantur. respondi nihil proponi, cur non teneantur.[12])

Eine Erbschaft ist verkauft und schon zum Teil bezahlt worden. Die Erbschaftssachen haften für die Restforderung[13]). Man hat versucht, die

---

[3]) Beispielsweise: Paul. D. 13, 5, 17; Pap. D. 22, 1, 7; Ulp. D. 46, 3, 30; Marcel. D. 46, 3, 72 pr.

[4]) VIR 4, 398ff. s. v. offero (Bearb. Bock) Ziff. II. – Vgl. auch Heumann-Seckel, Handlexikon[10] (1958) 387 s. v. offerre, Ziff. 1.

[5]) VIR a. a. O. Ziff. I; Heumann-Seckel a. a. O. Ziff. 3: z.B. Scaev. D. 26, 7, 58 pr.; Gai. 3, 187. – »Hingeben« von Menschen: Ulp. D. 13, 7, 24, 3; Marcian. D. 48, 19, 11, 1; Macer D. 49, 16, 13, 6.

[6]) Z.B. in den N. 3 vorgeführten Beispielen in Entsprechung zum *accipere*.

[7]) F. Mommsen, Mora (1855) 140ff. und 151f.; zuletzt Kaser, RPR 1, 431; weit. Lit. bei Kaser, RE 16 (1935) 252ff. s. v. Mora. – S. auch Kaser, RPR 1, 534.

[8]) Kaser, RE 16 (1935) 276; ähnl. Grosso 219 N. 4.

[9]) In D. 19, 1, 13, 8 sind zwar *et ideo* und der Subjektwechsel von *pretium offerri* zu *(emptor) offerat* störend. Jedoch brauchen diese Mängel keine Interpolation anzuzeigen. Die Interpolation von *et ideo – actio* vermuten Beseler, SZ 45 (1925) 466 und Siber, RPR (1928) 197 N. 10. Gegen diese Annahme: Nardi 261.

[10]) Scaev. D. 18, 4, 22 und Marcel.-Ulp. D. 21, 1, 31, 8 – Zu beiden Stellen sogleich im Text. Vgl. auch Labeo D. 18, 1, 78, 2.

[11]) Beseler (o. N. 9) hingegen hält *ideo-actio* für »völlig überflüssig«.

[12]) S. auch Scaev. D. 26, 7, 56 – unten unter 4.

[13]) *teneri* wird hier »haften« und nicht »zurückbehalten werden« bedeuten; vgl. Kübler, VIR 5, 997 und 1013 s. v. teneo. – Näheres zu der hier angesprochenen pfandähnlichen Haftung unten § 8.

Entscheidung durch Streichung des *non* in ihr Gegenteil zu verkehren[14]), allein ohne zureichende Begründung. Nur wenn der Käufer dem Verkäufer den ganzen Preis anbietet oder bezahlt, kann er die Übereignung der Kaufsache verlangen. Teilleistung oder -angebot des Preises genügen nicht.

3. An einer anderen Stelle beruft sich Ulpian auf Marcellus, der derselben Ansicht gewesen sei:

Ulp. D. 21, 1, 31, 8 (1.ed.aed.cur.): Idem Marcellus ait non posse alterum ex dominis consequi actione ex empto, ut sibi pro parte venditor tradat, si pro portione pretium dabit: et hoc in emptoribus servari oportere ait: nam venditor pignoris loco quod vendidit retinet, quoad emptor satisfaciat.

Kaufgegenstand ist wahrscheinlich ein Sklave wie im vorhergegangenen § 7, zumal da dieses Ulpian-Fragment zum Kommentar des Sklavenedikts gehört[15]). Der Ausmerzung der *mancipatio* wird hier auch der *servus* zum Opfer gefallen sein, während *dominis* stehenblieb[16]).

Da schon am Anfang der Stelle mehrere *domini* erwähnt sind, wäre es nicht erforderlich, im mittleren Satz wiederum von mehreren Käufern zu sprechen. Nardi meint, daß der Plural hier die verallgemeinernde Bedeutung habe, »jeder Käufer, handele er nun allein oder mit anderen zusammen«, ferner daß ein derart abstrakter und genereller Lehrsatz aus dem Rahmen der im fr. 31 angewandten kasuistischen Methode herausfalle und daß folglich der ganze Satz unecht sei[17]). Es darf indessen angenommen werden, daß Ulpian den im § 5 begonnenen, im § 7 unterbrochenen und in den §§ 9 und 10 fortgeführten Gedanken schon im § 8 wieder aufgenommen und – wie bereits Labeo (D. 18, 1, 78, 2)[18]) – von mehreren Erben eines Käufers gesprochen hat, was dann die Kompilatoren zu einem verallgemeinernden Satz umgestaltet haben. – Das zweite *ait* zeigt keine spätere Einfügung an. – Der Mittelsatz wäre dann zu rekonstruieren: *et hoc in [emptoribus] ⟨pluribus emptoris heredibus⟩ servari oportere ait*[19]).

Die Behauptung, *nam venditor rell.* sei unecht, da in § 8 ebensowenig wie in § 7 Marcellus[20]) eine Begründung gegeben hätte[21]), ist nicht überzeugend.

---

14) Für Streichung: P. Krüger in D. und neuestens Nardi 256ff. – Zweifelnd: Lenel, Pal. 2, 293 = Scaev. 238; Pernice, Labeo 2/1² (1895) 254 N. 1; Appleton, NRH 40 (1916) 29f.

15) Lenel, Pal. 2, 894 = Ulp. 1778.

16) Im Original wird es geheißen haben »*ut sibi pro parte venditor ‹mancipio servum det› [tradat]*«, so Kerr Wylie, Solidarity (1923) 304 und 306; ihm folgt Nardi 263f. – Entsprechend kann an Stelle von *[quod vendidit] ‹mancipium›* oder *‹hominem›* gestanden haben.

17) Nardi 264.

18) Dazu oben § 5 II.

19) Ähnlich Krüger in D. und Beseler, TS 8 (1928) 303. – Nur *pluribus* nach: Huschke, Pandektenkritik (1875) 47. – Zu weit geht Kerr-Wylie (o. N. 16), der verbessern will: *pluribus quorum singulorum in solidum venditor intuitus sit personam*, während Nardi 263ff. *et hoc rell* ganz streichen will. – Beseler will *et hoc* durch *idem et* ersetzen, doch ohne ausreichenden Grund. Diese Änderung würde den sachlichen Gehalt der Stelle nicht beeinflussen.

20) Nach Beseler, TS 8 (1928) 303 und Nardi 263 soll *Marcellus* später eingeflickt worden sein. Aber im VIR 3 (Bearb. Kübler) 298ff. finden sich weitere Fälle, in denen der Name eines kurz vorher zitierten Juristen mit *idem* wieder eingeführt wird,

Zum einen findet sich auch in § 7 eine Art Begründung, da dort Marcellus bei der Beantwortung der Rechtsfrage einen Vergleichsfall heranzieht *(non magis quam ...)*; zum anderen hat Marcellus jedenfalls an anderen Stellen häufig eine Begründung gegeben und diese auch mit *nam* eingeleitet[22]). Wenn aber der Jurist eine Begründung geben wollte, dann steht sie hier am richtigen Platz und hinkt nicht etwa nach.

Marcellus ist also der Ansicht, der Verkäufer könne die Kaufsache zurückhalten, bis der Käufer ihn *satisfaciat*[23]). *satisfacere*[24]) wird in den weitaus meisten Fällen[25]) als terminus technicus gebraucht für Sicherheit leisten durch stipulationsweises Versprechen, durch Bürgen- oder Pfandstellung. Dasselbe Wort kann aber auch bedeuten, »die geschuldete Leistung erbringen« (Ulp. D. 36, 4, 5, 17) und damit »den Gläubiger endgültig befriedigen«,

Gai. D. 2, 8, 1 (5.ed.prov.): ... satisfacere dicimur ei, cuius desiderium implemus...

Vermutlich meinen Marcellus-Ulpian die tatsächliche Erfüllung (2. Bedeutung), nicht die Erfüllungssicherung (1. Bedeutung). Dafür spricht, daß Marcellus-Ulpian *pretium dare* und *satisfacere* unterschiedslos verwenden. *pretium dare* kann seinem klaren Wortlaut nach nichts anderes bedeuten als »den Kaufpreis entrichten«. Dasselbe muß dann auch *satisfacere* sagen wollen[26]). Dem Text D. 21, 1, 31, 8 ist also nicht zu entnehmen, daß es ausreichte, wenn Sicherheit für den Kaufpreis gestellt wird.

Marcellus-Ulpian betonen, daß Teilleistung nicht genügt[27]), selbst dann nicht, wenn auf der Käuferseite eine Personenmehrheit steht. Wie schon Labeo[28]) lassen sie einen Anspruch eines von mehreren Käufern auf Einräumung eines Miteigentumsanteils entsprechend seiner Kaufpreisquote nicht zu.

4. Die rechtliche Möglichkeit, die Sachen bis zur Preiszahlung zurückzuhalten, wird vorausgesetzt in:

Scaev. D. 26, 7, 56 (4.dig.): Tutor rerum et animalium pupilli venditionem fecit, sed quaedam animalia emptoribus pretium non solventibus retinuit et apud se habuit, pretium idem rationibus pupilli accepto tulit: ex his aliquot nata sunt: defuncto tutore heres eius eandem tutelam administravit et animalia annis plurimis possedit: quaesitum est, an, cum is cuius tutela administrata est annis viginti quattuor esset, iure animalia vindicaret. respondit secundum ea quae proponerentur pupillum ea vindicare non posse.[29])

---

besonders häufig von Ulpian, z.B.: D. 5, 3, 16, 5; D. 6, 1, 17, 1; D. 21, 1, 17, 8 und D. 26, 1, 3, 2.

[21]) Nardi 264.

[22]) VIR 4, 1ff. (Bearb. Brassloff-Lesser) s. v. nam: z.B. D. 7, 8, 20; D. 9, 2, 36, 1; D. 16, 3, 22; D. 37, 15, 3; D. 46, 3, 72, 1; vgl. z.B. auch D. 3, 5, 3, 11; D. 15, 1, 3, 11; D. 28, 5, 9, 5; D. 39, 2, 11.

[23]) Zum *pignoris loco retinere* sogleich in § 8.

[24]) Zu diesem Wort näher: Pringsheim, SZ 50 (1930) 389ff.; Beseler, ACJI 1 (1935) 333f.; Brasiello, Satisfactio (Estr. St. Senesi 52 [1938]); Roussier, St. De Francisci 2 (1956) 113ff.

[25]) VIR 5, 247ff. (Bearb. Volkmar) s. v. satis, II B.

[26]) So: VIR 5, 247 (Bearb. Volkmar) s. v. satis. – Anders: von Lübtow 413 m. N. 209.

[27]) Ebenso: Scaev. D. 18, 4, 22 (dazu o. unter 2) und Ulp. D. 19, 1, 13, 8 (dazu o. unter 1).

[28]) D. 18, 1, 78, 2 – o. § 5 II.

[29]) Ein weiterer Fall Scaevolas (D. 18, 4, 22) wurde bereits oben unter 2 behandelt.

Ein Tutor verkauft Vieh und andere Sachen seines Mündels. Einige Tiere behält er, weil die Käufer den Preis nicht bezahlen. Der Tutor übernimmt diese Stücke in seinen eigenen Bestand und bringt dem Konto des Pupillen den entsprechenden Betrag gut. Der Tutor stirbt, sein Erbe führt die Tutel weiter. Der Pupill wird mündig, die Tutel erlischt. Der frühere Pupill wird schließlich 24 Jahre alt. Jetzt will er von dem Erben des ersten Tutors die Tiere und deren Junge vindizieren, hat aber keinen Erfolg.

Der Jurist selbst hat sich die Begründung erspart. Die Glosse[30]) hat dafür vier Möglichkeiten zur Auswahl gestellt[31]):

a) Der frühere *pupillus* ist Eigentümer geblieben, der beklagte Erbe des Tutors hat aber wegen der Gutschrift in den *rationes pupilli* ein Zurückbehaltungsrecht. Sachlage und Entscheidung gleichen insofern Pap.-Paul. D. 27, 9, 13, 1, wonach ein Pupill ein von dem Tutor ohne Genehmigung des Prätors veräußertes Grundstück nur vindizieren kann, wenn er den von dem Käufer erhaltenen Preis zurückerstattet[32]).

b) Der erste Tutor hat durch *traditio* Eigentum an den Tieren erlangt. *Iustus titulus* ist der Kauf. Da ausdrücklich erklärt wird *Tutor . . . venditionem fecit*, müßte der Tutor nach dem ersten Verkauf an die anderen Käufer einen zweiten Kaufvertrag über die nicht abgenommenen Stücke mit sich selbst abgeschlossen haben. Der Erwerb von Mündelgut ist dem Tutor im allgemeinen nicht gestattet. Den Römern ist der Gedanke, daß der Tutor gleichzeitig als Käufer und Verkäufer auftritt, aber nicht fremd, denn es muß ausdrücklich erklärt werden,

Ulp. D. 26, 8, 5, 2 (40. Sab.): Item ipse tutor et emptoris et venditoris officio fungi non potest...

Scaevola kann im vorliegenden Fall von dieser Regel ebenso eine Ausnahme zugelassen haben wie Servius-Paulus in

Paul. D. 41, 4, 2, 8 (54. ed.): Tutor ex pupilli auctione rem, quam eius putabat esse, emit. Servius ait posse eum usucapere...[33]).

Das Vermögen des Pupillen soll geschützt werden. Wenn der Tutor die Sachen zuerst an jemand anders verkauft, der Käufer den Preis nicht entrichtet, der Tutor darauf den Preis aus seinem Vermögen erlegt und dafür die Sache in sein eigenes Vermögen übernimmt, dann wird das Mündelvermögen nicht beeinträchtigt, vorausgesetzt, daß der Tutor mit dem ursprünglichen Käufer nicht kolludiert hat. Wird das Mündelvermögen nicht gefährdet, so ist dem Tutor ausnahmsweise die Vereinigung von Käufer- und Verkäuferstellung in seiner Person und der Erwerb einer zum Mündelver-

---

[30]) Infortiatum, seu Pandectarum iuris civilis tomus secundus. Commentariis Accursii..., Lugduni, 1569, p. 216, ad »non posse«.

[31]) Darauf macht aufmerksam: Peters, SZ 32 (1911) 213.

[32]) Ausführlich zu D. 27, 9, 13, 1: Nardi 228ff. m. Lit. Nachweisen. – Da der Kläger sowohl in D. 26, 7, 56 als auch in D. 27, 9, 13, 1 nicht Erfüllung eines Vertrages begehrt, der Beklagte sich auch nicht auf die Nichterfüllung eines Vertrages beruft, besteht in beiden Fällen zwischen den Ansprüchen von Kläger und Beklagtem kein Synallagma.

[33]) Zu D. 41, 4, 2, 8: Talamanca, Contributi... vendite all'asta (1954) 141f.; Thielmann 102ff.; Kaser, SZ 79 (1962) 442 N. 18.

mögen gehörenden Sache zuzubilligen. Bei dieser Betrachtungsweise bietet der Kauf eine *iusta causa* für den Eigentumserwerb durch *traditio*[34]).

c) Der Erbe hat die Tiere *pro herede* ersessen[35]).

d) Der Besitzer hat die von den Tieren geworfenen Jungen als Früchte *bona fide* an sich genommen.

Auch wir vermögen nicht zu entscheiden, auf welche der vier möglichen Begründungen Scaevola seine Entscheidung gestellt hat[36]). Mehr als für die Erklärungen a) oder d) scheint uns für die Überlegungen b) oder c) zu sprechen:

Die Erklärung unter a) ist wenig überzeugend, weil Scaevola eine *exceptio* des Erben nicht erwähnt, während Papinian-Paulus (D. 27, 9, 13, 1) ihrer Entscheidung über einen ähnlichen Fall ausdrücklich die *exceptio doli* zugrunde legen.

Die vierte Begründung würde – nach der wohl zur Zeit Scaevolas herrschenden Auffassung – voraussetzen, daß der Tutor die Muttertiere *ex iusta causa* erworben hatte und bei der Geburt der Kälber gutgläubig war[37]). Da es hier auf die *iusta causa* ankommt, wäre nicht einzusehen, warum die *iusta causa* nicht schon für den Erwerb der Muttertiere durch *traditio* genügt haben sollte, mit der Folge, daß der Tutor als Eigentümer der Muttertiere auch Eigentümer der Kälber wurde. – Daß der Tutor das Eigentum an den Kälbern schon deswegen erworben hätte, weil er die Muttertiere gehalten hat, wird für die Zeit Scaevolas nicht zu erweisen sein[38]).

Zwischen den beiden übrigen Erklärungen b) und c) ist bei dem auch sonst unsicheren Stand der Quellen[39]) und dem Fehlen überwiegender Hinweise in fr. 56 cit. eine Auswahl zu treffen nicht möglich.

Man hat Scaevolas Entscheidung auch damit erklären wollen, daß ein Rechtsstreit zwischen *minor* und Kurator unzulässig gewesen sei[40]). Aber es ist weder erwiesen, daß im vorliegenden Fall der frühere Tutor die Angelegenheiten des früheren Pupillen als Kurator weiterbesorgt, noch daß das angebliche Prozeßhindernis wirklich bestanden hat[41]).

Die Bemerkung *animalia emptoribus pretium non solventibus retinuit* erweist jedenfalls das funktionelle Synallagma[42]).

---

[34]) Gegen eine Ausnahme der in D. 26, 8, 5, 2 formulierten Regel: Siber, Passivlegitimation (1907) 60.

[35]) So Siber (o. N. 34) 61.

[36]) Es ist nicht anzunehmen, daß das ursprüngliche Ergebnis durch Interpolation von *non* verändert worden ist. Das vermutet jedoch Beseler, SZ 43 (1922) 546 und SZ 45 (1925) 227. Er geht davon aus, daß die römischen Juristen zugunsten des Tutors keine Ausnahme von dem Verbot des Selbstkontrahierens und des Erwerbes von Mündelgut zugelassen, und daß sie für die Ersitzung ausnahmslos einen kausalen Konsens gefordert haben. Die Richtigkeit dieser Voraussetzungen bleibt aber unbewiesen.

[37]) Kaser, RPR 1, 359 f. m. N. 14 und N. 18.

[38]) S. vorige N.

[39]) Vgl. zur *usucapio pro herede:* Mayer-Maly, RE 9 A (1961) 1127ff. s. v. usucapio.

[40]) Brassloff, SZ 22 (1901) 187ff.

[41]) Gegen Brassloff: Peters, SZ 32 (1911) 213 N. 3.

[42]) Dabei wird, in Übereinstimmung mit Scaev. D. 18, 4, 22 (dazu oben unter 2), davon ausgegangen, daß die Käufer wirklich nicht berechtigt waren, die Lieferung zu begehren, solange sie den Preis nicht bezahlten.

5. Daß der Verkäufer die Nichterfüllung von seiten des Käufers geltend machen kann, bestätigt

Impp. Diocletianus et Maximianus AA. et CC. Aurelio Eusebio C. 4, 49, 8: Si pater tuus venum portionem suam dedit nec induxit in vacuam possessionem praedii, ius omne penes se eum retinuisse certum est. neque enim velut traditionis factae vectigal exsolutum, si simulatum factum intercessit, veritatem mutare potuit.

§ 1: Quapropter aditus praeses provinciae, si animadverterit in vacuam possessionem neque patrem tuum neque successores eius emptorem vel heredes ipsius quocumque loco factos induxisse, non dubitabit nihil esse translatum pronuntiare. et si te ex empto ad inducendum in vacuam possessionem perspexerit conveniri, aestimabit, an pretium sit exsolutum: ac si reppererit non esse satis pretio factum, hoc restitui tibi providebit. (a. 293)

Der Vater des Adressaten hatte einen ideellen Bruchteil an dem eigentumsähnlichen Recht, welches an Provinzgrundstücken möglich ist, inne. Er verkaufte diesen Anteil, wies aber den Käufer nicht in den Besitz ein. Da die *traditio* nicht erfolgte, behielt er also das Recht an seinem Grundstücksanteil[43]).

Der Verkäufer starb. Der Grundstücksanteil kam an den Sohn. Der Sohn erbittet das Reskript. Er befürchtet die Klage des Käufers. Der Sohn haftet als Erbe für die väterliche Verbindlichkeit[44]).

Er hat aber auch die väterlichen Forderungen geerbt. Sollte der Käufer den Preis, den er dem Vater versprochen hatte, noch nicht bezahlt haben, wenn er von dem Sohn die Besitzeinweisung auf Grund des Kaufvertrages verlangt, dann wird der *praeses provinciae* »dafür sorgen, daß der Erbe des Verkäufers zu seinem Geld kommt«[45]).

Partsch meint, daß der Kläger nicht nur mit seiner Klage abgewiesen, sondern sogar zur Leistung an den Beklagten verurteilt werde[46]). Der

---

[43]) Ebensowenig wie der bloße Kaufvertrag änderte die Zahlung der Steuer, die bei Grundstücksverkäufen zu erlegen ist, die dingliche Rechtslage. Auch wenn die Abgabe entrichtet wurde, um den Käufer über die Vollziehung des Verkaufes zu täuschen, hat dieser nicht das Recht an dem Grundstück erlangt. – Es besteht kein Grund, diese Einzelheiten für ganz oder teilweise interpoliert zu halten. Anders aber Partsch, SZ 42 (1921) 258 und G. Longo, St. Riccobono 3 (1936) 150f. Kritisch gegenüber Interpolationsannahmen: Manigk, Festschr. Koschaker 1 (1939) 289 N. 36. – Pringsheim, Kauf (1916) 93 m. N. 1 nennt zwei weitere Reskripte, in denen die Kaiser die Behauptung der Rechtsänderung allein auf Grund der Steuerzahlung zurückweisen: C. 3, 32, 25 und C. 4, 37, 2.

[44]) Trotzdem ist in § 1 von den Nachfolgern des Vaters die Rede, *successores eius*. – Ähnlich unmotiviert werden an der gleichen Stelle die Erben des Käufers, *heredes ipsius*, genannt; dabei ist auch deren Bezeichnung als *quocumque loco factos* auffällig unbestimmt. – Vermutlich haben wir hier zur Vollständigkeit dienende spätere Zusätze vor uns. Der Satz wird ursprünglich etwa gelautet haben ... *si animadverterit in vacuam possessionem patrem tuum emptorem non induxisse*..., so Riccobono, SZ 33 (1912) 291 m. N. 1. Die vermuteten späteren Einfügungen vermögen jedoch einen Schluß auf weitere Textänderungen nicht zu rechtfertigen. Keine Beanstandung erhebt C. Longo, Bull. 14 (1902) 140ff.

[45]) *aestimare* in der Bedeutung »erkennen« oder »feststellen von Tatsachen« ist einmalig (Partsch 30 N. 62). *pretium restituere* findet sich nur noch einmal bei Pap. D. 18, 6, 19, 1 = vat. 12 (dazu u. § 11 II 1), ist aber dort wie hier geboten, um die Wiederholung von *solvere* zu vermeiden. Keine der beiden Formulierungen kann als Itp.-Indiz anerkannt werden.

[46]) Partsch 30 m. N. 62.

überlieferte Text stützt diese Ansicht nicht, steht ihr aber auch nicht entgegen.

Die Basiliken jedoch sagen:

Bas. 19, 8, 63 = Heimb. 2, 297:

Ὁ ἀγοραστὴς οὐκ ἄλλως ἐνάγει παραδοθῆναι αὐτῷ τὸ πραθέν, εἰ μὴ δῶσει τὸ τίμημα· κἂν γὰρ καταβάλῃ τὰ τέλη, οὐ ποιεῖ αὐτὸν τοῦτο δεσπότην.

Ihnen zufolge kommt es lediglich zu einer Klagabweisung[47]. Daher darf man schließen, daß die Byzantiner an eine Verurteilung des Klägers nicht gedacht, eine solche Neuerung nicht eingeführt, ein angebliches »byzantinisches Dogma des Synallagma« in dieser Richtung nicht entwickelt und das vorliegende Reskript in diesem Sinne nicht verstanden oder gar ergänzt haben. Wenn der Käufer von dem Verkäufer – oder dessen Erben – Erfüllung verlangt, muß er seinerseits den Vertrag erfüllen.

Es ist nicht anzunehmen, daß hierfür Sicherheitsleistung genügte. Soviel zu erkennen ist, macht Diokletian unter *pretium exsolutum* und *pretium restituere* einerseits, sowie *satis pretio factum* andererseits keinen Unterschied. Demnach ist Zahlung des Kaufpreises auch hier erforderlich[48].

§ 7

Fortsetzung: Prozessuale Geltendmachung

Im folgenden ist zu untersuchen, auf welche Weise der Nichterfüllung von seiten des Käufers in dessen Prozeß gegen den Verkäufer Rechnung getragen wird[1]. In den im vorigen Paragraphen behandelten Stellen bedienen sich die Juristen der Wendungen *offerri pretium debet*, *nondum est ex empto actio*, *venditor retinere potest eam rem quam vendidit* (D. 19, 1, 13, 8); *non posse consequi actione ex empto*, *venditor quod vendidit retinet* (D. 21, 1, 31, 8); *animalia retinuit* (D. 26, 7, 56).

I. Von einer förmlichen *exceptio* ist nirgends die Rede. Die Formel der *actio empti* enthielt die Weisung an den *iudex*, bei Bestimmung der Leistungspflicht alle Umstände des gegebenen Falles gemäß der *bona fides* zu berücksichtigen[2]. Wahrscheinlich wird es in klassischer Zeit der *bona fides* widersprochen haben, wenn der Käufer von dem Verkäufer die Ware begehrte, ohne selbst den Preis gezahlt zu haben. Auch ohne *exceptio* wird der *iudex* die Nichterfüllung von seiten des Klägers beachtet haben.

---

[47]) Ebenso Schol. Bas. 14, 1, 12 = Heimb. 2, 94.

[48]) Vgl. Marcel.-Ulp. D. 21, 1, 31, 8 und das oben unter 3 dazu Ausgeführte. *satisfacere* erwähnt auch Ulp. D. 19, 1, 11, 2, aber im ursprünglichen Text wahrscheinlich im Zusammenhang mit der *auctoritas*-Haftung des *mancipium dans*; zu dieser Stelle weiter u. § 9 I.

[1]) Zusammenstellung der verschiedenen Meinungen im Hinblick auf die Retention: Nardi, Ritenzione 2 (1957) 138 ff. N. 13; 144 N. 24.

[2]) Daß die Einfügung einer *exceptio* auch bei den *iudicia bonae fidei* notwendig gewesen wäre (s. o. § 1 N. 23), ist nicht anzunehmen. – Für die Behauptung, die Inserierung von Exzeptionen sei bei den *iudicia bonae fidei* wenn nicht nötig, so doch stets möglich gewesen, um den *iudex* auf die Prüfung einer bestimmten Entgegnung des Beklagten festzulegen (Monier, Obl.[5] [1954] 150), fehlt es an einer sicheren Grundlage.

Eine Verurteilung derart, daß erst bei oder nach Eintritt eines bestimmten Umstandes vollstreckt werden kann, gibt es im Formularprozeß nicht[3]). Das besondere Verfahren der Arbiträrklagen[4]) gilt nicht bei den Klagen auf Erfüllung eines Kaufvertrages. Der Beklagte kann also nicht verurteilt werden »zu leisten, wenn der Kläger geleistet haben wird«. Die Klage gegen ihn kann nur ganz abgewiesen werden.

Wenn der Käufer nach der Abweisung seiner Klage den ganzen Preis der Ware zahlt, kann er doch nicht wieder von neuem gegen den Verkäufer auf Lieferung klagen, weil alle Urteile endgültig sind.

II. 1. Der Kläger kann die ihm drohende Klagabweisung durch eigene vollständige Leistung abwenden. Vollzogener Leistung wird das Leistungsangebot gleichgeachtet (Ulp. D. 19, 1, 13, 8), wenn der Beklagte dadurch in Gläubigerverzug gesetzt worden ist.

2. Es bleibt zu prüfen, ob nicht der Käufer in der Lage ist, Gewinn aus dem Kaufvertrag zu ziehen, auch ohne den Preis tatsächlich zu entrichten. Zu diesem Ergebnis würde – so könnte man etwa meinen – folgende Überlegung führen: Der Käufer bezahlt nicht den Preis, die Preisforderung des Verkäufers wird aber dadurch zum Erlöschen gebracht, daß sie mit dem Wert der Warenforderung des Klägers verrechnet wird. Die »Aufrechnung« ursprünglich ungleichartiger Ansprüche durch den *iudex* wird dadurch ermöglicht, daß das Urteil stets auf einen Geldbetrag geht[5]). Setzt man voraus, daß in einem gegebenen Fall der Warenwert höher als der Preis ist, so bleibt nach der »Aufrechnung« eine Differenz zugunsten des klagenden Käufers, in die der *iudex* den Verkäufer zu verurteilen hätte. Diese unterstellte Regelung würde bedeuten, daß der Kläger wenigstens einen Teil seiner Forderung verwirklicht und die Rechtsordnung die Bewegung der Vermögenswerte nicht hindert, sondern fördert.

Andererseits büßt bei dieser Lösung der Beklagte ein Mittel ein, mit dem er den Kläger bewegen könnte, seine Leistung tatsächlich zu erbringen. Der Prozeß würde nicht dem allgemeinen Güter- und Leistungsumsatz dienen, sondern der Eintreibung eines Gewinnes, um den ein Geschäftsmann vielleicht seinen Partner übervorteilt hat.

Nichts in den Quellen deutet auf ein solches Verfahren hin. Vielmehr darf das Gegenteil angenommen werden. Der *iudex* wird nicht verkennen, daß derjenige, der eine Ware verkauft, seine Sache absetzen und mit dem Kaufgeld arbeiten will. Diesem typischen Parteiwillen wird der *iudex* Rechnung tragen und sich bei der Abwägung von *dolus* und *bona fides*, bei der Klagabweisung oder der Verurteilung in unseren Fällen mit der »Aufrechnung« nicht begnügen.

III. Wird die Nichterfüllung des Käufers geltend gemacht, so wird seine

---

3) Nardi, Ritenzione 2 (1957) 173 m. N. 42.

4) Dazu Levy, SZ 36 (1915) 1ff.; s. auch sogleich unter III 2.

5) Über die Aufrechnung im *bonae fidei iudicium* zuletzt: F. Schwarz, SZ 71 (1954) 193; Kaser RPR 1, 539; Rezzonico, Compensazione (1958) – dazu Kaser, SZ 76 (1959) 608ff. und Wubbe, TS 27 (1959) 220ff.; Thielmann 170ff. – dazu Kaser, SZ 79 (1962) 447f.

Klage endgültig abgewiesen. Das Fehlen einer Möglichkeit, die Klage nur vorläufig abzuweisen oder den Beklagten zur Leistung Zug um Zug zu verurteilen, vermögen Prätor und *iudex* durch eine geschickte Führung des Verfahrens auszugleichen:

1. Der Prätor kann sich weigern, bei der Gestaltung der Formel mitzuwirken, *denegare actionem*. Von dieser Befugnis macht er insbesondere Gebrauch, wenn *in iure* bewiesen ist, daß es an den tatsächlichen materiellrechtlichen Voraussetzungen für die Durchsetzung der beantragten *actio* fehlt; wenn z.B. feststeht, daß schon erfüllt worden (Ulp. D. 24, 3, 22, 3; Iul. D. 38, 2, 20, 1) oder daß eine Bedingung nicht eingetreten ist (Marcell. D. 35, 2, 75); wenn ein Anspruch aus einem Geschäft hergeleitet werden soll, das *contra bonos mores* verstößt (Pomp. D. 45, 1, 27 pr.; Cels. D. 45, 1, 97, 2); aber auch, wenn der Beklagte vor dem Prätor Zahlung anbietet (Ulp. D. 46, 3, 30)[6]. Diesen Fällen reihen sich mühelos die der Klagerhebung durch einen Käufer, der noch nicht gezahlt hat, ein[7]. Wenn es bei einem *denegare actionem* dem Kläger auch unmöglich ist, seinen behaupteten Anspruch in diesem Verfahren durchzusetzen (hierin besteht die Übereinstimmung mit der Klagabweisung durch den *iudex*), so wird eine neuerliche Klage weder durch Ausschlußwirkung noch durch Rechtskraft gehindert[8], weil es zur *litis contestatio* nicht gekommen ist[9].

Der Prätor braucht nicht gleich über Gewährung oder Verweigerung der *actio* zu beschließen. Er kann auch die klagende Partei veranlassen, etwas Bestimmtes zu tun, also Zahlung an den Beklagten zu leisten, indem er ihr für den Fall des Ungehorsams die *denegatio* in Aussicht stellt. Es ist daher wahrscheinlich, daß der Prätor, wenn die Nichtleistung des Klägers zur Sprache gekommen und unstreitig ist, erst dann mit der Verhandlung fortfährt, wenn der Kläger seine Erfüllung nachgeholt hat[10]. Auf diese Weise erfüllt der Prätor seine Aufgabe, die Zahl der Streitsachen herabzusetzen (Iul. D. 12, 1, 21: *lites deminuere*) und den Rechtsfrieden sowie die Ordnung der Gemeinschaft zu wahren.

2. Wenn dagegen der Prätor die Nichterfüllung des Klägers nicht als erwiesen ansieht, überläßt er die Entscheidung dem *iudex* und erteilt den Parteien die Formel. Findet der *iudex*, daß der Kläger seiner eigenen Vertragspflicht nicht nachgekommen ist, so braucht er nicht sogleich das Urteil – das jetzt auf Abweisung lauten müßte – auszusprechen. Ihm stehen zwar nicht, wie im Verfahren der Arbiträrklagen, bestimmte, fest umrissene prozessuale Mittel zur Verfügung. Dennoch kann er, ermächtigt durch den

---

[6]) Weitere Quellen bei Schott, Gewähren des Rechtsschutzes (1903) und Lévy-Bruhl, Denegatio Actionis (1924).

[7]) Mit der Annahme, *nondum est ex emptio actio* (Ulp. D. 19, 1, 13, 8) beziehe sich auf die *denegatio actionis*, entfällt auch der Widerspruch, den Siber (RPR [1928] 197 N. 10) darin gesehen hat, daß einerseits der Käufer gar keine *actio* hat, aber andererseits der Verkäufer mit der Retentionsbefugnis gesichert ist.

[8]) Schott (o. N. 6) 146; Wlassak, SZ 33 (1912) 138, 157; Wenger, Inst. (1925) 99.

[9]) So Wlassak (o. N. 8) 137ff. – Anders: weil es sich lediglich um eine Ermessensentscheidung des Prätors handele: Wenger (o. N. 8) 99 N. 21. – Weil es nur eine Vorprüfung sei: Schott (o. N. 6) 146.

[10]) Cassin, De l'exception (1914) 6; von Lübtow 413.

Formelbestandteil *ex fide bona*, die Entscheidung herauszögern[11]) oder dem Kläger mit Klagabweisung drohen[12]), um ihn zu seiner Leistung zu bewegen[13]). Auch diese Maßnahmen mögen von den Juristen mit den eingangs wiedergegebenen Worten angesprochen worden sein.

Dabei setzen wir voraus, daß die Leistung *apud iudicem* den die *bona fides* beeinträchtigenden Tatbestand noch beseitigen kann, daß also insofern nicht der Sachstand zur Zeit der *litis contestatio* maßgebend ist. Bezüglich der Leistung des Beklagten nach der *litis contestatio* berichtet Gai. 4, 114, daß diese nach sabinianischer Lehre stets, nach prokulianischer gerade bei den *bonae fidei iudicia* die Klagabweisung zur Folge hätte[14]). Daneben überliefern die Quellen gewisse Fälle, in denen die Klage abgewiesen wird wegen eines *dolus*, den der Kläger erst nach der *litis contestatio* begangen hatte[15]). Folglich wird beide Male als der für das Urteil maßgebliche Zeitpunkt nicht der der *litis contestatio*, sondern der des Spruches angesehen. Das gleiche könnte auch zugunsten des Klägers gelten, so daß es ausreichte, wenn er der *bona fides* noch nach der *litis contestatio* genügt.

Es ist deswegen anzunehmen, daß die Nichterfüllung seitens des Klägers nicht die Klagabweisung nach sich zieht, wenn er noch *in iure* oder *apud iudicem* seine Leistung nachholt, wozu ihn Prätor und *iudex* anhalten können. Kommt er deren Aufforderung nicht nach, wird seine Klage endgültig abgewiesen. Erreicht es der *iudex*, daß der Kläger seine Leistung noch vor dem Urteil erbringt, so besteht ein Unterschied zwischen den sogenannten *actiones arbitrariae* und den sonstigen Judizien nur noch darin, daß mit der Arbiträrklausel der Zwischenbescheid dem *iudex* zur Pflicht gemacht wird[16]), während bei den anderen Judizien diese Art der Prozeßführung vom *iudex* nach seinem Ermessen gewählt werden kann[17]).

IV. Die Frage der Beweislast für die Nichterfüllung des Klägers hatte im klassischen römischen Recht geringere Bedeutung als heute, weil starre Regeln über die Beweislastverteilung überhaupt fehlten[18]). Die Verteilung des Prozeßstoffes auf *demonstratio*, *intentio* und *exceptio* bestimmte hier-

---

[11]) Pernice, Labeo 2/1² (1895) 288.

[12]) Pernice (o. N. 11) 291 ff.

[13]) So auch von Lübtow 413 f. – Einschränkend, ohne Begründung, Wenger (o. N. 8) 139 N. 32 bezüglich des häufigen Falles, daß der Beklagte vor dem Urteil leistete: die Leistung hätte nur befreiende Wirkung, wenn sich der Beklagte dazu entschlossen hätte »ehevor er wußte, wie der Richter urteilen werde«. – Warum soll es darauf ankommen?

[14]) Zu *omnia iudicia absolutoria esse:* Kaser, Restituere (1932) 106 ff.

[15]) Insbes. Ulp. D. 44, 4, 2, 7. Zu diesem Problem, in Verbindung mit der Aufrechnung mittels *exceptio doli*, zuletzt Kaser, SZ 76 (1959) 609.

[16]) Wenger (o. N. 8) 138 ff.

[17]) Vgl. die Äußerungen bei Schönbauer, St. Riccobono 2 (1936) 378: es gebe »eigentlich überhaupt keine *actio*, bei der gar kein irgendwie freieres Ermessen waltete« und bei Pernice, Labeo 2/1² (1895) 255 N. 1: »Die *actiones arbitrariae* rücken durch die Möglichkeit des Zwischenbescheides den *bonae fidei iudicia* sehr nahe.«

[18]) Levy, Iura 3 (1952) 155 ff.; Kaser, SZ 71 (1954) 221 ff.; G. Longo, AG 149 (1955) 61 ff.; ders., Iura 8 (1957) 43 ff.; ders. Iura 11 (1960) 149 ff. – Anders: Kreller, St. Riccobono 2 (1936) 283 ff.; Wenger-Fisk, Inst. of... civil procedure (1955) 195 f. m. N. 21; Pugliese, RIDA 3³ (1956) 349 ff.

über nichts. Der Geschworene war vielmehr bei der Anforderung der Beweise ebenso frei wie bei deren Würdigung. Doch bildeten sich allmählich aus Erfahrungssätzen gewisse Regeln aus wie die, daß derjenige, der eine positive Behauptung aufgestellt hat, diese im allgemeinen auch beweisen muß:

Paul. D. 22, 3, 2 (69.ed.): Ei incumbit probatio qui dicit, non qui negat.

Denn ein Tun ist erfahrungsgemäß leichter zu beweisen als ein Unterlassen. Gewiß galt auch diese Faustregel nicht unumschränkt[19]). Wendet man sie aber auf unsere Fälle an, dann braucht der Beklagte nur zu behaupten, er habe die Gegenleistung noch nicht erhalten. Demgegenüber mußte der Kläger seinen Leistungsvollzug oder sein Angebot beweisen. Damit oblag im allgemeinen – modern gesprochen – die Beweislast für seine eigene Leistung dem Kläger.

V. Wenn die Klage abgewiesen ist, bleibt nach dem Schicksal der Forderung des Beklagten zu fragen: kann der frühere Beklagte seinerseits den früheren Kläger verklagen? Sein ursprünglicher Anspruch wurde bei den *bonae fidei iudicia* nicht besonders in die Formel aufgenommen. Es läßt sich später nicht an Hand der Formel nachweisen, daß die Klagabweisung gerade wegen der Nichterfüllung des Anspruches des Beklagten erfolgt war; schon deswegen wird der Anspruch des Beklagten nicht konsumiert sein.

Indessen nimmt man an, »daß mit der Klage auf *quidquid . . . dare facere oportet ex fide bona* das ganze Schuldverhältnis aus dem in der *demonstratio* genannten Sachverhalt *in iudicium* deduziert wird« mit der Folge, daß »von vornherein alle Einzelansprüche und Gegenansprüche aus diesem Verhältnis rechtshängig gemacht« werden[20]). Wie jedoch oben[21]) ausgeführt wurde, kommt eine Aufrechnung zwischen den Ansprüchen auf Lieferung und Preiszahlung im allgemeinen nicht in Betracht. Nur auf die Aufrechnung aber bezieht sich diese Zusammenfassung aller Einzelansprüche beider Parteien im *bonae fidei iudicium* gemäß Gai. 4, 63. Es kann also nicht davon ausgegangen werden, daß gleichzeitig der Anspruch auf Warenlieferung und der auf Preiszahlung *in iudicium* deduziert werden.

Die Regeln über die Klagkonsumtion verbieten nur die Wiederholung desselben Klagbegehrens und nicht die Klagerhebung auf Grund von Tatsachen, die vorher lediglich zu Verteidigungszwecken angeführt worden waren. Ganz klar heißt es bei

Gai. D. 50, 17, 57 (18.ed.prov.): Bona fides non patitur, ut bis idem exigatur.

. . . und bei

Gai. 4, 107: . . . de eadem re agi non potest.

Auch die justizpolitischen Erwägungen, die zur Unzulässigkeit der erneuten Geltendmachung eines Anspruches geführt haben, können eine spätere Klage des früheren Beklagten nicht hindern. Es wäre auch nicht einzusehen, warum die Erfüllungsverweigerung des Beklagten wegen Nichterfüllung durch den Kläger den Beklagten der Möglichkeit berauben

---

[19]) Zu ihr insbes.: De Sarlo, AG 114 (1935) 184ff.; Levy (o. N. 18) 168ff.; G. Longo, AG 149 (1955) 86ff.; ders., Iura 11 (1960) 170ff.; Pugliese (o. N. 18) 385ff.

[20]) Kaser, SZ 79 (1962) 448.

[21]) Unter II 2.

sollte, seinerseits von dem Kläger den Leistungsvollzug zu begehren, vor allem, wenn seine Gegenforderung höher ist als die des ersten Klägers.

Der frühere Beklagte würde also nicht gegen die Regel *ne bis in idem* verstoßen. Er würde aber dolos handeln und die *bona fides* verletzen, wenn nun er seine Forderung durchsetzen will, ohne zuvor seiner eigenen Verbindlichkeit, zu deren Erfüllung ihn der frühere Kläger im Klagewege nicht mehr zwingen kann, nachgekommen zu sein. Entsprechend wird sich der frühere Kläger, nun als Beklagter, auf die gleiche Weise verteidigen können, wie es der Beklagte im ersten Verfahren getan hat[22]).

VI. Die Geltendmachung der Nichterfüllung wird also folgendermaßen funktioniert haben: Wenn beim Prätor die Nichterfüllung des Klägers unstreitig ist, veranlaßt ihn der Magistrat, seine Leistung nachzuholen. Kommt der Kläger dieser Anregung nicht nach, verweigert der Prätor seine Mitwirkung bei der *litis contestatio*. Behauptet der Kläger, erfüllt zu haben, ohne es sofort beweisen zu können, gibt ihm der Prätor die Formel. Wenn der *iudex* die Nichterfüllung des Klägers feststellt – die Beweislast für seine Leistung trägt der Kläger –, versucht der *iudex* ihn zur Leistung zu bewegen. Wenn der Kläger dazu nicht bereit ist, weist der *iudex* die Klage ab. Die *actio* ist konsumiert. Nicht konsumiert ist der Erfüllungsanspruch des Beklagten. Doch muß der frühere Beklagte seine ursprüngliche Schuld erfüllen, wenn er seinen Anspruch durchsetzen will.

§ 8

Fortsetzung: Der Vergleich mit dem Pfandrecht

In mehreren teilweise schon betrachteten Stellen wird gesagt, die verkaufte Sache hafte dem Verkäufer für seine Kaufpreisforderung wie ein Pfand. Es fragt sich, ob die verkaufte Sache wirklich ein Pfand ist, oder ob sie nur mit einem Pfand verglichen wird. Bei Annahme der zweiten Alternative muß weiterhin geprüft werden, in welchen Punkten Pfandrecht und Zurückbehaltung wegen Nichterfüllung übereinstimmen, und warum die Juristen zu diesem Vergleich gegriffen haben.

I. 1. In Ulp. D. 19, 1, 13, 8 heißt es:

venditor enim quasi pignus retinere potest eam rem quam vendidit.

Der Verkäufer kann die Ware zurückbehalten, als wäre sie eine Pfandsache. Es wird behauptet, diese Worte seien interpoliert[1]), denn nicht die Pfandähnlichkeit, sondern die Nichtzahlung des Käufers sei der wirkliche Grund der Entscheidung. Das Argument überzeugt nicht: solange der Käufer nicht bezahlt, gibt die verkaufte Sache dem Verkäufer eine ähnliche Sicher-

---

[22]) Zu dem gleichen Problem bei der Aufrechnung (*exc. doli* und *exc. pecuniae pensatae*): Solazzi, Comp.[2] (1950) 52ff.; Kaser, SZ 76 (1959) 609; Wubbe (o. N. 5) 225 N. 16; 226 N. 17; Thielmann 164ff.

[1]) Bortolucci, St. Perozzi (1925) 296 N. 1; vorsichtig zustimmend: Perozzi, Ist. 2[2] (1928) 278 N. 1; Nardi 261f. – Dagegen: Pringsheim, Der Kauf m. fremd. Geld (1916) 79 N. 2. Ohne Bedenken: Levy, SZ 46 (1926) 418.

heit wie ein Pfand, welches man ja auch erst nach Befriedigung der Forderung aus den Händen zu geben braucht[2]). Der Hinweis auf die Pfandähnlichkeit ist das notwendige Bindeglied zwischen der Voraussetzung der Nichtzahlung und der Folge des *nondum est ex empto actio*[3])[4]).

2. In Ulp. D. 21, 1, 31, 8 geben Marcellus-Ulpian gleichfalls die Erklärung

venditor pignoris loco quod vendidit retinet.[5])

3. In Scaev. D. 18, 4, 22 wird Scaevola gefragt[6]):

an corpora hereditaria pignoris nomine teneantur.

Diese Frage wird bejaht. Daß mit *nomine* nur ein Vergleich, eine Annäherung, aber keine Identifizierung von zwei Erscheinungen eingeleitet wird, zeigt

Tryph. D. 23, 3, 78, 4 (11. disp.): Si fundus communis in dotem datus erit et socius egerit cum marito communi dividundo ... si marito fundus fuerit adiudicatus, pars utique data in dotem dotalis manebit: divortio autem facto sequetur restitutionem, propter quam ad maritum pervenit, etiam altera portio, scilicet ut recipiat tantum pretii nomine a muliere, quantum dedit ex condemnatione socio...

An einem Grundstück besteht Miteigentum. Der eine der Miteigentümer gibt seinen Anteil zur *dos*. Der andere Miteigentümer erhebt gegen den Ehemann die Teilungsklage. Das Grundstück wird dem Ehemann zugesprochen; er hat aber eine Abfindung zu zahlen. Die Ehe wird geschieden. Die Ehefrau bekommt das ganze Grundstück, muß aber ihrem Ehemann das erstatten, was er auf Grund der Teilungsklage dem *socius* geleistet hat. Der Ehemann erhält diese Summe *pretii nomine* – »gewissermaßen als Kaufpreis für den Grundstücksteil«. Von einem wirklichen Preis kann bei einer Auseinandersetzung zwischen Gesellschaftern oder Eheleuten nicht die Rede sein. Derselben Formulierung bedient sich

Pap. D. 40, 5, 22 pr. (22. quaest.): Si legatario fundi decem pretii nomine relicta sint in hoc, ut servum suum manumittat...

Daß hier zwischen Erblasser und Vermächtnisnehmer kein Kaufvertrag abgeschlossen wurde, ist offensichtlich. Dem Legatar sollen *decem* zukommen als Ausgleich für den Verlust des Sklaven, »so ähnlich, als ob« es sich um den Verkauf des Sklaven handelte.

Nomine in der Bedeutung von »in vergleichbarer Weise mit« gebraucht auch

Marcian. D. 33, 4, 5 (3. reg.): Dote relegata non est heres audiendus, si velit ob donationes in mulierem factas solutionem differre vel ob impensas alias, quam quae ipso

---

[2]) Über die Verwertungsbefugnis des Pfandgläubigers sogleich unter III 2.

[3]) Über den von Siber, RPR (1928) 197 N. 10 beanstandeten Widerspruch zwischen *nondum est ex emptio actio* und *retinere potest:* oben § 7 N. 7.

[4]) Die Verbindungen mit *quasi* sollen sehr oft interpoliert sein; Literatur bei Guarneri Citati, Indice (1927) 73; z.B. Segrè, Mél. Girard 2 (1912) Anm. S. 532ff. – Aber der Nachweis, daß etwa das Wort von den Klassikern völlig gemieden worden sei, ist noch nicht unternommen worden; er könnte auch nicht gelingen. Und der Schluß von der Unechtheit in gewissen anderen Fällen auf die Unechtheit auch in dem vorliegenden ist unbegründet. Riccobono (An. Pal. 3–4 [1917] 703) führt ausdrücklich D. 19, 1 13, 8 als Beispiel für die Klassizität von *quasi* an. – »Über die klassische Verwendung von *quasi* zur Bezeichnung einer ›reinen Analogie‹« zuletzt F. Schwarz, Condictio (1952) 29 N. 38. – S. auch unten unter I 5.

[5]) Weiter zu der Stelle oben § 6, 3.

[6]) S. oben § 6, 2.

iure dotem minuunt: aliud est enim minorem esse factam dotem, quod per necessarias impensas accidit, aliud pignoris nomine retineri dotem ob ea, quae mulierem invicem praestare aequum est[7]).

Der Ehemann stirbt; er hat seiner Frau die *dos* vermacht. Der Erbe kann die *dos* nicht wegen Impensen mindern, sondern nur wegen sonstiger Ansprüche zurückhalten. Er hat also nicht weniger Befugnisse als ein beliebiger anderer Erbe gegenüber irgendeinem anderen Vermächtnisnehmer[8]). Der Jurist muß durch den Hinweis auf das Pfandrecht klarstellen, daß hier die Sachen wirklich zurückbehalten werden, und daß nicht die *dos* nur gemindert wird[9]). Auch in dieser Stelle wird nur der Vergleich mit dem Pfandrecht gezogen, nicht das Pfandrecht selbst angesprochen. Dasselbe gilt für Scaev. D. 18, 4, 22 cit.

4. Der Vergleich der verkauften mit einer verpfändeten Sache findet sich auch in

Ulp. D. 47, 2, 14, 1 (29. Sab.): Adeo autem emptor ante traditionem furti non habet actionem, ut sit quaesitum, an ipse subripiendo rem emptor furti teneatur. et Iulianus libro vicensimo tertio[10]) digestorum scribit: si emptor rem, cuius custodiam venditorem praestare oportebat, soluto pretio subripuerit, furti actione non tenetur. Plane si, antequam pecuniam solveret, rem subtraxerit, furti actione teneri, perinde ac si pignus subtraxisset.

Ulpian behandelt die *actio furti*. Die Grundregel für die Aktivlegitimation stellt er voran:

Ulp. D. 47, 2, 10 (29. Sab.): Cuius interfuit non subripi, is actionem furti habet.

Dementsprechend gibt er die Ansicht des Celsus wieder:

Ulp. D. 47, 2, 14 pr. (29. Sab.): Eum qui emit, si non tradita est ei res, furti actionem non habere, sed adhuc venditoris esse hanc actionem Celsus scripsit...

Denn der Käufer verliert durch den Diebstahl der ihm noch nicht gehörenden Sache nicht etwas, das in seinem Eigentum steht, er braucht niemandem für diesen Verlust einzustehen, im Gegenteil: er kann den Verkäufer auf Grund von dessen *custodia*-Haftung in Anspruch nehmen[11]). Der Verkäufer verliert infolge des Diebstahls nicht nur seine Sache, sondern muß noch einem anderen, dem Käufer, für den Verlust Ersatz leisten. Nach dem Grundsatz in D. 47, 2, 10 muß folglich dem Verkäufer und nicht dem Käufer die *actio furti* zustehen.

Ergebnis und Begründung werden bestätigt von

Pap. D. 47, 2, 81 (80) pr. (12. quaest.): Si vendidero neque tradidero servum et is sine

---

[7]) Die Echtheit dieser Stelle ist sehr strittig. Während Biondi 188 N. 1 sie für »impeccabile« hielt, streicht Nardi 310ff. *solutionem rell.* Wir halten diese Verdächtigung für übertrieben, etwaige Mängel mögen auf ungeschickte Kürzungen zurückzuführen sein. Lit.-Angaben bei Nardi a. a. O. S. auch Wacke, Actio rerum amotarum (1963) 20.

[8]) Der Erbe darf regelmäßig die einem anderen vermachte Sache zurückbehalten, bis sichergestellt ist, daß der Bedachte eine Auflage des Erblassers erfüllen werde (z. B. Iul. D. 40, 5, 48), oder bis der Bedachte dem Erben für die durch einen Annahmeverzug entstandenen Nachteile (Pomp. D. 33, 6, 8) oder für die seit dem Erbfall gemachten Aufwendungen (Iul. D. 39, 6, 14) Ersatz leistet.

[9]) Vgl. Kaser, RPR 1, 290 m. N. 22.

[10]) *vicensimo ‹secundo›* statt *[tertio]*: Lenel, Pal. 1, 376 = Iul. 339.

[11]) Bestritten, so aber Kaser, RPR 1, 426 m. N. 42; dort Lit. zu den verschiedenen Ansichten.

culpa mea subripiatur, magis est, ut mihi furti competat actio: et mea videtur interesse, quia dominium apud me fuit vel quoniam ad praestandas actiones teneor[12]).

Gilt eine Ausnahme von der Aktivlegitimation des Verkäufers dann, wenn es der Käufer selbst ist, der die Sache gestohlen hat? Die Frage drängt sich geradezu auf. Ulpian stellt sie in fr. 14, 1 in etwas anderer Form, er nimmt den Standpunkt des Käufers ein: »Der Käufer kann vor der *traditio* nicht mit der *actio furti* klagen – kann er in diesem Zeitraum selbst aus ihr verklagt werden?« Ulpian bejaht die Frage. Der Verkäufer behält zwar trotz dem Diebstahl den Anspruch auf den Kaufpreis und er braucht dem Käufer (= Dieb) nicht wegen des Diebstahls Ersatz zu leisten; insofern ist durch den Diebstahl sein Interesse nicht verletzt. Doch hat er nicht mehr die verkaufte Sache als Sicherheit für die Zahlung des Kaufpreises in der Hand. Der Verkäufer ist durch den Diebstahl in gleicher Weise geschädigt, wie es ein Pfandgläubiger wäre.

Dem Pfandgläubiger wird die *actio furti* gegen den Eigentümer zugestanden:

Ulp. D. 47, 2, 12, 2 (29. Sab.): Sed et si res pignori data sit, creditori quoque damus furti actionem, quamvis in bonis eius res non sit: quin immo non solum adversum extraneum dabimus, verum et contra ipsum quoque dominum furti actionem, et ita Iulianus scripsit...

So wie der Eigentümer, der dem Pfandgläubiger die Pfandsache wegnimmt[13]), verletzt auch der Käufer, der dem Verkäufer die verkaufte Sache stiehlt, das Sicherungsinteresse seines Gläubigers. Deswegen unterliegt er der *actio furti* (D. 47, 2, 14, 1). Hat der Verkäufer den Kaufpreis empfangen, dann ist er dem Käufer gegenüber nicht mehr schutzwürdig und verliert gegen diesen die *actio furti*. – Die Entscheidungen über diese Fälle mögen kontrovers gewesen sein. – Immerhin zeigt auch D. 47, 2, 14, 1 den Vergleich von Pfandsache und Ware[14]).

5. Die Formulierungen *pignoris nomine*[15]), *pignoris loco*[16]), *quasi pignus*[17]) und *ac si pignus (subtraxisset)*[18]) lassen keinen Zweifel daran, daß die Juri-

---

[12]) Schulz, SZ 32 (1911) 74 hält die Stelle für verfälscht; Sargenti, SD 20 (1954) 215 sieht sie als insofern echt an; dort auch weit. Lit.

[13]) Weitere Fälle, in denen eine Klage gegen den *dominus*, der seine eigene Sache fortnimmt, gegeben wird, bei Luzzatto, Caso fortuito (1938) 235 f. N. 4: insbes. Ulp. D. 47, 2, 19, 6; Paul. eod. 88 (87) i. f.; Gai. 3, 200 und 204; P.S 2, 31, 19; I. 4, 1, 14 (16).

[14]) Wir halten D. 47, 2, 14, 1 für überarbeitet und gekürzt, jedoch im Kern für echt. Kürzungen werden an dem Gedankensprung von der Aktivlegitimation zur Passivlegitimation des Käufers schuld sein. Eine Verfälschung des gedanklichen Gehalts können wir nicht erkennen, obwohl sie in verschiedener Hinsicht vermutet wird von Buckland, NRH 41 (1917) 31; Haymann, SZ 40 (1919) 305; Beseler, TS 8 (1928) 309f.; Buckland, TS 10 (1930) 139; Nardi 266f.; vgl. auch Luzzatto (o. N. 13) 53ff. N. 3.

Der Vergleich von *retentio* und Pfandrecht bei Behandlung der Diebstahlshaftung begegnet nur noch bei Paul. D. 47, 2, 15, 2. Dieser Fall gehört nicht in das Gebiet des funktionellen Synallagmas, weil hier nicht wegen vertragsmäßiger Forderungen, sondern wegen *aliquas impensas* retiniert wird. Zu dieser Stelle: Nardi 417f.

[15]) Scaev. D. 18, 4, 22.

[16]) Marcell.-Ulp. D. 21, 1, 31, 8.

[17]) Ulp. D. 19, 1, 13, 8.

[18]) Iul.-Ulp. D. 47, 2, 14, 1.

sten nur ein dem Pfand ähnliches Recht, kein wirkliches Pfandrecht meinen. – Nirgends ist zu erkennen, daß der Käufer dem Verkäufer nur ein einziges Mal oder sogar regelmäßig oder etwa *tacite*[19]) ein Pfand an der Ware, solange sie sich noch in der Hand des Verkäufers befand, bestellt hätte. – Ebensowenig ist hier ein gesetzliches Pfandrecht festgesetzt[20]). – Schließlich macht gerade ein Verkäufer, wenn er die Ware dem Käufer noch nicht übereignet hat, die Zurückbehaltung geltend; der Verkäufer ist also nach wie vor deren Eigentümer; neben seinem Eigentum kann er nicht noch ein Pfandrecht an ihr haben[21]).

Zwar berichtet Ulpian von einem Verkäufer, der sich an der gekauften Sache ein wirkliches Pfand hat bestellen lassen, im Zusammenhang mit der *oratio Severi*, die die Veräußerung oder Belastung bestimmter Mündelgrundstücke verbietet und für nichtig erklärt:

Ulp. D. 27, 9, 1, 4 (35. ed.): Si minor viginti quinque annis emit praedia, ut, quoad pretium solveret, essent pignori obligata venditori, non puto pignus valere: nam ubi dominium quaesitum est minori, coepit non posse obligari.[22])

Aber da *dominium quaesitum est minori* (i. e. des Käufers) ist hier – anders als in den bisher besprochenen Fällen – das Eigentum auf den Käufer schon übergegangen.

II. Den Vergleich mit dem Pfandrecht, den wir bei Scaev. D. 18, 4, 22; Ulp. D. 19, 1, 13, 8; Marcell.-Ulp. D. 21, 1, 31, 8 und Iul.-Ulp. D. 47, 2, 14, 1 gefunden haben, hält Nardi für interpoliert[23]). Ausgangspunkt dieser Ansicht ist die vorgefaßte Meinung, die Kompilatoren hätten an der »pegnomania« gelitten und daher die Texte entsprechend verändert. Diese Behauptung kann höchstens darauf gestützt werden, daß in einer anderen Gruppe von Texten, die den *redemptus ab hostibus* betreffen[24]), die Interpolation der Bezugnahme auf das Pfand wahrscheinlich[25]) ist. Die erwähnten

---

[19]) Überhaupt ist die Annahme von *tacitae conventiones* in klassischer Zeit zweifelhaft: Kaser, RPR 1, 389 N. 10; RPR 2, 228f.; dort weit. Lit.

[20]) Im Kreis der »Pfandrechte unmittelbar kraft Rechtssatzes« wird das eines Verkäufers nicht genannt, vgl. z.B. Kaser, RPR 1, 390.

[21]) Ulp. D. 50, 17, 45 pr. – Vgl. auch Nardi 259ff.

[22]) Wenn auch die *oratio Severi* nur von Tutor und *pupillus* gehandelt hat, so wird die Stelle doch echt sein: Hier scheint der *minor* den Kauf und den Pfandvertrag abgeschlossen zu haben; dieselben Geschäfte eines *impubes* ohne die *auctoritas tutoris* waren ohnehin unwirksam; für Echtheit daher Lenel, SZ 35 (1914) 167f. – Wohl schon zur Zeit Ulpians wird das Verbot der *oratio Severi* auf die *cura minorum* entsprechend angewandt worden sein: Kaser, RPR 1, 314 m. N. 9. – Für Itp. zuletzt noch Brasiello, RIDA 4 (= Mél. De Visscher 3) (1950) 216ff. Brasiello hält auch die gesamte Begründung *nam rell* für ein späteres Anhängsel. Ulpian habe das *obligari*, die zweite Alternative der *oratio*, nicht am Anfang behandelt. Entscheidungsgrund sei hier nicht die Verpfändung, sondern der bei Nichtzahlung drohende Verlust des Grundstückes. – Trotz dieser Bedenken möchten wir den letzten Satz für echt halten.

[23]) Nardi 258 u. ö.

[24]) Ulp. D. 28, 1, 20, 1; D. 30, 43, 3; D. 49, 15, 15; Paul. eod. 19, 9; C. 8, 50, 2, 1; eod. 8; eod. 11; eod. 13.

[25]) Pampaloni, Bull. 17 (1905) 130ff.; H. Krüger, SZ 51 (1931) 203ff.; Levy, Bull. 55/56 – Post-Bellum – (1951) 92ff.; Amirante, Labeo 3 (1957) 58 u. ö.; Kaser, RPR 2, 88; alle m. weit. Lit. – Für Echtheit der Fragmente aber R. Leonhard, RE 1 A (1920) 447f. s. v. Redemptor; Girard, Manuel[7] (1924) 136 m. N. 6ff.

Textänderungen haben ihren Grund in einem Wandel der Rechtsauffassung, derzufolge die Stellung des Losgekauften verändert wurde. Weder sind sie ein Zeichen für die »Pignomanie«, noch lassen sie aus einem anderen Grund Rückschlüsse auf Interpolationen im Bereich des Warenkaufs zu. Dem geäußerten Verdacht widerspricht ferner, daß nirgends in den Texten aus dem Gebiet des Kaufrechts der Ausdruck *vinculum* erscheint, der doch im Bereich des *redemptus ab hostibus* mehrmals wiederkehrt. Der Gedanke des Verkäuferpfandrechts wäre auch kaum vereinbar mit dem des sogenannten gesetzlichen Eigentumsvorbehaltes (Eigentumsübergang erst mit Kaufpreiszahlung)[26]), der sich in den justinianschen Quellen findet. Ein sachlicher Grund für eine Hinzufügung des Pfandrechts in nachklassischer Zeit ist nicht ersichtlich. Aus diesen Erwägungen halten wir den Vergleich mit dem Pfandrecht für klassisch und prüfen im folgenden seine Reichweite.

III. 1. Für das Pfand ebenso wie für die Zurückbehaltung der verkauften Ware ist Voraussetzung eine zu sichernde Forderung. Anders aber als das Pfandrecht bedarf die Geltendmachung der Nichterfüllung keines Vertrages, der die Sicherung eines Anspruches zum Gegenstand hat. Während der Pfandgläubiger niemals Eigentümer des Sicherungsobjektes ist, ist es der Verkäufer stets.

2. Der Inhalt der dem Verkäufer und dem Pfandgläubiger zustehenden Befugnisse deckt sich insoweit, als beide berechtigt sind, die Sache zu besitzen. Sie dürfen sie ihrem Schuldner vorenthalten, solange er seine Verpflichtung nicht erfüllt.

3. Die Verteilung der Nutzungen, Aufwendungen und Zinsen sowie die Gefahrtragung sind für die Parteien eines Kaufvertrages geregelt, ohne daß das Pfandrecht als Vorbild benutzt wurde. – Ebensowenig lassen sich die Verwertungsbefugnis des Pfandgläubigers und die Geltendmachung der Nichterfüllung vergleichen. Zwar berichtet Scaevola (D. 26, 7, 56), daß der Tutor die bereits verkauften Tiere seinem eigenen Wirtschaftsbetrieb zuführt. Aber der Tutor handelt nicht auf Grund besonderer Befugnisse, sondern weil er damit rechnet, daß die Ersteher ihre Forderungen nicht mehr durchsetzen wollen. Daß der Verkäufer den Erlös auf die Forderung gegen den Käufer anrechnen oder diesem ein Superfluum auskehren müßte, ist nicht anzunehmen.

Der Rückgriff auf das Pfandrecht, um dem Verkäufer zu einem Klagschutz zu verhelfen, wäre ebenfalls unnötig: Die Aktivlegitimation zur *actio furti* beruht auf seiner *custodia*-Haftung und seinem Eigentum. Als Eigentümer hat er gegen jedermann die *rei vindicatio*; gegen den Käufer hat er außerdem die *actio venditi*.

---

[26]) Für die Abhängigkeit des Eigentumsüberganges von der Preiszahlung in klass. Zeit insbes.: Bechmann 574ff.; Cassin, De l'exception (1914) 20; Appleton, RH 7 (1928) 11ff. und 173ff.; Meylan, St. Bonfante 1 (1930) 441ff.; Albertario, Studi 3 (1936) 427ff.; Monier, Obl.[5] (1954) 151f. – Gegen die Abhängigkeit des Eigentumsüberganges von der Preiszahlung in klass. Zeit insbesondere: Pringsheim, Kauf (o. N. 1); ders., SZ 50 (1930) 333ff.; Beseler, ACJI 1 (1935) 333ff.; Arangio-Ruiz 276ff.; Kaser, RPR 1, 352f.

Nach alledem erschöpft sich die Gemeinsamkeit des Pfandrechtes und der Geltendmachung der Nichterfüllung in der *retentio*. Allein diese meinen die Juristen, wenn sie sich des Hinweises auf das Pfand bedienen. An eine Analogie, die sich auf weitere Regelungen erstreckte, ist nicht gedacht.

IV. Es bleibt zu fragen, aus welchem Grund die Juristen den Vergleich mit dem Pfandrecht zogen[27]). Daß zu einem früheren Zeitpunkt dem Veräußerer vor der Übergabe der Ware ein wirkliches Pfandrecht an seiner eigenen Sache zugestanden hätte, und daß die Juristen an diese besondere Rechtslage gedacht hätten, kann nicht angenommen werden[28]). Eher werden Wirkung und Zweck eines jeglichen Pfandrechtes – Zurückbehaltung zur Sicherung einer Forderung – den Grund für die Ähnlichkeit abgegeben haben.

Der Vergleich mag den Juristen erforderlich erschienen sein, weil zu ihrer Zeit der Gedanke, der Verkäufer dürfe sich vor Empfang der Zahlung weigern zu liefern, vielleicht noch nicht allgemein verbreitet war. – Wir glauben, hier einen weiteren Anhaltspunkt dafür gefunden zu haben, daß sich die Retention wegen Nichterfüllung erst in hochklassischer Zeit entwickelt hat[29]).

§ 9

Verwandte Tatbestände

Nur verwandte Tatbestände, aber nicht – wie es auf den ersten Blick scheinen könnte – das funktionelle Synallagma selbst, werden in den folgenden Fällen dargestellt:

I. Ulp. D. 19, 1, 11, 2 (32. ed.): Et in primis ipsam rem praestare venditorem oportet, id est tradere: quae res, si quidem dominus fuit venditor, facit et emptorem dominum, si non fuit, tantum evictionis nomine venditorem obligat, si modo pretium est numeratum aut eo nomine satisfactum. emptor autem nummos venditoris facere cogitur.

Die Abhängigkeit der Hauptpflicht des Verkäufers von der des Käufers könnte man versucht sein, aus dem Satz *si modo pretium est numeratum aut eo nomine satisfactum* herauszulesen.

Inhalt der Leistungspflicht des Verkäufers (*quae res = rem praestare oportet*) ist es, dem Käufer das Eigentum an der verkauften Sache zu verschaffen oder ihm jedenfalls durch die Entwehrungshaftung für ihren ungestörten Genuß einzustehen[1]). Daß Ulpian an dieser Stelle auch die *auctoritas*-Haftung ausdrücklich genannt hätte[2]), ist zweifelhaft.

---

[27]) Der Vergleich mit dem Pfand findet sich außerhalb des Kaufrechts noch bei Paul. D. 47, 2, 15, 2 (s. oben N. 14) und bei Marcian. D. 33, 4, 5 (s. oben unter I 3). – Im ersten Fall wird der Jurist zu dem Vergleich gegriffen haben, um die Möglichkeit einer Diebstahlsklage gegen den Eigentümer zu erläutern (ähnlich wie Iul.-Ulp. D. 47, 2, 14, 1), im zweiten, um die Zurückbehaltung von der Minderung der *dos* abzuheben.

[28]) S. oben bei N. 21 – Ulp. D. 50, 17, 45 pr.

[29]) Den ersten Hinweis lieferten die Berichte von Varro (r. r. 2, 2, 6) und von Labeo (D. 18, 1, 78, 2); s. oben § 5.

[1]) *id est tradere* für echt gehalten von: Monier, Mél. Cornil 2 (1926) 146; Meylan, St. Bonfante 1 (1930) 482f.; ders., Iura 6 (1955) 200; Bussmann, L'obligation de délivrance (1933) 118.

Die Entwehrungshaftung greift aber nur ein, wenn der Käufer den Preis bezahlt oder Sicherheit dafür geleistet hat. Das sagt der Passus *si modo – satisfactum*, der zwar heftig angegriffen wird[3]), aber doch wohl zu halten ist. *Si modo* ist kein unklassischer Ausdruck[4]) und wird gerade von Ulpian viel gebraucht. Der Satz hinkt nicht hinter dem ersten *quae res – obligat* nach[5]), sondern schmiegt sich ihm stilistisch befriedigend an[6]) und kann logischerweise nicht vor Nennung der Entwehrungshaftung, die durch *si modo – satisfactum* eingeschränkt wird, gebracht werden[7]). Der Gebrauch von *nomine* zweimal kurz hintereinander ist nicht weiter störend. Das besonders genaue *eo nomine satisfactum* kann gerade als Zeichen der Echtheit dienen. Für die Unechtheit soll noch sprechen, daß im letzten Satz die Preiszahlungspflicht wie ein neuer Gedanke eingeführt werde, obwohl davon bereits im Mittelsatz die Rede ist[8]). Im letzten Satz ist das Neue aber nicht die Preiszahlungspflicht, sondern die Verpflichtung, den Verkäufer zum Eigentümer des Geldes zu machen. Daher kann man nicht behaupten, im Mittelsatz werde dasselbe wie im letzten Satz gesagt. – Wir halten den ganzen Abschnitt *quae res – satisfactum* für echt.

Die in ihm enthaltene Einschränkung *si modo pretium est numeratum aut eo nomine satisfactum* bezieht sich vermutlich nicht auf den Eigentumsüber-

---

Durch *mancipare* ergänzt von: Lenel, Pal. 2, 630 N. 1 = Ulp. 930; Rabel, Haftung (1902) 89 N. 1; Scialoja, Bull. 19 (1907) 187 N. 1; Siber, RPR (1928) 196; Bonfante, Ist.[10] (1946) 486 N. 2.

Durch *mancipare* ersetzt von: Girard, Mél. 2 (1923) 170 N. 1. u. ö.; wohl auch Schönbauer, SZ 52 (1932) 235 N. 1; Romano, Nuovi Studi sul trasferimento (1937) 80; Arangio-Ruiz 300.

Ersatzlos gestrichen von: Archi, Trasferimento (1934) 23f.; Beseler, ACJI 1 (1935) 336; Albertario, Studi 3 (1936) 440; Brasiello, Satisfactio (Estr. St. Senesi 52) (1938) 25 und 29; Thormann, Iura 5 (1954) 11 N. 49 und 54f. N. 175.

Auch wenn der erste Satz in anderer Hinsicht überarbeitet sein sollte, wofür vor allem die Übernahme von *et in primis* aus § 1 sprechen würde (Arangio-Ruiz, Festschr. Koschaker 2 [1939] 151; ders., Compr., 175 N. 1), wird er doch inhaltlich unverfälscht sein, von *id est tradere* abgesehen.

Im zweiten Satz stört der dreimalige Gebrauch von *si* und außerdem die Unsicherheit darüber, ob sich *si modo – satisfactum* wirklich nur auf die Einstandspflicht bezieht. Aber seinem Inhalt nach wird auch dieser Satz echt sein.

Den ganzen Mittelsatz *quae res – satisfactum* streichen: Monier, Mél. Cornil 2, 144ff.; Meylan, St. Bonfante 1, 483 und ders., Iura 6 (1955) 200. – S. auch bei N. 3.

2) So von den unter N. 1 Genannten: Girard 111; 170 N. 2; 177f.; Schönbauer, SZ 52 (1932) 235 N. 1 (vermutlich); Archi 23; Beseler 336; Albertario 440ff.; Romano 80; Brasiello 25 und 29. – Unverändert gelassen von Siber 196.

3) Ganz gestrichen von: Pringsheim, Kauf (1916) 62; ders., SZ 50 (1930) 435f.; Siber (o. N. 1); Meylan, St. Bonfante 1, 482f.; Feenstra, Reclame en revindicatie (1949) 70. – Unbeanstandet von: Lenel, Pal. 2, 630 = Ulp. 930; Girard (o. N. 1) 170 N. 1; 177 N. 1; 216 N. 1; Beseler 336; Albertario 441 N. 3; Brasiello 25 und 29; Thormann (o. N. 1) 54f. N. 175.

4) Vgl. Archi (o. N. 1) 24; Albertario (o. N. 1) 441 N. 3. – Nachweise über die Verwendung von *si modo* im VIR 5, 427f. s. v. si (Bearb.: Kübler).

5) So aber Pringsheim (o. N. 3) 62 und Feenstra (o. N. 3) 70.

6) Archi 24; Beseler 336.

7) S. vorige N.

8) Gegen dieses Argument auch die N. 6 Genannten.

gang, sondern auf die Entwehrungshaftung[9]) und bestätigt, daß diese die Preiszahlung oder -sicherung voraussetzt.

Diese Regel weist aber nicht auf das Synallagma, sondern auf einen anderen Gedanken hin: Auf Grund der Eviktionshaftung soll dem Erwerber einer Sache der Schaden ersetzt werden, der dadurch entstanden ist, daß er sein Geld für eine Ware hingegeben hat, die ihm wieder abgenommen wurde. Hat der Erwerber dem Veräußerer den Gegenwert noch nicht entrichtet, dann hat der Käufer durch die Eviktion keinen Nachteil erlitten. Da kein Schaden entstanden ist, ist für einen Schadensersatz kein Raum. Mit der Vorstellung, der Verkäufer wollte seine Verpflichtung (Einstehen für Entwehrung) erst erfüllen, wenn der Käufer die seine (Zahlung des Preises) erbracht haben wird, also mit dem Synallagma, hat diese Regelung nichts zu tun[10]).

II. Ulp. D. 8, 4, 13, 1 (6. opin.): Si constat in tuo agro lapidicinas esse, invito te nec privato nec publico nomine quisquam lapidem caedere potest, cui id faciendi ius non est: nisi talis consuetudo in illis lapidicinis consistat, ut si quis voluerit ex his caedere, non aliter hoc faciat, nisi prius solitum solacium pro hoc domino praestat: ita tamen lapides caedere debet, postquam satisfaciat domino, ut neque usus necessarii lapidis intercludatur neque commoditas rei iure domino adimatur.

Die Befugnis des Verkäufers, wegen der Nichterfüllung des Käufers seine eigene Leistung zu verweigern, scheinen die Worte *nisi prius solacium domino praestat* auszudrücken.

Auf einem Grundstück befinden sich Steinbrüche. Die *opiniones*[11]) stellen ausdrücklich fest, daß ohne Erlaubnis des Eigentümers niemand, *nec privato nec publico nomine*, dort Steine brechen darf. Diesen Satz bestätigen die Quellenstellen, die das Ausbeutungsrecht einer einzigen bestimmten Person zuweisen[12]) und den Raum über der Grundstücksfläche dem Grundstücksberechtigten zuerkennen[13]).

Ulpian soll aber eine Ausnahme gemacht haben, wo eine Gewohnheit bestand, daß jedermann auf dem Grundstück Steine brechen dürfe, wenn er nur vorher dem Eigentümer eine Abgabe, *solacium*, geleistet habe. Durch dieses Zugeständnis hätte der Jurist die Regel des ersten Satzes entwertet. Es wird daher mit Recht angenommen, daß der mittlere Teil des Paragraphen *[nisi talis – domino praestat]* später angefügt worden ist[14]) infolge des kaiserlichen Reskriptes C. Th. 10, 19, 10 =

---

[9]) Als Aussage über die sachenrechtlichen Wirkungen der Preiszahlung auf den Eigentumsübergang ist Ulp. D. 19, 1, 11, 2 cit. verstanden worden von: Scialoja (o. N. 1) 187; Archi 23f.; Albertario 441; Feenstra (o. N. 3) 70f.
Auf die Entwehrungshaftung beziehen die Stelle (wie hier): Pringsheim, Kauf, 57f.; Schönbauer (o. N. 1) 235; Beseler 336; Romano 84f.

[10]) Über einen weiteren Grund s. u. § 11 V.

[11]) Die *opiniones* stammen vermutlich von einem nachklassischen Bearbeiter der *libri ad edictum* Ulpians – so zuletzt Schulz, History (1946, Neudr. 1953) 182 (= Geschichte [1961] 223).

[12]) Vgl. Kübler, SZ 49 (1929) 570: Sab.-Ulp. D. 7, 1, 9, 2/3; Ulp. D. 7, 1, 13, 5; Ulp. D. 24, 3, 7, 13/14; Paul. D. 24, 3, 8 pr.

[13]) Bonfante, Corso 2/1 (1926) 220ff.: Paul. D. 8, 2, 1 pr.; Pomp. D. 43, 24, 21, 2; Venul. eod. 22, 4.

[14]) Außer den im Ind. Itp. Genannten: Bonfante (o. N. 13) 262ff.; Perozzi, Ist. 1²

Imppp. Gratianus Valentinianus et Theodosius AAA. Floro pp. C. 11, 7 (6), 3: Cuncti, qui per privatorum loca saxorum venam laboriosis effossionibus persequuntur, decimas fisco, decimas etiam domino repraesentent, cetero modo suis desideriis vindicando. (a. 382)

Als die Kaiser die Ausbeutung fremder Grundstücke freigaben, wollten sie die Urproduktion und die Versorgung mit Rohstoffen fördern, so wie sie durch ähnliche Maßnahmen die landwirtschaftliche Erzeugung zu erhöhen trachteten.

Noch später wird man das fr. 13, 1 um den Schlußteil *[ita tamen rell]* verlängert haben[15]): Justinian ließ sich die Sorge um das Privateigentum wieder stärker angelegen sein[16]). Äußeres Interpolationsanzeichen ist *solacium*[17]).

Die Verknüpfung von Entrichtung der Abgabe und Ausbeutung des Steinbruchs wird daher für die Untersuchung des klassischen Rechts nicht herangezogen werden können, denkbarerweise aber für die Betrachtung der späteren Rechtsentwicklung.

Die Verhaltensweise der beiden Beteiligten gleicht der der Parteien eines gegenseitigen Vertrages. Aber ein Vertrag ist zwischen ihnen nicht geschlossen worden, denn es soll hier auf die Einwilligung des Eigentümers nicht ankommen[18]). Die Vorauszahlung an den Eigentümer wird bestimmt, weil ihm, der die Ausnutzung seines Grundstückes nicht unterbinden darf, die Einziehung der Abgabe möglichst erleichtert und er vor zahlungsunfähigen oder -unwilligen »Kunden«, die nicht er sich ausgewählt hat, geschützt werden soll. Die Vorleistungspflicht der Abnehmer ist ein Ausgleich für die Beschränkung von Eigentum und Vertragsfreiheit. – Somit scheidet dieser Fall für die Erkenntnis des Synallagmas sowohl in nachklassischer als auch in klassischer Zeit aus.

III. Ulp. D. 17, 1, 12, 8 (31. ed.): Inde Papinianus quaerit, si patronus praedium quod emerat, pro quo pretii bessem exsolverat, iusserit liberto suo tradi, ut ille residuum pretii redderet, deinde reddito pretio vendenti fundum patrono libertus consenserit, trientis pretium an libertus possit repetere...

Ein Patron kauft ein Grundstück, entrichtet ⅔ des Preises, befiehlt die Zahlung des letzten Drittels seinem Freigelassenen und läßt das Grundstück an den Freigelassenen übertragen. Da dem Fragment nicht zu entnehmen ist, ob überhaupt und gegebenenfalls aus welchem Grunde und auf welche Weise Preiszahlung und Grundstücksübergabe hier miteinander verknüpft sind, muß es bei unseren Erörterungen über das funktionelle Synallagma außer Betracht bleiben[19]).

(1928) 638 m. N. 5; Schönbauer, Beiträge z. Geschichte d. Bergbaurechts (1929) 144ff.; Levy, West Roman Vulgar Law/The Law of Property (1951) 112 N. 74; Biondi, Dir. rom. crist. 3 (1954) 209, 267, 308f.; s. auch Kaser, RPR 1, 344 und RPR 2, 191.

15) Vgl. die N. 14 Angeführten.

16) Schönbauer, Beiträge (o. N. 14) 157.

17) Kalb. Juristenlatein[2] (1888) 71; Mitteis, Mél. Girard 2 (1912) 233.

18) Über die möglichen juristischen Konstruktionen: Schönbauer, Beiträge, 154f. und Kübler (o. N. 12) 574.

19) Bemerkungen zu Ulp. D. 17, 1, 12, 8 – allerdings im Hinblick auf das Innenverhältnis

§ 10

Funktionelles Synallagma zugunsten des Käufers

Für die Frage, ob die *actio venditi* deshalb abgewiesen wurde, weil der Verkäufer die Ware noch nicht geliefert hatte[1]), besitzen wir keine unmittelbaren Quellenzeugnisse. Die im folgenden zu besprechenden Texte betreffen sämtlich den Fall, daß die Kaufpreisforderung in eine Stipulation gekleidet wurde und daß nun aus dieser geklagt wird. Doch ist die Interessenlage in diesem Fall und bei der *actio venditi* so ähnlich gestaltet, daß von jener auf diese geschlossen werden darf.

I. 1. Daß sich auch der Käufer auf die Nichtleistung seines Partners berufen kann, erwähnt Gaius bei der Beschreibung des Zusammenspiels von *actio*, *exceptio* und *replicatio:*

Gai. 4, 126a: Item si argentarius pretium rei quae in auctionem venerit persequatur, obicitur ei exceptio, ut ita demum emptor damnetur, si ei res quam emerit, tradita est; et est iusta exceptio; sed si in auctione praedictum est, ne ante emptori res traderetur, quam si pretium solverit, replicatione tali argentarius adiuvatur aut si praedictum est, ne aliter emptori res traderetur quam si pretium emptor solverit.

Der *argentarius* verlangt den Kaufpreis. Der Käufer wendet ein, er habe die gekaufte Sache noch nicht erhalten, deswegen treffe ihn jetzt keine Zahlungspflicht. Diese Einrede ist an sich berechtigt[2]). Aber der *argentarius* macht dagegen geltend, gemäß den Steigerungsbedingungen[3]) brauche er die Sachen erst nach Erhalt des Preises zu übergeben; da ihm der Preis noch nicht gezahlt worden sei, könne ihm die Nichtlieferung nicht vorgehalten werden; die Einrede des Beklagten sei daher unbeachtlich, die Klage müsse durchdringen.

Die Einrede des Beklagten zeigt die Abhängigkeit der Geldforderung von der Warenlieferung. Doch geht der *argentarius* nicht mit der *actio venditi* vor. Denn *venditor* im Rechtssinne wird der *dominus* der versteigerten Ware sein[4]), da der Käufer ohne Beteiligung der Zwischenperson, die oft ein *argentarius* gewesen sein wird, mit dem *dominus* zusammenwirkt, um den

---

zwischen Patron und Freigelassenem – bei: Burdese, Autorizzazione ad alienare (1950) 61; Kreller, Iura 2 (1951) 279; F. Schwarz, SZ 71 (1954) 174; Watson, Contract of Mandate (1961) 68 N. 1.

1) Wegen der Unterschiede des Quellenstandes und auch der Sachlage werden die Retention des Verkäufer (§§ 5–9) und des Käufers (§§ 10 und 11) getrennt behandelt.

2) Donatuti, Iustus, An. Per. 33 (1921), hält *iustus* i. S. von *aequus* oder »giustificato« im allgemeinen für unklassisch. Beseler (SZ 45 [1925] 546f.) stimmt ihm zu und erklärt *et est iusta exceptio* bei Gai. 4, 126a für unecht. – Dagegen – zu Recht: Guarneri Citati, An. Pal. 11 (1923) 179f. N. 2. – Weit. Lit. zur Echtheit dieses Ausdruckes bei Guarneri Citati a. a. O. und Indice (1927) 51, sowie St. Riccobono 1 (1936) 727.

3) *Leges auctionariae*, die der Bankier für den *dominus* aufstellt: Kaser, SZ 79 (1962) 442. – Zum *praedictum:* Kniep, Festg. Thon (1911) 20; Thielmann 108 m. N. 81; 143. – S. auch o. § 5 II m. N. 24–27.

4) Talamanca, Contributi... vendite all'asta (1954) 131f.; Kaser, SZ 79 (1962) 441ff.; Mayer-Maly, TS 31 (1963) 127ff.
Anderer Ansicht: Bechmann, Kauf 2 (1884) 292; Th. Mommsen, Ges. Schr. 3, Jur. Schr. 3 (1907) 228 (= Hermes 12 [1877] 94f.); Pernice, Labeo 2/1² (1895) 475f. N. 3; Beseler, SZ 46 (1926) 267; wohl auch von Lübtow, Symb. Taubenschlag, Nachtrag (1958) 5ff.; Thielmann 94ff., 128ff.; dort auch weitere Lit.

Vertrag rückgängig zu machen[5]), eine fehlerhafte Sache zu redhibieren[6]) oder um Schadensersatz zu begehren[7]). Die Stipulation des Steigerungspreises lassen auch die pompejanischen Wachstäfelchen[8]) erkennen, in denen der *dominus* dem Bankier eine Quittung erteilt:

ob auctionem meam [. . .]em [i]n stipulatu[m] eius redegi.[9])

Auch Ciceros Bericht

pro Caec. 6, 16: Fundus addicitur Aebutio; pecuniam argentario promittit Aebutius . . .[10])

läßt auf die Stipulation des Kaufpreises schließen. Nach alledem ist wahrscheinlich, daß der in Gai. 4, 126a erwähnte *argentarius* auf Grund einer Stipulation gegen den Käufer klagt[11]).

Die Wirkung der *exceptio* des Käufers kann allerdings durch Parteivereinbarung beseitigt werden, indem vor der Auktion die Vorleistungspflicht des Erstehers bestimmt wird[12]).

2. Auch nach Julians Ansicht kann sich der Käufer gegen die Zahlungsklage damit verteidigen, daß der Verkäufer die ihm obliegende Lieferung noch nicht vorgenommen habe:

Iul. D. 19, 1, 25 (54. dig.): Qui pendentem vindemiam emit, si uvam legere prohibeatur a venditore, adversus eum petentem pretium exceptione uti poterit ›si ea pecunia, qua de agitur, non pro ea re petitur, quae venit neque tradita est‹. ceterum post traditionem sive lectam uvam calcare sive mustum evehere prohibeatur, ad exhibendum vel iniuriarum agere poterit, quemadmodum si aliam quamlibet rem suam tollere prohibeatur.[13])

Jemand[14]) hat eine Weinernte am Stock gekauft[15]). Der Verkäufer braucht dem Käufer die Ware nicht zu übergeben, sondern ihm nur zu

---

Daube, SZ 66 (1948) 103f. vermutet, daß die Beteiligten unter mehreren Rechtsformen die Wahl hatten, sich aber häufig für die Verkäuferrolle des *dominus* entschieden hätten.

[5]) Ulp. D. 2, 14, 16, 1 – zu dieser Stelle s. auch u. § 13 II 5.

[6]) Paul. D. 44, 4, 5, 4 – zu diesem Fragment in diesem § unter I 3.

[7]) Vgl. den Fall bei Cicero, de off. 3, 16, 66; dazu die Bemerkungen oben § 4 II 1.

[8]) Veröffentlicht in und zitiert nach FIRA 3, S. 400ff.

[9]) FIRA 3, S. 416 = Nr. 130f).

[10]) Ausführlich zu dieser und den vorangehenden Stellen Thielmann 98, 104f., 135, 196 u. ö., mit zahlreichen Nachweisen; dazu noch Kaser, SZ 79 (1962) 439ff.; und Mayer-Maly, TS 31 (1963) 126ff.

[11]) So z.B. Pernice, SZ 13 (1892) 277f. N. 6 (anders noch: Labeo 1, 457); Bechmann, Kauf 3/1 (1905) 202 (anders noch 1, 570 N. 3); Kniep (o. N. 3) 24 u. 52f.; Haymann, SZ 41 (1920) 55; Kipp, SZ 42 (1921) 331; Seckel-Levy, SZ 47 (1927) 139; Schulz, Prinzipien (1934, Nachdr. 1954) 64f. N. 44; Talamanca (o. N. 4) 123ff.; Meylan, in: Aequitas und Bona Fides (Festg. Simonius) (1955) 251 N. 8 u. ö.; Thielmann 101, 142; Kaser, SZ 79 (1962) 442f. Über die genaue Beschaffenheit dieser Stipulation: Thielmann 142 m. N. 8 und 9; Feenstra, TS 29 (1961) 397ff.; Kaser, SZ 79 (1962) 443 N. 20; 445 N. 32; ders., Festschr. Maridakis (1963) 155ff.; alle m. weit. Lit. Hingegen für *a. venditi* des *argentarius*: Pernice, Labeo 1 (1873) 457 (anders: SZ 13 [1892] 277 N. 6); Bechmann, Kauf 1 (1876) 570 N. 3 (anders: 3/1, 202); Biondi 43; Scaduto, An. Pal. 8 (1921) 97f.; Palermo, St. sulla exc. (1956) 149.

[12]) Weiter zu Gai. 4, 126a: Beseler, SZ 47 (1927) 358f.

[13]) Lit. bei Nardi 255.

[14]) Es ist nicht zu erkennen, daß D. 19, 1, 25 ursprünglich von *argentarius* und Versteigerung gehandelt hätte: Thielmann 144.

[15]) Den Verkauf am Stock, der den Landwirt der Mühen um Ernte und Verarbeitung enthebt, hatte schon Cato, de agri cult. 147, empfohlen: Kniep (o. N. 3) 53; Thielmann 143. – Angaben zur Literatur über Cato und sein Werk: oben § 5 N. 13.

gestatten, die Trauben selbst zu pflücken und damit in Besitz zu nehmen[16]).

Julian gibt den Fall im 54. Buch seiner Digesten, mit dem er die im 52. Buch begonnene und im 53. fortgesetzte Behandlung der Stipulation beendet[17]). Danach ist es sicher, daß der Verkäufer den Preis stipuliert hat[18]).

Der Verkäufer[19]) hindert den Käufer an der Weinernte, klagt aber trotzdem den Preis ein. Der Käufer hat die Einrede, daß das Geld für eine Sache verlangt werde, die an ihn verkauft, aber noch nicht übergeben worden sei.

Wie eng der Anwendungsbereich der *exceptio* ist, ergibt der zweite Teil von D. 19, 1, 25, in dem der Käufer nach der Ernte, die Julian als die *traditio* ansieht, vom Verkäufer gestört wird. Die Einrede, daß die Sache nicht übergeben worden sei, trifft nicht mehr zu. Sie wird gar nicht mehr erwähnt[20]). Auch über sonstige Verteidigungsmittel schweigt der Jurist: von der *exceptio doli* oder einer *exceptio in factum* ist nichts zu entdecken. – Dem Käufer wird nur noch der Angriff helfen[21]): Julian scheint ihm die *actio iniuriarum* zu gewähren, offenbar in der Annahme, daß es eine Beleidigung sei, wenn man an dem freien Schalten und Walten mit seinen Sachen gehindert wird[22]). Außerdem gibt Julian dem Käufer die *actio ad exhibendum*[23]). Eine *actio*[24]) oder *exceptio* auf Grund des Kaufvertrages wird dem Käufer *post traditionem* nicht zuerkannt.

---

[16]) Trotzdem spricht der Jurist von *res tradita* und *traditio*, offensichtlich ohne Bedenken. Ulpian (D. 39, 5, 6) äußert sich fast hundert Jahre später über eine ähnliche Rechtslage sehr viel vorsichtiger: wenn Ego mit Genehmigung des Grundstückseigentümers Steine bricht, erlangt Ego das Eigentum an ihnen, *quia quodammodo traditione meus factus est;* zu dieser Stelle ausführlich: Kaser, SZ 65 (1947) 251f. m. weit. Lit. – Beseler will in D. 19, 1, 25 cit. *ceterum post traditionem* streichen (SZ 45 [1925] 439f.).

[17]) Lenel, Pal. 1, 452ff. = Iul. 695ff.

[18]) Beseler, SZ 45 (1925) 440; Siber, RPR (1928) 197; Marrone, An. Pal. 26 (1957) 303 N. 51; Burillo, SD 26 (1960) 219 N. 95; Grosso 220; im übrigen s. o. N. 11. – Anders: Monier, Obl.[5] (1954) 150 N. 5.

[19]) Vgl. die Nutzungshinderung durch den Verpächter in Afr. D. 19, 2, 33.

[20]) Anders, ohne Begründung, Beseler, SZ 45 (1925) 439f.: ... *neque tradita est'. ‹simili exceptione utetur,› [ceterum post traditionem] sive lectam uvam calcare sive mustum evehere prohibeatur [, ad exhibendum rell].* Gegen Beseler auch Talamanca (o. N. 4) 123 N. 5 und Marrone (o. N. 18) 305ff.

[21]) Anders Beseler (o. N. 18) 439f., der annimmt, erst die Kompilatoren hätten des Käufers Verteidigungsmittel durch Angriffsmittel ersetzt. Warum sollten sie das getan haben?

[22]) Desgleichen gibt Ulp. D. 47, 10, 24 die *a. iniuriarum*, wenn jemandem verboten wird, seinen eigenen Sklaven zu verkaufen (zu diesem Fall indessen Lenel, Pal. 2, 506 N. 1 = Ulp. 537 N. 1). Immerhin wird es umstritten gewesen sein, ob diese *actio* zuständig war, »wenn jemand mir nicht erlaubt, meine Sache zu benutzen«: Ulp. D. 47, 10, 13, 7. Mehrmals wird in ähnlichen Fällen nur von der *a. ad exhibendum* gesprochen, ohne daß der *a. iniuriarum* gedacht wird: Ulp. D. 10, 4, 5, 2–5; D. 19, 1, 17, 6; D. 19, 2, 19, 5; Pomp. D. 19, 5, 16 pr. Nach einem Vergleich dieser Stellen wird die *actio iniuriarum* in D. 19, 1, 25 cit. zumeist für unecht gehalten: so, außer von Beseler (o. N. 18) 439f. auch von Marrone (o. N. 18) 304f. und von Burillo (o. N. 18) 219f.; vgl. jedoch: Schulz, Class. Roman Law (1951) 596.

[23]) Daß der *a. ad exhibendum* auch hier die *rei vindicatio* folgen mußte (so Beseler 1, 19), ist nicht anzunehmen: Siber, Passivlegitimation (1907) 45; Marrone (o. N. 18) 451 u. 468; Kaser, Labeo 5 (1959) 219; Burillo (o. N. 18) 225ff.

[24]) Beseler (o. N. 18) 440 hält sie allein für das »unbedingt richtige und vollen Erfolg versprechende Angriffsmittel«.

3. Eine *exceptio* wie die von Gai. 4, 126a und Iul. D. 19, 1, 25 wird auch genannt in

Paul. D. 44, 4, 5, 4 (71. ed.): Si servus veniit ab eo, cui hoc dominus permisit, et redhibitus sit domino: agenti venditori de pretio exceptio opponitur redhibitionis, licet iam is qui vendidit domino pretium solverit (etiam mercis non traditae exceptione summovetur et qui pecuniam domino iam solvit) et ideo is qui vendidit agit adversus dominum...

Der *dominus* hat jemandem, wahrscheinlich einem *argentarius*[25]), erlaubt, seinen Sklaven zu verkaufen. Der Sklave wurde dem Käufer übereignet, später jedoch wegen Mängel an den früheren *dominus* zurückgewährt[26]). Trotz der Redhibition klagt der *argentarius* den Preis ein. Seine Klage wird wegen der *exceptio redhibitonis*[27]) abgewiesen, selbst wenn er dem *dominus* bereits einen Vorschuß ausgekehrt hat[28]). Denn die Berechtigung einer Exzeption kann nicht davon abhängen, ob der Kläger in Höhe der geltendgemachten Forderung schon Dispositionen getroffen hat oder nicht. Er mag sich dann auf gütliche Weise oder in einem neuen Verfahren mit dem *dominus* auseinandersetzen[29]).

Dem *argentarius* soll im Falle D. 44, 4, 5, 4 noch eine *exceptio mercis non traditae* entgegengesetzt werden können; die Klagabweisung wird also auch damit begründet, daß das Geld für eine Ware verlangt werde, die noch nicht geliefert worden sei. Von einem solchen Tatbestand kann hier keine Rede sein[30]). – Paulus könnte, so meinen einige[31]), mit diesen Worten auf eine ähnliche Erscheinung haben aufmerksam machen wollen, indem er den Satz vielleicht mit *nam* statt mit *et* einführte. Aber diese Vermutung liegt

---

25) *eo cui hoc dominus permisit* verrät sich durch seine umständliche und allgemein gehaltene Formulierung als Itp.: Kniep (o. N. 3) 56; Lenel, EP, 504 N. 2; Partsch, SZ 31 (1910) 435; Biondi 43 N. 1 u. 2; Seckel-Levy (o. N. 11) 237 N. 2; Talamanca (o. N. 4) 121 m. N. 2; 126; 128; Thielmann 97 m. N. 11 und 14; 99.
Beseler, SZ 45 (1925) 483: »*Permisit* muß hier, wenn anders die Entscheidung zutreffen soll, *mandavit* heißen wollen, kann das aber nicht heißen.« Beseler a. a. O. äußert auch weitere Itp.-Annahmen.
An Stelle der beanstandeten Formulierung wird wohl weder ein Prokurator (so aber Solazzi, Scr. 2 [1957] 571 ff. = RIL 56 [1923] 735 ff.; anders vorher: Bull. 22 [1910] 52 ff. N. 8) noch ein Mandatar gestanden haben, denn es bliebe unerklärlich, warum die Kompilatoren diese Worte gestrichen haben sollten. Vermutlich haben sie den Text verallgemeinern wollen und deswegen ‹*argentario*› beseitigt.

26) Redhibition gemäß dem ädilizischen Edikt: vgl. Heumann-Seckel, Handlexikon[10] (1958) 496f. s. v. redhibere; Kaser, SZ 79 (1962) 442; Mayer-Maly (o. N. 4) 127 – gegen Thielmann 100.

27) Unten § 11 IV und III.

28) Über solche Zwischenfinanzierungen: Th. Mommensen (o. N. 4) 249f.

29) *et ideo ‹argentarius› agit adversus dominum* sagt insofern nichts in juristischer Hinsicht Bemerkenswertes. Es ist denkbar, daß Paulus die für die Praxis wichtige Frage nach dem Rückgriff des Bankiers gründlicher behandelt und dabei auf das Innenverhältnis *dominus-argentarius* Bezug genommen hat. Mit dem *argentarius* mußten dann die Kompilatoren auch die ihn betreffenden weiteren Einzelheiten verschwinden lassen. Vollständige Itp. nehmen dennoch an: Kniep (o. N. 3) 57; Beseler, SZ 45 (1925) 483 s. auch SZ 51 (1931) 54f. Unechtheit von *etiam mercis* – *adversus dominum* vermuten: Schulz, Prinz., 64f. N. 44 a. E.; Thielmann 97 m. N. 12f.

30) Für Echtheit des Satzteiles *etiam-solvit:* Talamanca (o. N. 4) 126 N. 7. – S. aber N. 32.

31) Mommsen in D.; zustimmend: Kniep (o. N. 3) 56.

hier zu fern[32]). – Am wahrscheinlichsten ist, daß die Ähnlichkeit der Sachlage einen nachklassischen Bearbeiter zu dem Glossem *etiam – iam solvit* veranlaßt hat[33]).

Ein Glossem kann jedoch unter Umständen einen klassischen Gedanken enthalten. Das darf gerade dann vermutet werden, wenn es mit unzweifelhaft klassischen Zeugnissen, wie sie hier in Gai. 4, 126a und in Iul. D. 19, 1, 25 geboten werden, übereinstimmt. Deswegen ist wohl in dem Satz *etiam mercis non traditae exceptione summovetur* ein Hinweis auf die von Gaius und Julian gewährte Exzeption zu vermuten.

II. An Hand des Berichtes von Gaius und des vermuteten Glossems in D. 44, 4, 5, 4 ist nicht zu erkennen, ob eine derartige *exceptio* im Edikt verheißen war. – Wäre die von Julian gewährte Einrede ediktal gewesen, dann hätte er sich wahrscheinlich mit ihrer Bezeichnung begnügt und sich die Wiedergabe ihres vollen Wortlautes erspart[34]). Andererseits paßt er seine *exceptio* nicht dem konkreten Sachverhalt an, sondern spricht von *res* statt von *uva*, von *neque tradere* statt von *legere prohibere*. Zur Angabe der näheren Umstände in der *exceptio* hätte für ihn um so mehr Anlaß bestehen können, als das positive Hindern des Erwerbes der Kaufsache ein größeres Unrecht darstellt als ein einfaches Unterlassen der Sachübergabe. Der Gedanke liegt nahe, daß Julian seine *exceptio* einer anderen nachgebildet und daß dieses Vorbild im Edikt gestanden hat[35]).

Für die Ediktssässigkeit einer *exceptio* wegen Nichtlieferung der Ware soll außerdem sprechen[36]), daß Ulpian bei Behandlung der ediktalen Exzeptionen[37]) den Begriff der *merx*, der sich auch in D. 44, 4, 5, 4 findet, definiert:

Ulp. D. 50, 16, 66 (74. ed.): ›Mercis‹ appellatio ad res mobiles tantum pertinet.

Da Julian gegen einen beliebigen Verkäufer anscheinend eine der ediktalen *exceptio* nur nachgebildete Einrede[38]), Gaius aber gegen einen *argentarius* wohl die ediktale *exceptio* gewährt, steht zu vermuten, daß die *exceptio*

---

[32]) Der eingeklammerte Satz unterbricht den Fortgang des Gedankens. *etiam ... et qui* erregt Anstoß: Haymann (o. N. 11) 55; zustimmend: Beseler, SZ 45 (1925) 483; vgl. auch Grosso 220; ferner die N. 29 Genannten. – Anders jedoch die N. 30 und 31 Angeführten.

[33]) Eine ganz andere Erklärung findet: Gonvers, L'exceptio rei venditae et traditae (1939) 108: *mercis non traditae* sei *servus* gegenübergestellt. – Begründung sowie Auseinandersetzung mit der Textkritik fehlen.

[34]) Nach H. Krüger (Exc. doli [1892] 6 u. 15) spricht eine Wahrscheinlichkeit dafür, daß die Angabe des Namens einer *exc.* auf eine im Edikt vorgesehene, die Wiedergabe ihres Inhalts auf eine *in factum* gebildete hinweist. – Talamanca (o. N. 4) 123f. glaubt, Julian habe die ediktale *exc.* gewährt; s. sogleich N. 38.

[35]) Warum Julian dem Käufer nicht die ediktale *exc.* zugestanden hat, wird sogleich zu erörtern sein.

[36]) Lenel, EP, 504 N. 1; ders., Pal. 2, 857 = Ulp. 1661 N. 2; Talamanca (o. N. 4) 122.

[37]) Lenel, Pal. 2, 854ff. = Ulp. 1650ff.

[38]) Julian zeigt bei der Annahme der *traditio* nicht die mindesten Bedenken. Er wird daher die ediktiale *exceptio* nicht etwa wegen Fehlens einer *traditio* versagt haben. – Anders: Talamanca 123f.: Auch Julian gewähre die ediktale *exceptio*, allerdings außerhalb des üblichen Anwendungsbereiches, da die Traubenernte keine *traditio* sei. S. auch oben bei N. 16.

im Edikt allein gegen Argentarier vorgesehen gewesen war[39]). Einmal sind die Argentarier ihren Vertragspartnern durch ihre Wirtschaftskraft und ihre Geschäftserfahrung in besonderer Weise überlegen. Zum anderen bringt es ihre Tätigkeit als *coactores* mit sich, daß sie häufig den Preis für Sachen eintreiben, die nicht sie, sondern ihre Auftraggeber als die *venditores* schulden; hatten diese noch nicht geliefert, dann mochte die Klage des *argentarius* als unbillig empfunden werden, so daß das Bedürfnis nach einem Schutz des Beklagten entstand, aber nicht dolos erscheinen, so daß die *exceptio doli* nicht eingeräumt werden konnte. Die Lücke füllte dann die *exceptio mercis non traditae* (Ulp. D. 50, 16, 66; D. 44, 4, 5, 4) aus, wobei als *merx* wohl nur bewegliche Sachen, darunter auch Sklaven begriffen wurden[40]).

Die weitaus häufigste Gelegenheit für den *argentarius*, als Verkäufer aufzutreten, war die Versteigerung[41]). Diese wird wohl auch notwendige Voraussetzung für die ediktale *exceptio* gewesen sein[42]).

Julians Formulierung (D. 19, 1, 25) legt die Vermutung nahe, daß die *exceptio* lautet: *si ea pecunia qua de agitur non pro ea re petitur, quae venit neque tradita est*[43]).

Julians Fall zeigt weiterhin, daß eine dieser nachgebildete Exzeption gegeben wurde, wenn das Geld nicht von einem *argentarius* eingeklagt wurde und die Sache nicht im Wege der Versteigerung veräußert worden war[44]).

III. Die besprochenen Stellen ergeben, daß sich der Käufer mit Hilfe einer *exceptio* wehren kann, wenn er aus einer Stipulation auf Bezahlung

---

[39]) Lenel, EP, 503f.; Wenger, RE 6 (1909) 1563 s. v. exceptio; Kniep (o. N. 3) 51ff.; Rabel, Grundz. (1915) 483; Biondi 17 und 43; Seckel-Levy (o. N. 11) 139; Jörs-Kunkel, RPR, 209 N. 6; Kaser, RPR 1, 452; Thielmann 145.

[40]) Das Wort *merx* findet vielfältig Anwendung: 1.) als »Ware« im Gegensatz zum »Preis« (Paul. D. 18, 1, 1 pr./1; D. 19, 4, 1 pr.); 2.) als Gegenstand eines Kaufvertrages im Gegensatz zu einer sonstigen Sache (Paul. D. 19, 4, 1 pr.); 3.) als jede Handelsware (Gai. D. 13, 3, 4 pr.) insbesondere von Institoren (Ulp. D. 14, 4, 1 pr.; Paul. eod. 2; Iul. eod. 12; Gai. 4, 72 und 74a); oder 4.) als Geschäfts- im Gegensatz zum Privatvermögen (Ulp. D. 32, 73, 4). – Vgl.: Heumann-Seckel (o. N. 26) 341 s. v. merx; Arangio-Ruiz 112ff.; Talamanca (o. N. 4) 122 m. N. 2; Thielmann 145 N. 27. Gemäß Ulp. D. 50, 16, 66, aus dem Kommentar zu den sogenannten Argentarierexzeptionen (Lenel, Pal. 2, 857 = Ulp. 1661), kann sich nur der Erwerber beweglicher Sachen auf die *exc.* berufen; anders: Talamanca (o. N. 4) 122 m. N. 2. Man ging wohl davon aus, daß die Käufer so wertvoller Objekte, wie Grundstücke sie darstellen, selbst für ihren Schutz zu sorgen vermögen.
An anderen Stellen werden auch Sklaven vom Begriff der *merx* ausgenommen: Ulp. D. 14, 4, 1, 1; D. 32, 73, 4; Mela-Afr. D. 50, 16, 207. Diese Äußerungen sind aber außerhalb des begrenzten Bereichs, für den sie bestimmt sind (Auslegung eines Testaments, Haftung aus der *a. tributoria)*, nicht zu verwerten. Ebenso wie die Käufer von Sklaven durch die *exc. redhibitionis* geschützt werden (Ulp. D. 21, 1, 59; Alfen. D. 44, 1, 14; Paul. D. 44, 4, 5, 4), müssen sie sich auch die *exc. mercis non traditae* zunutze machen dürfen.

[41]) Vgl. Gai. 4, 126a und die pompej. Wachstäfelchen (o. N. 8).

[42]) So die N. 39 Genannten.

[43]) Lenel, EP, 504; vgl. Beseler, SZ 47 (1927) 358f. und zuletzt Kaser, SZ 79 (1962) 442 N. 17. – Anders Kniep (o. N. 3) 54, dawider jedoch Lenel a. a. O. – Thielmann 144 setzt an die Stelle von *re merce*, obwohl Julian (D. 19, 1, 25) und Gaius (4, 126a) das Wort in diesem Zusammenhang nicht verwenden.

[44]) S. die N. 39 Genannten.

einer Sache in Anspruch genommen wird, die er noch nicht erhalten hat. Da die Interessenlage bei der *emptio venditio* nicht anders ist, darf angenommen werden, daß der Käufer den Preis auch dann nicht zu entrichten braucht, wenn der Verkäufer mit der *a. venditi* vorgeht. In der gleichen Weise wie bei der *a. empti*[45]) wird, ohne eine *exceptio*, allein auf Grund der *bona-fides*-Klausel die Klage denegiert oder abgewiesen worden sein, wenn der Verkäufer den Preis begehrte, ohne die Ware übereignet zu haben.

§ 11

Verwandte Tatbestände: Synallagma und Gewährhaftung

Verweigert der Käufer die Zahlung des Preises, weil die Sache mit Rechts- oder Sachmängeln behaftet ist, so fragt es sich, ob Leistung und Gegenleistung auch in diesem Fall synallagmatisch miteinander verknüpft sind.

I. Nach vollzogener Eviktion kann der Kaufpreis nicht mehr eingeklagt werden; das ergibt der Gegenschluß aus

> Pap. D. 21, 2, 68 pr. (11. resp.): Cum ea condicione pignus distrahitur, ne quid evictione secuta creditor praestet: quamvis pretium emptor non solverit, sed venditori caverit, evictione secuta nullam emptor exceptionem habebit, quo minus pretium solvat.[1])

Ein Pfandgläubiger hat die Pfandsache mit der Abrede[2]) verkauft, daß er die Eviktionsgarantie nicht übernehme[3]). Er übergab die Sache dem Käufer sogleich, der Käufer aber zahlte nicht sofort, sondern versprach den Preis stipulationsweise. Die Sache wurde ihm evinziert. Trotzdem kann der Verkäufer die Zahlung verlangen – aber nur deswegen, weil bei dem Verkauf die Eviktionsgarantie ausdrücklich ausgeschlossen worden war. In der Regel – so darf man folgern – begründet die Eviktion eine Einrede gegenüber der Stipulationsforderung, die an die Stelle der Kaufpreisforderung getreten ist. Es ist anzunehmen, daß auf Grund der *bona-fides*-Klausel auch die *actio venditi* nicht gegeben wird, wenn die Kaufsache evinziert worden ist und der Verkäufer die Eviktionsgarantie bei Vertragsabschluß nicht abgelehnt hat.

II. Was für die schon vollzogene Eviktion gilt, trifft auch auf die unmittelbar bevorstehende zu (unrömisch sogenannte *exc. evictionis imminentis*):

---

[45]) S. oben § 7.

[1]) Zu dieser Stelle insbes.: Haymann, SZ 41 (1920) 59ff.; Guarneri Citati, An. Pal. 8 (1921) 392ff. und 431ff.; dazu: Ricca-Barberis, AG 89 (1923) 126ff. und Stoll, SZ 47 (1927) 520ff.

[2]) *Condicio* ausdrücklich für echt erklärt von Levy, Atti Roma 2 (1935) 31; vgl. ders., Weström. Vulgarrecht/Obligationenrecht (1956) 88ff.

[3]) Dieses der Kaufabrede beigefügte sogenannte *pactum de non praestanda evictione* empfahl sich gerade bei dem Verkauf von Pfandsachen, weil der Verkäufer-Pfandgläubiger nie sicher war, ob nicht der Verpfänder – vielleicht sogar unwissentlich – eine fremde Sache verpfändet hatte. Der Verkäufer wird sich dann mit einem niedrigeren Kaufpreis begnügt haben.
Die Zulässigkeit dieses *pactum* steht nicht in Frage: Tryph. D. 20, 5, 12, 1. Julian (D. 19, 1, 11, 18) (dazu Nachweis bei Medicus 61 N. 8) hatte ihm wohl noch eine geringere Wirkung beigelegt, es aber nicht für unwirksam gehalten.

1. Pap. D. 18, 6, 19(18), 1 (3. resp.): Ante pretium solutum dominii quaestione mota pretium emptor solvere non cogetur, nisi fideiussores idonei a venditore eius evictionis offerantur.

Pap. vat. 12: Ante pretium solutum dominii quaestione mota pretium emptor restituere non cogetur, tametsi maxime fideiussores evictionis offerantur, cum ignorans possidere coeperit. Nam usucapio frustra complebitur anticipata lite nec oportet evictionis securitatem praestari, cum in ipso contractus limine domini periculum immineat.

Der Kaufpreis kann nicht gefordert werden, solange ein Eviktionsverfahren wegen der Kaufsache anhängig ist[4]). Die Zahlungsklage dringt selbst dann nicht durch, wenn der Verkäufer *fideiussores idonei eius evictionis* stellt – so lautet vat. 12, während D. 18, 6, 19(18), 1 das Gegenteil bestimmt[5]).

Wenn auch die Formulierungen der in vat. 12 gegebenen Begründung ungenau sind[6]) – dieser Begründungssatz fehlt in fr. 19(18), 1 cit. –, so überwiegen doch die Zweifel an der Echtheit des Gedankens, der Verkäufer könne nach Bürgenstellung Zahlung begehren: zumindest für einen Fall ist nämlich durch die Doppelüberlieferung in C. Th. 1, 2, 8 und in C. 1, 19, 4 sicher erwiesen, daß erst die Kompilatoren eine *fideiussio idonea* zugelassen und damit einer kaiserlichen Entscheidung aus dem Jahre 382 ihre Schärfe genommen haben[7]). Bürgenstellung wird also dem Verkäufer nicht geholfen haben.

---

[4]) Seckel-Levy, SZ 47 (1927) 236f. glauben, diese *exc.* sei erst in spätklass. Zeit ausgebildet worden.

[5]) Das Verhältnis von D. 18, 6, 19 (18), 1 und vat. 12 zueinander ist umstritten:
Für die Echtheit von D. 18, 6, 19 (18), 1 (Sicherheitsleistung zulässig): Beseler, SZ 46 (1926) 270; ders., TS 8 (1928) 284; ders., SZ 66 (1948) 373; Kaser, RPR 1, 464 m. N. 69 (nach mdl. Mitteilung überholt).
Für die Echtheit von vat. 12 wenigstens im ersten Satz (keine Sicherheitsleistung): Lenel, Pal. 1, 895 = Pap. 478; Costa, Papiniano 4 (1899) 113f. N. 7; Rabel, Haftung (1902) 82ff.; Haymann, Haftung (1912) 168f.; ders., SZ 41 (1920) 143 u. 154; Guarneri-Citati (o. N. 1) 432ff.; Taubenschlag, Röm. Priv. Recht z. Zt. Diokletian's (1923) 268 m. N. 4; Albertario, AG 92 (1924) 106; ders., AG 93 (1925) 12; Seckel-Levy (o. N. 4) 237; Cuq, Manuel² (1928) 473 N. 3; Perozzi, Ist.² 2 (1928) 279 m. N. 3 und 4; Pringsheim, SZ 50 (1930) 434f.; Partsch 46f. m. N. 115; Nardi 250ff.; Jörs-Kunkel, RPR³ (1949) 232 m. N. 16; Wieacker, Textstufen (1960) 356ff.; Kaser (nach mdl. Mitteilung).

[6]) Beseler (o. N. 5) und Wieacker (o. N. 5): *usucapio* soll nicht Ersitzung, sondern Ersitzungszeit, *nec oportet* soll *nec sufficit* bedeuten; *in ipso contractus limine* und *domini* (oder *dominii) periculum* sind wenig klar. – Der Gedanke, daß ein Eigentumsstreit nach Erwerb der Sache die Ersitzung hindere, obwohl die übrigen Ersitzungsvoraussetzungen gegeben sind, ist nicht klassisch. Es herrschte zwar unter den römischen Juristen Streit darüber, ob die für die Ersitzung erforderliche Gutgläubigkeit bei Abschluß des Kaufvertrages oder bei der Übergabe der Sache vorhanden sein mußte (Ulp. D. 41, 3, 10 pr.); aber nach keiner der beiden widerstreitenden Meinungen schadete es dem Erwerber, wenn er seinen guten Glauben nach Vertragsschluß und Übergabe verlor (vgl. Hausmaninger, Die bona fides des Ersitzungsbesitzers [1964] 81ff.).

[7]) Die Kaiser hatten alle früheren Stundungen, die sie irgendwelchen Schuldnern gegenüber deren Gläubiger eingeräumt hatten, widerrufen. Die Kompilatoren erklären alle künftigen Stundungen für wirksam unter der Voraussetzung, daß den Gläubigern eine geeignete Bürgschaft gestellt wird. – Näheres bei: Marchi, Bull. 18 (1906) 44f.; Levy, Sponsio (1907) 220 Nachtrag zu S. 92; Wieacker, Symb. Lenel, 326ff.; Beseler, ACJI 1 (1935) 335f.

2. Den gleichen Fall entscheidet:

Impp. Diocletianus et Maximianus AA. et CC. Eutychio C. 8, 44(45), 24 pr.: Si post perfectam venditionem ante pretium numeratum rei venumdatae mota fuerit quaestio vel mancipia venumdata proclament in libertatem, cum in ipso limine contractus immineat evictio, emptorem, si satis ei non offeratur, ad totius vel residui pretii solutionem non compelli iuris auctoritate monstratur.

§ 1: Unde cum parte pretii numerata, domus quam emisti tibi velut pignoris iure obligatae ne ad emptionem accederes, denuntiatum ab aliquo proponas, iudex tibi quae ex emptione veniunt praestari providebit. (a. 294)

Der Käufer darf zur Preiszahlung nicht gezwungen werden, während ein Streit über das Eigentum der gekauften Sache oder die Freiheit der übergebenen Sklaven[8]) schwebt. Diese Bestimmung schränkt der Text zwar mit den Worten *si satis ei* (= dem Käufer) *non offeratur* ein, doch wird dieser Teil ebenso wie die inhaltlich gleiche Äußerung in D. 18, 6, 19 (18), 1 interpoliert sein[9]). In diesem Zusammenhang könnte man *iuris auctoritate monstratur*[10]) so verstehen, daß die Strenge des Rechts die Klagunterlassung ausnahmslos gebiete. Nicht einmal die Klage auf einen Kaufpreisrest ist gestattet[11]). Schon die Anzeige des Pfandgläubigers an den Käufer – mit der das Verfahren eingeleitet wird[12]) – steht der Klage des Verkäufers gegen den Käufer entgegen. Dann »wird der Richter dafür sorgen, daß dem Käufer das geleistet wird, was ihm aus dem Kauf zukommt.«

Soll also der Verkäufer, der hier als Kläger in Betracht kommt, durch Urteil unmittelbar dazu gezwungen werden, die Grundstücke von dem

---

[8]) In beiden Fällen droht dem Käufer der Besitzverlust. Ein sachlicher Grund, warum Diokletian sie nicht verbunden haben sollte, ist nicht ersichtlich. Auch wenn man davon ausgeht, daß ihm die Entscheidung Papinians bekannt war, braucht man nicht zu schließen, daß er ihr Wort für Wort gefolgt wäre und die Äußerung eines neuen Gedankens nicht gewagt hätte. Der Zeitenwechsel *fuerit – proclament* mag störend sein, genügt aber nicht, um die Verdächtigung der Worte *vel mancipia – libertatem* zu bestätigen; so aber Guarneri Citati (o. N. 1) 436ff.; Nardi 254f.; Reggi, Liber homo (1958) 270f. m. N. 163. Zu *proclamare in libertatem:* Kaser, SZ 79 (1962) 397 N. 29 m. Lit.

[9]) So von den o. N. 5 Genannten insbes.: Costa 114f. m. N. 7f.; Haymann, SZ 41 (1920) 143 N. 1; Guarneri Citati 436ff.; Albertario, AG 92 (1924) 106; ders., AG 93 (1925) 12; Perozzi 279 N. 4; Partsch 47 N. 115; Nardi 254f.; Wieacker 357 m. N. 127. – Für Echtheit jedoch: Lenel, Pal. 1, 895 = Pap. 478 N. 2; Rabel 82f.; Taubenschlag 268 m. N. 4.

[10]) Zu diesem Begriff: Magdelain, RH 28 (1950) 158f. m. N. 3.

[11]) Während *ante pretium numeratum* die Frage der Teilleistung noch offenläßt, gibt *totius vel residui pretii* die Antwort. Ein Widerspruch zwischen den beiden Formulierungen besteht nicht. Der zweite Teil des Reskriptes beginnt mit den Worten *Unde cum parte pretii numerata.* Die drei Wendungen sind nach Inhalt und Stil gut aufeinander abgestimmt. Der Verdacht Guarneri Citatis, Albertarios, Perozzis und Nardis (o. N. 5) *totius vel residui pretii* sei itp., kann daher nicht übernommen werden.

[12]) C. Th. 2, 4: *de denuntiatione vel editione rescripti;* 5: *de dominio rei quae poscitur vel consortibus ab eo, cui denuntiatum fuerit, nominandis;* 6: *de temporum cursu et reparationibus denuntiationum.* – 2, 4, 6: ... *denuntiatione et temporum observatione remota, quam in ceteris civilibus causis, quarum tamen aestimatio centum solidorum summan excedat, volumus custodiri* (a. 406). – Zur *denuntiatio* s. einstweilen Wenger, Inst. d. röm. Zivilprozeßrechts (1925) 260ff. m. Lit. in N. 4.

Pfandrecht zu befreien[13])? Im pr. ist davon die Rede, daß in einem bestimmten Fall der Käufer zur Zahlung nicht gezwungen werden darf. Aus diesem Satz kann aber nicht gefolgert werden, daß in demselben Fall gegen den Verkäufer ein Urteil ergehen kann.

Hätte der Kaiser eine Vertragspflicht des Verkäufers, wegen deren Verletzung eine Verurteilung möglich ist, begründen wollen, dann hätte er reskribiert »der Verkäufer hat die gekauften Sachen frei von jeder Belastung zu übergeben« und wäre dann fortgefahren, »da dein Verkäufer dieser Verpflichtung nicht nachgekommen ist, wirst du, Käufer, ein Urteil gegen den Verkäufer erlangen«.

Wenn aber im pr. festgestellt wird, unter welchen Voraussetzungen der Käufer den Preis nicht zu bezahlen braucht, dann darf man im § 1 die Prüfung erwarten, ob in dem vorgetragenen Fall diese Voraussetzungen gegeben sind, ob also der anfragende Käufer mit einer Klagabweisung rechnen darf oder nicht. Es wäre kaum einzusehen, daß der Kaiser im pr. allgemeine Regeln über die Zahlungspflicht des Käufers und im § 1 ein Gutachten über die Verurteilung des Verkäufers abgeben, also die Parteirollen vertauscht haben sollte. Es geht in dem ganzen Reskript allein um die Entscheidung über die Klage gegen den Käufer auf Zahlung des Preises.

Es ist nicht ersichtlich, daß in einem Zivilprozeß der Kläger zu einer Leistung verurteilt werden könnte[14]). Die für den klagenden Verkäufer ungünstigste Entscheidung wäre eine Abweisung seiner Klage. Mit diesem Spruch kann der Richter dem Kläger drohen, um ihn zur Ablösung der Pfandrechte zu veranlassen. Kommt der klagende Verkäufer dieser Empfehlung nicht nach, dann verliert er seinen Prozeß, dann braucht der beklagte Käufer die Preisforderung des Verkäufers nicht mehr zu befürchten. Mit Drohung und Ausspruch der Klagabweisung sorgt der *iudex* für den Käufer[15]). So wird die kaiserliche Konstitution zu verstehen sein.

3. Ein ähnlicher Fall war schon Gegenstand eines Reskriptes von Caracalla:

Imp. Antoninus A. Patroinae. C. 8, 44(45), 5: Ex praediis, quae mercata es, si aliqua a venditore obligata et necdum tibi tradita sunt, ex empto actione consequeris, ut ea a creditrice liberentur: id enim fiet, si adversus venditorem ex vendito actione pretium petentem doli exceptionem opposueris. (a. 212)

Der Kaiser gibt Auskunft darüber, wie eine Grundstückskäuferin den Verkäufer dazu bringen kann, Pfandrechte, die noch an den Grundstücken bestehen, abzulösen: Entweder ergreift die Käuferin die Initiative und geht mit der *actio ex empto* gegen den Verkäufer vor. Oder sie hält den Kaufpreis zurück, erwartet die *actio* des Verkäufers auf den Preis und verweigert dann die Zahlung. Im zweiten Fall wird der Verkäufer als vernünftiger Geschäftsmann die Grundstücke von ihren Belastungen befreien, um der Käuferin die Berechtigung zur Nichtzahlung zu nehmen[16]) und seinen

---

[13]) Partsch 30.
[14]) So jedoch – für den byzantinischen Rechtszustand – die These von Partsch (o. N. 13).
[15]) Ebenso ist C. 4, 49, 8 aufzufassen; s. oben § 6, 5; dort auch weitere Erläuterungen.
[16]) Das war vermutlich noch nach *litis contestatio* möglich: s. o. § 7 III 2.

Preisanspruch durchzusetzen[17]). Das praktische Resultat ist in beiden Fällen dasselbe: *idem fiet*[18]).

Fraglich ist allein, auf welche Weise dieses wirtschaftlich vernünftige Verfahren durchgeführt wird. Nach den Worten der Konstitution bedient sich die verklagte Käuferin der *exceptio doli* gegen die *actio ex vendito*. Diese Möglichkeit entspricht nicht dem klassischen Formularprozeß. Nach der Formel der *actio venditi* hat der *iudex* bei seiner Entscheidung zu berücksichtigen, was *ex fide bona*, also unter Ausschluß von jeglichem *dolus*, geschuldet wird, und hat daher den *dolus* des Klägers auch ohne besondere *exceptio* zu beachten[19]).

Man könnte auf verschiedene Weise versuchen, den Widerspruch aufzulösen:

Als erste Möglichkeit kommt in Frage, daß hier der Ausdruck *exceptio doli* in einem untechnischen Sinn, bezogen auf die den *bonae-fidei*-Judizien inhärente *exceptio doli*, gebraucht wurde. Die Frage läßt sich weder eindeutig bejahen noch verneinen.

Es wäre weiterhin denkbar, daß das Reskript nicht den Formularprozeß, sondern den Kognitionsprozeß betraf und daß in diesem Verfahren die *exceptio doli bonae-fidei*-Judizien entgegengesetzt werden konnte. Diese Vorstellung hat wenig Wahrscheinlichkeit für sich. Es ist weder ersichtlich, daß die Adressatin des Reskriptes die Grundstücke außerhalb Italiens gekauft und dort Klagen im Kognitionsverfahren zu erwarten hätte[20]), noch daß in dem Kognitionsverfahren die *exceptio doli* einer *bonae fidei actio* hätte entgegengesetzt werden können[21]).

Denkbarerweise ist eine der beiden Äußerungen nachträglich in das Reskript eingefügt worden. Wäre *ex vendito actione* unecht, so bliebe die Möglichkeit offen, daß der Verkäufer nicht aus dem Kaufvertrag, sondern aus der Stipulation klagt, gegen die eine *exceptio doli* zulässig ist. In verschiedenen anderen Fällen ist erwiesen, daß der Kaufpreis stipuliert wurde[22]); in C. 8, 44, 5 findet sich für eine Stipulation und für die nachträgliche Einfügung von *ex vendito actione* kein Anhaltspunkt.

Eine größere Wahrscheinlichkeit hat aber auch die Annahme, daß *doli exceptione* unecht sei, nicht für sich, wenn es auch denkbar ist, daß die Kom-

---

17) Es ist also der Ansicht zu widersprechen, die Haymann, SZ 41 (1920) 56, geäußert hat: »Darüber, ob der Beklagte diese Wirkung (Enthaftung) auf Grund der bloßen *exceptio* erzielen werde, konnte der Kaiser nicht einmal prophezeien, denn rechtlich stand ja dem beklagten Käufer auf Grund der *exceptio* nur das Recht auf Abweisung der Kaufpreisklage zu«.

18) So stand es ursprünglich am Platz von *[id enim fiet]* (Kr. in C.), einer Formulierung, die dem ersten Satz widersprechen würde.

19) Paul. D. 17, 2, 3, 3 und Iul. D. 19, 1, 28. Vgl. auch o. § 7 I und u. N. 21.

20) *Patroina*, der Name der Adressatin, scheint nicht unrömisch zu sein; vgl. Aly, RE 18 (1949) 2253 f. s. v. Patroinos, und Hanslik, RE 18, 2307 s. v. Patruinus.

21) Vgl. für den Formularprozeß: Biondi 5 u. 53 ff. und F. Schulz, Prinz. (1934) 64 f. N. 44.

22) Z.B. Iul. D. 19, 1, 25 (dazu oben § 10 I 2): Alfen. D. 44, 1, 14 (dazu sogleich unter IV); Gai. 4, 126a (s. oben § 10 I 1).

pilatoren diese Worte bei einer Überarbeitung und Verkürzung des Schlußteils des Reskriptes neu aufgenommen haben[23]). Als inhaltlich echter Kern von C. 8, 44, 5 bleibt jedenfalls festzuhalten, daß die Klage auf Bezahlung einer Sache, deren Eviktion droht, nicht durchdringt.

III. Eine Zahlungsklage wird auch dann abgewiesen, wenn die Kaufsache redhibiert werden kann:

Ulp. D. 21, 1, 59 pr. (74. ed.): Cum in ea causa est venditum mancipium, ut redhiberi debeat, iniquum est venditorem pretium redhibendae rei consequi.

§ 1: Si quis duos homines uno pretio emerit et alter in ea causa est, ut redhibeatur, deinde petatur pretium totum, exceptio erit obicienda: si tamen pars pretii petatur, magis dicetur non nocere exceptionem, nisi forte ea sit causa, in qua propter alterius vitium utrumque mancipium redhibendum sit.[24])

Ulpian prüft die Regel, daß der redhibitionsberechtigte Käufer sich gegen die Zahlungsklage mit einer Exzeption verteidigen kann, an dem besonderen Fall, daß von zwei Sklaven[25]), die Gegenstand eines einzigen Kaufvertrages sind, nur einer mangelhaft ist. Wieder behandelt der Jurist das Problem der Teilleistung[26]) und gibt folgendes differenzierende Gutachten: In keinem Fall kann der ganze Kaufpreis, im allgemeinen wohl ein Teil, und nur in besonderen Fällen, wenn nämlich der Mangel der einen Sache auch den Wert der anderen beeinträchtigt (man denke an zwei aufeinander eingespielte Artisten oder an zwei gleichgroße Sänftenträger), gar nichts verlangt werden.

Auf die *exceptio redhibitionis* bezieht sich wohl auch das folgende Fragment[27]), denn es entstammt dem 69. Buch des paulinischen Ediktskommentars, in welchem unter anderem die Exzeptionen behandelt werden:

Paul. D. 21, 1, 60 (69. ed.): Facta redhibitione omnia in integrum restituuntur, perinde ac si neque emptio neque venditio intercessit.

IV. Paulus gewährte die Exzeption auch, wenn die Sache schon zurückgegeben worden ist[28]), wie D. 44, 4, 5, 4 zeigt[29]). Ähnlich entscheidet:

Alfenus Varus D. 44, 1, 14 (2. dig.): Filius familias peculiarem servum vendidit, pretium stipulatus est: is homo redhibitus et postea mortuus est. et pater eius pecuniam ab emptore petebat, quam filius stipulatus erat. placuit aequum esse in factum exceptionem eum obicere: ›quod pecunia ob hominem illum expromissa est, qui redhibitus est‹.

Ein *filiusfamilias* verkauft einen Sklaven aus seinem Pekulium. Der Sklave ist mit einem Mangel behaftet; er wird redhibiert und stirbt. Trotzdem klagt der *paterfamilias* den Kaufpreis ein, den sein Sohn – wohl mit

---

[23]) Für Unechtheit der in C. 8, 44, 5 genannten *exc. doli:* Kaser, RPR 1, 442 N. 10; Grosso 220. – Der ganze Schlußsatz *(id enim rell)* wird ersatzlos gestrichen von: Biondi 16; Haymann, SZ 41 (1920) 56; Partsch 30; Levy, SZ 52 (1932) 520 N. 3.

[24]) Seckel-Levy (o. N. 4) 237f., und Kaser, RPR 1, 461 N. 42, beziehen das fr. 59 pr. auf die Frage nach dem Zeitpunkt der Vertragsperfektion und des Gefahrüberganges; zu diesem Problemkreis unten § 15.

[25]) Da alle die *exceptio redhibitionis* betreffenden Fälle von Sklaven handeln, besteht für die Annahme einer Beschränkung der Einrede auf Gegenstände, die nicht Sklaven sind, kein Anlaß; s. o. § 10 N. 40. – Anders: Thielmann 144ff.

[26]) Vgl. Ulp. D. 19, 1, 13, 8 (oben § 6, 1); Ulp.-Marcell. D. 21, 1, 31, 8 (oben § 6, 3); sowie Labeo D. 18, 1, 78, 2 (oben § 5 II) und Scaev. D. 18, 4, 22 (oben § 6, 2).

[27]) Lenel, Pal. 1, 1085 = Paul. 780; EP, 503 N. 10.

[28]) Anders Lenel, EP, 505 N. 2.

[29]) Zu dieser Stelle oben § 10 I 3.

dessen Zustimmung (Pomp. D. 46, 2, 23) – stipuliert hatte. Dem Beklagten wird eine *exceptio in factum* gewährt[30]).

Die Fälle von Alfen und Paulus gleichen sich darin, daß einem Käufer, der einen Sklaven erworben und wieder redhibiert hat, auf der Verkäuferseite zwei Personen gegenüberstehen: der Vertragschließende *(argentarius* oder *filiusfamilias)* und der Verpflichtete *(dominus* oder, auf Grund der *a. de peculio, pater)*. Der Vertragschließende hat den Kaufpreis stipuliert und auf diese Weise von dem weiteren Schicksal des Kaufvertrages gelöst. Aber die Trennung ist nicht vollkommen[31]). Gewisse Ereignisse im Rahmen des zugrundeliegenden Vertrages, wie die Redhibition der Kaufsache, können auf das Schicksal der Stipulation einwirken, indem sie eine Exzeption des Käufers begründen. Hierzu dient nicht allein die *exceptio doli*. Der *dolus* mochte zweifelhaft sein, wenn der Kläger von der Redhibition nichts wußte, weil etwa eine andere Person die mangelhafte Sache zurückgenommen hat[32]).

V. Daß in den eben vorgeführten Fällen einerseits der Käufer den Verlust der Sache entweder schon erlitten oder für die nächste Zukunft zu befürchten hat, und daß andererseits der Verkäufer den Preis für diese Sache nicht fordern darf, scheint eine Auswirkung des Synallagmas zu sein: entweder soll jeder der beiden Teile die Leistung des Vertragsgegners erhalten und behalten oder keiner.

Diese Erklärung ist ungenügend: Der Käufer darf die Zahlung bei längst nicht jedem Verlust der Sache verweigern, aber manchmal auch schon dann, wenn er sie noch in Händen hat. Es kommt allein darauf an, ob durch den eingetretenen oder drohenden Verlust die Gewährschaft des Verkäufers für Rechts- und Sachmängel ausgelöst wird[33]).

Den Aktionen wegen Rechts- und Sachmängeln werden die Exzeptionen nachgebildet. Der Verkäufer soll nicht eine Zahlung verlangen, die

---

[30]) Alfen gesteht ihm die ediktale *exceptio redhibitionis* wohl deswegen nicht zu, weil der Kläger nicht ein *argentarius* ist (so: Lenel, EP, 503 ff.; Seckel-Levy [o. N. 4] 237 N. 2) und weil außerdem nicht der Kläger, sondern ein Dritter (der *filius)* die eingeklagte Forderung stipuliert hatte (so: Kaser, SZ 79 [1962] 442 N. 17).

[31]) Vgl. schon Pernice, Labeo 2/1² (1895) 240: Die *exceptio doli* »bringt gegenüber einer auf das formale Recht sich stützenden Klage die causa, d. h. das materielle Recht zur Anwendung.« – Weitergehend: Daube, SZ 66 (1948) 91 ff. Er verwirft die Ansicht von der »novation as destroyerof the *bonae fidei* character of the original obligation«.

[32]) Aus ähnlichen Gründen werden die *exceptiones non numeratae pecuniae* (Kaser, RPR 1, 452 N. 25 m. weit. Lit.) und *mercis non traditae* (o. § 10) neben der *exc. doli* ausgebildet worden sein. Auch in diesen Fällen erforderte die Billigkeit eine *exceptio* selbst dann, wenn der Kläger nicht dolos handelte.

[33]) Wir haben vier Fälle zu unterscheiden:
1.) Durch den bereits eingetretenen Sachverlust ist die Gewährschaft für Rechtsmängel ausgelöst worden: Pap. D. 21, 2, 68 pr. – 2.) Das Eintreten des Sachverlustes, der zur Zeit der Zahlungsklage den Beklagten bedroht, würde die Rechtsmängelhaftung auslösen: Pap. D. 18, 6, 19 (18), 1 und fr. vat. 12; C. 8, 44 (45), 5; C. 8, 44 (45), 24. – 3.) Die Sachmängelhaftung ist begründet, die fehlerhafte Sache ist schon zurückgegeben worden: Alf. D. 44, 1, 14; Paul. D. 44, 4, 5, 4. – 4.) Die fehlerhafte Sache ist noch in den Händen des Käufers: Ulp. D. 21, 1, 59 pr.

er dem Käufer doch wieder zurückgewähren muß[34]). Jedoch entspricht »Hin- und Rückgabe derselben Leistung« einem anderen Prinzip als dem des »Austausches zweier verschiedener Leistungen«, welch letzterer vom Synallagma erfaßt wird.

Deswegen ist zweifelhaft, ob diese Exzeptionen Auswirkungen des Synallagmas sind. Die Entscheidung hängt davon ab, ob die Hauptpflicht des Verkäufers auf Lieferung schlechthin oder auf Lieferung einer mangelfreien Sache geht. Nach der zweiten Alternative wäre die Lieferung mangelhafter Ware keine vollständige Erfüllung der Verkäuferpflichten, folglich wären die *exceptiones redhibitionis* und *evictionis* des Käufers besondere Einreden der Nichterfüllung und damit weitere Zeugnisse für die Abhängigkeit von Leistung und Gegenleistung[35]).

Die Haftungsregeln für Rechts- und Sachmängel haben eine ihrer Wurzeln in den Stipulationen, die die entsprechenden Zusicherungen enthielten[36]). Sie waren also ursprünglich nicht notwendige Bestandteile der Kaufverträge. Doch wurde später für einige Mängel auch die *actio empti* zur Verfügung gestellt[37]). Selbst in diesem Moment wurde die Verpflichtung zur Lieferung der Sache nicht verstärkt zu der Verpflichtung, dem Käufer eine mangelfreie Sache zu übergeben. Nach wie vor schuldete der Verkäufer nur die Lieferung der einen, von den Parteien »ins Auge gefaßten« Sache[38]). Die Sachmängelhaftung beruht vor allem darauf, daß das Vertrauen des Käufers enttäuscht wurde; maßgebend ist, ob er die Fehlerhaftigkeit der Sache nicht gekannt hat[39]). Der Verkäufer ist vor allem verpflichtet, bei Vertragsschluß die Mängel der Sache zu offenbaren. Für Fehler, die zwischen Vertragsschluß und Übergabe ohne sein Verschulden entstehen, haftet er nicht[40]). Er braucht weder eine tadellose Ware zu liefern noch die Fehler später zu beseitigen (was bei Zugvieh und Sklaven auch nur in den seltensten Fällen möglich wäre). – Während die römischen Juristen nicht zögern, die Schlechterfüllung eines Gattungsvermächtnisses oder einer *dare*-Stipulation als Nichterfüllung anzusehen[41]), können sie sich zu dieser Gleichstellung beim Verkauf nicht entschließen.

Aus alledem wird zu folgern sein: Die Gewährschaftshaftung war nicht die Sanktion für die Versäumnis primärer Verkäuferpflichten. Die Übergabe auch einer mangelhaften Sache wurde demnach als die endgültige Leistung

---

34) Seckel-Levy (o. N. 4) 237 N. 2: »Das *dolo petit qui redditurus est* konnte hier (bei der *exc. redhibitionis)* nicht übersehen werden.«

35) So, insbesondere für die sogenannte *exc. evictionis imminentis:* Rabel, Haftung, 83f.; ders., Grundzüge (1915) 483; Nardi 251f.

36) Z.B. Arangio-Ruiz 309ff.; Kaser, RPR 1, 462ff.

37) S. die eben Genannten (N. 36).

38) Seckel-Levy 129; 135f.

39) Vgl. Florent. D. 18, 1, 43 pr.–2; Ulp. D. 21, 1, 1, 6; eod. 14, 10; Pomp. eod. 48, 4. – Dazu Haymann, Haftung, 30.

40) Seckel-Levy 238f.: Ulp. D. 21, 1, 1, 1: *quodsi mancipium adversus ea venisset sive adversus quod dictum promissumve fuerit cum veniret, fuisset* – D. 21, 1, 38 pr.: *si quid ita factum non erit, de ornamentis restituendis iumentisve... redhibendis... vel quo minoris cum venirent fuerint...*

41) Seckel-Levy 128f.: Labeo-Iavolen. D. 32, 29, 3; Ulp. D. 46, 3, 27.

angesehen. Folglich waren die *exceptiones redhibitionis* und *evictionis* nicht besondere Mittel zur Geltendmachung der Nichterfüllung.

§ 12

Genetisches Synallagma

Wo ein Umstand das Entstehen eines der beiden Vertragsansprüche hindert, stellt sich die Frage nach dem Schicksal der Gegenforderung. Das klassische Recht hat auch in diesem Fall eine gegenseitige Abhängigkeit zwischen den beiden Forderungen angenommen und diese Abhängigkeit in zwei verschiedenen Formen hergestellt.

I. In den meisten Fällen zeigt sich das genetische Synallagma darin, daß die Unwirksamkeit des einen Anspruches die Unwirksamkeit auch des anderen und damit die des ganzen Vertrages nach sich zieht[1]).

1. Eine Käuferverbindlichkeit ist nicht vorhanden, wenn es an der Käuferforderung fehlt, etwa weil sich die Parteien entgegen dem Anschein über die Kaufsache nicht geeinigt haben[2]), weil die Sache bei Vertragsschluß nicht existiert[3]), sie bereits dem Käufer gehört[4]), sich *extra commercium* befindet[5]), für verbotswidrige Zwecke bestimmt ist[6]), oder weil Vertragsgegenstand die Erbschaft eines noch lebenden Dritten ist[7]). In all diesen Fällen kann der Verkäufer ebensowenig den Preis verlangen wie der Käufer die Ware, der ganze Vertrag ist nicht entstanden. Das wird besonders klar, wo ausdrücklich die Kondiktion des schon hingegebenen Geldes zugelassen wird[8]).

2. Entsprechendes gilt in dem umgekehrten Fall[9]): der Käufer hat keinen Anspruch auf die Ware, wenn er den Preis wegen fehlender[10]) oder unbestimmter Vereinbarung[11]) nicht schuldet. Es gilt dann: *venditio nulla est* (Ulp. D. 18, 1, 7 pr.).

---

1) Diese Fälle rechnen schon Windscheid-Kipp (Lehrbuch des Pandektenrechts 2⁹ [1906] 338 m. N. 21) zu den Auswirkungen des Synallagmas; ebenso Schulz, Class. Roman Law (1951) 532; vgl. ferner Arangio-Ruiz 214ff. und Grosso 203ff.

2) Ulp. D. 18, 1, 9 pr./2; eod. 11, 1; Iul. eod. 41, 1; Paul. eod. 57 pr. (initio); Pap. eod. 58 (initio). Vgl. zu diesen Stellen zuletzt: Mayer-Maly, Mél. Meylan 1 (1963) 241ff. und Wieacker, daselbst, 383ff., beide mit Lit.

3) Pomp. D. 18, 1, 8 pr.; Paul. eod. 15 pr.; Nerva-Sabin.-Cass.-Paul. eod. 57 pr. – Ausnahmen: *emptio spei* und *emptio rei speratae.*

4) Iul. D. 12, 6, 37; Pomp. D. 18, 1, 16 pr.; Ulp. D. 50, 17, 45 pr. – insoweit inhaltlich echt. – Ausnahme: Paul. D. 18, 1, 34, 4.

5) Ulp. D. 11, 7, 8, 1; Mod. D. 18, 1, 62, 1; Pap. eod. 73 pr. = vat. 5. – Wegen Kaufes eines *liber homo* siehe insb. Reggi, Liber homo (1958).

6) Gai. D. 18, 1, 35, 2.

7) Pomp. D. 18, 4, 1; Paul. eod. 7.

8) Iul. D. 12, 6, 37; Pomp. D. 18, 1, 16 pr.; Nerva-Sab.-Cass.-Paul. eod. 57 pr.; Paul. D. 18, 4, 7.

9) Vgl. hierzu vor allem: Michel, Gratuité (1962) 243ff.

10) Ulp. D. 18, 1, 36; D. 50, 17, 16. – Wegen Kaufes und *locatio conductio nummo uno* siehe: Mayer-Maly, Locatio conductio (1956) 128f. (unwirksam) und Michel (o. N. 9) 246ff. (wirksam).

11) Ulp. D. 18, 1, 7 pr.; eod. 9 pr.; Gai. eod. 35, 1; Gai. 3, 140.

II. In bestimmten anderen Fällen hindert das Fehlen der einen Forderung nicht das Entstehen der anderen. Doch kann dann die wirksame Forderung nur durchgesetzt werden, wenn die versprochene Gegenleistung, obwohl sie nicht einklagbar ist, erbracht wird[12]):

1. Paul. D. 18, 5, 7, 1 (5. quaest.): ... idem potest quaeri, si sine tutoris auctoritate pactus fuerit, ut discedatur ab emptione: an proinde sit, atque si ab initio sine tutoris auctoritate emisset, ut scilicet ipse non teneatur, sed agente eo retentiones competant. sed nec illud sine ratione dicetur, quoniam initio recte emptio sit contracta, vix bonae fidei convenire eo pacto stari, quod alteri captiosum sit, et maxime, si iusto errore sit deceptus.

Es fragt sich, ob ein *pupillus* einen Kaufvertrag ohne Mitwirkung des Tutors aufheben kann[13]). Die Antwort gibt scheinbar der Schluß *sed nec rell.* Dieser Satz ist aber interpoliert:

a) Es widerspreche der *bona fides*, jemanden an einem Vertrag festzuhalten, der ihm nachteilig[14]) sei. Das ist angesichts der Erlaubnis zum *circumvenire*[15]) eine kaum klassische Argumentation.

b) Ein Vertragschließender werde von den Vertragsfolgen befreit, wenn er *iusto errore sit deceptus* – auch diese Äußerung kann nicht klassisch sein. Da der andere Teil von der Mitwirkung des Tutors bei dem ersten Vertragsschluß weiß, ist ihm bekannt, daß er es mit einem *pupillus* zu tun hat; sein Irrtum über allgemein bekannte Rechtsfolgen ist nicht beachtlich.

c) Die »Unsicherheit und Weichheit der Begründung«[16]) und der durch mehrere Verneinungen sich hindurchwindende Satz *[nec ... sine ratione dicetur ... vix bonae fidei convenire]* erhärten den Interpolationsverdacht hinsichtlich *[sed nec rell]*[17]).

Wahrscheinlich ersetzt der letzte Satz des Fragmentes einen klassischen Kontroversenbericht[18]). Gegen die Gültigkeit des *pactum* mag man angeführt haben: Ein Vertrag, der mit Hilfe des Tutors abgeschlossen worden sei, könne nicht ohne dessen Beistand aufgehoben werden. Und die Mitwirkung des Tutors hier sei ebenso notwendig wie die Beteiligung des *paterfamilias* bei der Aufhebung eines mit dem *filiusfamilias* eingegangenen

---

[12]) Auch Grosso 207ff. bringt die folgenden Fälle in Verbindung mit der »bilateralità«; s. auch die N. 1 Angeführten.

[13]) Es gibt keine überzeugenden Anzeichen für die Unechtheit von *idem potest quaeri*, wie sie behauptet wird von Stoll, SZ 44 (1924) 65 N. 2; Beseler, SZ 50 (1930) 20; Nardi 248 und Labruna, Rescriptum Divi Pii (1962) 145. Das Fehlen des Subjektes *pupillus* in dem ganzen Satz, bemerkt von Labruna 147 N. 59, kann nicht als Interpolationsindiz verwertet werden, denn in dem vorhergehenden und dem nachfolgenden Hauptsatz ist *pupillus* das Subjekt; dieses an dieser Stelle noch einmal zu betonen, bestand kein Anlaß. – Es ist auch kein Grund erfindlich, warum die Kompilatoren eine klassische Feststellung in Frage und Antwort aufgelöst haben sollten. Auch ist nicht wahrscheinlich, daß sie, statt die Rechtslage zu klären, diese durch eine Frage noch verdunkelt hätten. Wieviel einfacher hätten sie eine paulinische Entscheidung, der sie nicht zustimmten, durch eine Verneinung verändern können. – Für Echtheit auch Kaser, SZ 80 (1963) 499 N. 41.

[14]) Beseler 4, 59 hält *captiosus* für stets unecht.

[15]) Pomp.-Ulp. D. 4, 4, 16, 4; Paul. D. 19, 2, 22, 3 – zu diesen Stellen: Mayer-Maly, Iura 6 (1955) 128ff.

[16]) Siber, SZ 42 (1921) 97.

[17]) Weitere kleinere Beanstandungen werden zusammengestellt von Labruna (o. N. 13).

[18]) Grosso 208 N. 1; Kaser, SZ 80 (1963) 499 N. 41.

Vertrages (Pomp. D. 18, 5, 1)[19]. Dagegen könnte die Wirksamkeit des *pactum* vielleicht damit verteidigt worden sein, daß zwar aus dem Kaufvertrag des *filius* der *paterfamilias* berechtigt und auch verpflichtet werde, daß aber ein Kaufvertrag des *pupillus* für den Tutor weder Rechte noch Pflichten begründe. Welcher der beiden Ansichten nun Paulus beigetreten ist, läßt sich nicht mehr feststellen[20].

Jedenfalls gibt Paulus an dieser Stelle eine kurze Bemerkung zu den Wirkungen eines Kaufvertrages, den ein *pupillus sine tutoris auctoritate* abschließt: der *pupillus* wird nicht verpflichtet, obwohl er die vertragsmäßigen Forderungsrechte erwirbt, aber dem anderen Teil werden gegenüber dem Leistungsbegehren des Pupillen *retentiones* zuerkannt[21]. Der vom *pupillus* in Anspruch Genommene wird wohl auf Grund der *bona fides* seine Leistung verweigern können, ohne daß er einer förmlichen *exceptio* bedürfte.

Die Leistungsverweigerung gegenüber dem *pupillus* setzt das genetische Synallagma durch: entweder leisten beide Teile oder keiner. Doch ist die Gleichheit nicht vollkommen – und kann es auch nicht sein, wenn der Zweck des Vermögensschutzes erreicht bleiben soll: die Klage kann nur von der Seite des *pupillus* erhoben werden, nicht von der des anderen Teiles.

Diese von Paulus beschriebene Abhängigkeit der beiden Forderungen – Leistung nur gegen Leistung des *pupillus* – wird von Ulpian an keinem Ort erwähnt. Doch berechtigt das Schweigen der Überlieferung nicht zu dem Schluß, daß die beiden Juristen in diesem Punkt verschiedener Ansicht gewesen seien[22]. An beiden Stellen, an denen Ulpian zu der *retentio* gegenüber dem *pupillus* hätte Stellung nehmen können (D. 19, 1, 13, 29 und D. 26, 8, 5, 1), ging es ihm ausschließlich um die Klage gegen den *pupillus*.

Gemäß einem Reskript von Antoninus Pius gewährte Ulpian, soweit der klagende *pupillus locupletior factus est*, dem anderen Teil eine *exceptio*[23] und in demselben Umfang auch eine Klage[24]. Die *locupletior*-Haftung soll verhindern, daß das Mündelvermögen auf Kosten anderer durch Ausnutzen der gesetzlichen Mündelschutzvorschrift vermehrt wird. Man wird vermuten dürfen, daß Ulpian demselben Gedanken auch sonst Rechnung getragen

---

[19]) Vgl. Stoll (o. N. 13) 63 und Grosso (o. N. 18). – Zu D. 18, 5, 1 sogleich in § 13 II 4.

[20]) Für Gültigkeit des *pactum:* Siber (o. N. 16) 95ff.; Stoll (o. N. 13) 65; Labruna (o. N. 13) 146ff. – Dagegen Grosso 208 N. 1.

[21]) Sonstiger Gebrauch der Pluralform *retentiones* in Pap. D. 35, 2, 11 pr.; Aristo-Pomp. D. 36, 1, 22 (21); Ulp. 6, 9; Ulp. vat. 120 – zit. nach VIR 5, 194 s. v. retentio (Bearb. Volkmar). Angesichts dieser Zeugnisse sind Bedenken nicht überzeugend. – *retentiones* nicht beanstandet von Alibrandi, Bull. 24 (1911) 173. – Abweichend: Kaser, RPR 2, 79 N. 10: »keine planmäßige Neuerung, sondern ein vereinzelter unklassischer Gedanke eines Schulbearbeiters.« – *ut scilicet – competant* für itp. erklärt von Monier, Obl.^{5} (1954) 129 N. 3; Nardi 248f. und den jeweils dort sowie im Ind. Itp. Genannten. – Beseler, SZ 53 (1933) 36ff.: »*Retentio* ist so gut wie sicher aus dem Wörterbuche der klassischen Juristen zu streichen.«

[22]) So jedoch Dernburg, Compensation^2 (1868) 73.

[23]) Ulp. D. 44, 4, 4, 4; ähnlich Ulp. D. 3, 5, 3, 4.

[24]) Ulp. D. 3, 5, 3, 4; eod. 5, 2; D. 13, 6, 3 pr.; D. 16, 3, 1, 15; D. 26, 8, 1 pr.; eod. 5, 1. – Dazu insbesondere Niederländer, Bereicherungshaftung (1953) und Labruna (o. N. 13).

und die Klagen des *pupillus* vor Erbringen seiner eigenen Leistung als dolos angesehen hat[25]).

2. Ähnliches gilt für ein Geschäft mit einem *servus:*

a) Paul. D. 12, 1, 31, 1 (17. Plaut.): Servum tuum imprudens a fure bona fide emi: is ex peculio, quod ad te pertinebat, hominem paravit, qui mihi traditus est. Sabinus Cassius posse te mihi hominem condicere: sed si quid mihi abesset ex negotio quod is gessisset, invicem me tecum acturum. et hoc verum est: nam et Iulianus ait videndum, ne dominus integram ex empto actionem habeat, venditor autem condicere possit bonae fidei emptori. quod ad peculiares nummos attinet, si exstant, vindicare eos dominus potest, sed actione de peculio tenetur venditori, ut pretium solvat: si consumpti sint, actio de peculio evanescit. sed adicere debuit Iulianus non aliter domino servi venditorem ex empto teneri, quam si ei pretium solidum et quaecumque, si cum libero contraxisset, deberentur, dominus servi praestaret. idem dici debet, si bonae fidei possessori solvissem, si tamen actiones, quas adversus eum habeam, praestare domino paratus sim.

Denselben Sachverhalt und die erste Lösungsmöglichkeit gibt auch Julian selbst wieder:

Iul. D. 19, 1, 24, 1 (15. dig.): Servum tuum imprudens a fure bona fide emi: is ex peculio quod ad te pertinebat hominem paravit, qui mihi traditus est. posse te eum hominem mihi condicere Sabinus dixit, sed si quid mihi abesset ex negotio quod is gessisset, invicem me tecum acturum de peculio. Cassius veram opinionem Sabini rettulit, in qua ego quoque sum.

Der Sklave des Tu wird gestohlen und vom Dieb dem gutgläubigen Ego verkauft und übergeben. Dieser Hauptsklave kauft einen Vikarsklaven und bezahlt ihn aus dem *peculium*, das er von dem Tu her hatte. Weitere Kosten aus dem Geschäft, die der Käufer zu tragen hat[26]), sind entweder gar nicht[27]) oder vom Ego[28]) bezahlt worden. Der Verkäufer übereignet den Vikarsklaven dem Ego.

Sabinus und Cassius sprechen nur von den Beziehungen zwischen Ego und Tu. Nach ihrer Ansicht kann Tu den Vikarsklaven von Ego kondizieren. Die *condictio* wird auf die rechtsgrundlose Vorenthaltung[29]) zu stützen sein. Das hierbei vorausgesetzte *negotium contractum*[30]) zwischen Ego und Tu wird man darin zu sehen haben, daß der Hauptsklave den Vikarsklaven mit dem Geld des Tu gekauft und damit für den Tu die Kaufforderung begründet[31]), daß aber der Verkäufer an den Ego geleistet hat. Damit hat Ego eine ihm nicht zustehende Leistung erhalten, während Tu – wie die Meinung von Sabinus und Cassius wohl zu erklären ist – seine Kaufforde-

---

25) So wohl auch Labruna 140ff.

26) Da irgendwelche Geschäfte oder ein Pekulium des Vikarsklaven nicht erwähnt sind, werden sich die Worte *negotio quod is gessisset* auf den Hauptsklaven beziehen.

27) *non aliter ... venditorem teneri, quam si ei pretium ... et quaecumque ... praestaret.*

28) *si quid mihi abesset ...*

29) Die *cond. ex causa furtiva* kann nicht gemeint sein, weil Ego und nicht Tu Eigentümer des Vikarsklaven ist. Außerdem ist ein *furtum* nicht an dem Vikarsklaven, sondern an dem Geld, mit dem er bezahlt worden ist, begangen worden, doch nicht von dem nun in Anspruch genommenen Ego.

30) Vgl. Gai. 3, 90 u. 91 sowie Iul. D. 12, 6, 33 – F. Schwarz, Die Grundlage d. Condictio (1952) 7ff. u. ö.; zustimmend Kaden, SZ 71 (1954) 586f. u. Kaser, RPR 1, 496f.; vgl. auch D'Ors, SD 19 (1953) 140ff. – Von Koschembahr (Condictio 2 [1907] 226ff.) hat D. 12, 1, 31, 1 als Beleg für seine These in Anspruch genommen, daß die *condictio* einer *datio* oder eines *negotium contractum* nicht bedurft hätte.

31) Gai. 2, 91 u. 92.

rung verloren hat, da hier die Leistung des Verkäufers ausnahmsweise als wirksame Erfüllung anzusehen ist[32]).

Anders[33]) als Sabinus und Cassius geht Julian[34]) davon aus, daß der Tu seinen Kaufanspruch nicht verloren hat, als der Verkäufer den Vikarsklaven dem Ego übergab. Paulus fährt fort: »Julian hätte dabei sagen müssen, daß der Verkäufer dem Tu den Vikarsklaven nur dann zu geben braucht, wenn Tu ihm den ganzen Preis und alles, was man bei einem Verkauf an einen Freien zu beanspruchen hätte[35]), geleistet hat«[36]).

Tu kann außerdem die Münzen aus dem Pekulium seines Sklaven bei dem Verkäufer vindizieren[37]), denn mit dem Diebstahl hatte der Hauptsklave die Möglichkeit verloren, über sein Pekulium wirksam zu verfügen[38]). Der Verkäufer konnte an den Geldstücken kein Eigentum erwerben. Soweit er sie jedoch ausgegeben hat[39]), ist ihm deren Wert endgültig zugewachsen und eine darauf gerichtete Klage des Tu erfolglos.

Da der Verkäufer den Kaufpreis bei dieser Rechtslage nur erlangt hat, wenn er die von dem Sklaven des Tu erhaltenen Münzen verbraucht hat, steht ihm bis zu diesem Zeitpunkt die Pekulienklage auf den Kaufpreis gegen Tu zu[40]).

Der Verkäufer kann den Vikarsklaven, den er dem Tu übereignen muß, von dem Ego kondizieren[41])[42]).

---

[32]) Auch in gewissen anderen Fällen wird ein Schuldner, der gutgläubig an einen Nichtberechtigten geleistet hat, geschützt: Haymann, Bull. 51/52 (1948) 393 ff.: Afr. D. 12, 1, 41; Ulp. D. 46, 3, 12, 3 und eod. 18; Iul. eod. 32; Alfen. eod. 35; Gai. eod. 106; Gai. 3, 160.

[33]) Die Kompilatoren versuchen vergebens, den Gegensatz zwischen den beiden Ansichten durch *nam et* zu überdecken; vgl. Lenel, Pal. 1, 361 N. 2 u. 1175 N. 1 = Iul. 253 u. Paul. 1235; Burdese, Riv. del dir. comm. 51 (1953) 273 m. N. 16.

[34]) In Iul. D. 19, 1, 24, 1 haben die Kompilatoren Julians eigene Ansicht beseitigt.

[35]) Darunter werden Zinsen und Transportkosten zu verstehen sein.

[36]) Die Verteidigung des Verkäufers ist nicht einmal auf Bestand und Umfang des Pekuliums beschränkt, sie kann also weitergehen als möglicherweise die *a. de peculio*. Dieser Unterschied zwischen dem Umfang der Verteidigung und des Angriffs, die derselben Partei zustehen, ist kein unklassischer Gedanke – so zwar F. Schulz, SZ 27 (1906) 133 und wohl auch Ehrhardt, Justa Causa (1930) 65; dagegen aber Beseler 3, 182.

[37]) Für die dogmatischen Überlegungen kann es dahinstehen, ob der *iudex* die Forderung des Tu gegen den Verkäufer mit der im folgenden erörterten Forderung des Verkäufers gegen den Tu aufgerechnet hätte. – Über die Geldvindikation zuletzt: Kaser, TS 29 (1961) 169 ff.; Fuchs, Mél. Meylan 1 (1963) 125 ff.

[38]) Paul. D. 15, 1, 48 pr. Die allgemein anerkannte Verbindung zu D. 12, 1, 31 hat Lenel, Pal. 1, 1175 N. 3 = Paul. 1236 hergestellt.

[39]) Über den Begriff *consumere* zuletzt Kaser (o. N. 37) 197 ff. und Fuchs (o. N. 37).

[40]) In diesem Augenblick gilt: *actio de peculio evanescit.*

[41]) Ähnlich wie Julian entscheidet Mela bei Paul. D. 17, 1, 22, 9 (32. ed.): *Fugitivus meus cum apud furem esset, pecuniam adquisiit et ex ea servos paravit eosque Titius per traditionem a venditore accepit. Mela ait ... si sine voluntate eius venditor Titio tradiderit, tunc posse me ex empto agere, ut mihi eos venditor traderet, venditoremque per condictionem a Titio repetiturum...*
Unbegründeten Interpolationsverdacht hinsichtlich *venditor autem – emptori* äußert Ehrhardt (o. N. 36) 65.

[42]) Der Schlußsatz von fr. 31, 1 cit. *[idem dici rell]* wird überarbeitet sein. Er meint anscheinend: Der *dominus* brauche dem Verkäufer (nun als *ego* bezeichnet) den Preis nur zu bezahlen, wenn der Verkäufer die Aktionen, die er wegen der ungerechtfertigten Über-

b) Daß der *dominus* den ganzen Kaufpreis bezahlen muß, wenn er die Ware geliefert haben will, erklärt auch

Paul. D. 21, 1, 57 pr. (5. quaest.): Si servus mancipium emit et dominus redhibitoria agat, non aliter ei venditor[43]) daturus est, quam si omnia praestiterit quae huic actioni continentur et quidem solida, non peculio tenus: nam et si ex empto dominus agat, nisi pretium totum solverit, nihil consequitur.

Ein Pekuliensklave kauft und bezahlt einen Vikarsklaven, der mit Mängeln behaftet ist. Der Verkäufer braucht den Preis nur zurückzuzahlen, wenn der Käufer alles leistet, was ihm die Redhibitionsformel[44]) auferlegt[45]), und ohne daß er seine Leistung auf den Wert des Pekuliums beschränkt.

Zwar ist dieser Fall kein Beispiel für das Synallagma[46]), weil mit der Durchführung der Redhibition und der Verwirklichung der Sachmängelgewähr nicht der ursprünglich vereinbarte Austausch von Leistung und Gegenleistung vorgenommen wird. Doch beruft sich Paulus auf den Gedanken des Synallagmas bei der regelmäßigen Abwicklung des Kaufvertrages mit der Erklärung *nam et si ex empto dominus agat, nisi pretium totum solverit, nihil consequitur.*

3. Dieselbe Art der Abhängigkeit von Haupt- und Gegenforderung bei ihrem Entstehen zeigt sich schließlich in dem zweiten der drei in D. 18, 1, 34, 3 mitgeteilten Fälle:

Paul. D. 18, 1, 34, 3 (33. ed.): Item si et emptor et venditor scit furtivum esse quod venit, a neutra parte obligatio contrahitur:
si emptor solus scit, non obligabitur venditor nec tamen ex vendito quicquam consequitur, nisi ultro quod convenerit praestet:
quod si venditor scit, emptor ignoravit, utrinque obligatio contrahitur, et ita Pomponius quoque scribit.

Paulus berichtet an dieser Stelle von einer Sonderregelung für den Kauf einer gestohlenen Sache[47]).

---

eignung des Vikarsklaven an den *bonae fidei possessor* hat, dem *dominus* abzutreten bereit ist. Aber der *dominus*, der nach der vorher mitgeteilten Entscheidung Julians seinen Käuferanspruch auf Lieferung des Vikarsklaven behalten hat, kann nicht außerdem den Anspruch auf Abtretung der Kondiktion haben. So Beseler 3, 182. – F. Schulz (o. N. 36) meint, die Kompilatoren hätten wahrscheinlich an den Fall gedacht, »daß ein Pekuliarschuldner an den *bonae fidei possessor* des *servus* zahlt«.

[43]) *ei venditor ‹pretium› daturus:* Dig. Mil.

[44]) Lenel, EP, 554ff.

[45]) Näher erläutert von Ulp. D. 21, 1, 25 (1. ed. aed. cur.).

[46]) S. o. § 11 III–V.

[47]) Interpolationsverdacht äußert Partsch 43ff.; ihm ist Arangio-Ruiz 223ff. im wesentlichen gefolgt; auf diesen verweist Kaser, RPR 2, 267 N. 35 (anders in SZ 81 [1964] 24 N. 79). C. Longo, Corso, Parte gen., parte spec., la compravendita, 180: »forse interpolato«. – »Sprachliche Anzeichen der Überarbeitung« sieht Partsch vor allem im Tempuswechsel *contrahitur – obligabitur – consequitur* und *venditor scit – emptor ignoravit.*
Kritisch gegenüber Partsch ist Tondo, Convalida del pegno (1959) 46f. N. 4 u. 5, dem sich Kaser SZ 81 (1964) 24 N. 79) anschließt. Ohne Bedenken zitieren diese Stelle: Daube, St. Arangio-Ruiz 1 (1953) 186 N. 2 und Grosso 209. Die Formulierung des Paragraphen läßt nicht das mindeste für eine nachklassische Veränderung erkennen. Der Fall paßt gut zu dem nachfolgenden Paragraphen, der von dem Erwerb der eigenen Sache handelt. Und mit dem vorangegangenen verbindet ihn die Parallele zwischen dem Kauf eines *homo liber* und einer *res furtiva*, die in zutreffender Weise mit *Item* eingeleitet wird. Auf die Gleichartigkeit der in den §§ 2, 3 und 4 behandelten Fälle

a) Obschon der Kauf einer fremden Sache wirksam ist[48]), halten wir es für glaubwürdig, daß im Interesse betroffener Dritter der Handel mit gestohlenem Gut[49]) ebenso wie der mit Gift (Gai. D. 18, 1, 35, 2) unterbunden und möglichst wenig von Prätor und Ädil geschützt[50]) werden sollte[51]). Daher ist der Vertrag nichtig, wenn beide, Käufer und Verkäufer, wissen, daß die Kaufsache eine gestohlene ist[52]).

b) Wenn der Käufer allein von der dunklen Herkunft der Sache weiß, erlangt er keine Forderung gegen den Verkäufer, da das bewußte Ansichbringen einer gestohlenen Sache ein *furtum* ist[53]). Auch in anderen Fällen kennt das römische Recht Erwerbsverbote[54]). – Hingegen wird es Paulus unbillig erschienen sein, auch dem nichtsahnenden Verkäufer die Rechte aus dem Vertrag zu versagen. Deswegen ist die Verkäuferforderung von Anfang an wirksam[55]). Andererseits besteht kein Anlaß, dem Verkäufer aus der unerlaubten, für ihn jedoch nicht schädlichen Handlungsweise des anderen Teils[56]) einen Vorteil zuzugestehen. Daher das Ergebnis: wenn der Verkäufer das Geld haben will, muß er die Ware liefern[57]).

c) Im dritten Fall weiß nur der Verkäufer, daß die Ware eine gestohlene ist. Paulus spricht dem Vertrag Gültigkeit zu. Der Verkäufer haftet hier

---

macht nachdrücklich Tondo (a. a. O. 45 f.) aufmerksam. In den modernen Darstellungen über den Kauf eines *homo liber* oder über sittenwidrige Geschäfte ist diese Stelle nicht berücksichtigt.

[48]) Die Einrichtungen der Ersitzung und der Rechtsmängelhaftung sowie die Regel, daß der Verkäufer einer *res nec mancipi* gerade nicht zur Eigentumsverschaffung verpflichtet ist, geben davon Zeugnis. – Andererseits ist die Ersitzung einer *res furtiva* nicht möglich.

[49]) Die Fälle, in denen der bewußte Erwerb einer gestohlenen Sache gerechtfertigt ist, haben nicht das Gewicht, das Partsch 44 ihnen beilegt.

[50]) Hiergegen polemisiert ohne zureichende Begründung: Partsch a. a. O.

[51]) Gegen eine Sonderregelung für den wissentlichen Erwerb einer *res furtiva* spricht auch nicht Paul. D. 41, 4, 2, 1 – so aber Partsch 46. Denn Paulus behandelt in fr. 2, 1 die *usucapio* (Lenel, Pal. 1, 1063 ff. = Paul. 664; vgl. auch Van Oven, TS 16 [1939] 444 f.). Auf die obligatorischen Wirkungen des Kaufvertrages kommt es ihm in fr. 2, 1 nicht an. – Zumindest ist nicht ersichtlich, daß es sich um eine *res furtiva* handelt.

[52]) Partsch 45: »Wäre D. 18, 1, 34, 3 nicht, so würden wir nach den allgemeinen Grundsätzen die Entscheidung vermuten können, daß bei dem Kauf über die furtive Sache der wissende Verkäufer die *a. venditi* auf den Preis, der wissende Käufer die *a. empti* wohl auf die Tradition, aber nicht auf die Eviktionshaftung hat ...«.

[53]) Vgl. Faber, Rationalium in tert. part. pand., tom. tert. (1663) 237 ad h. l. – Zur Hehlerei: Th. Mommsen, Röm. Strafrecht (1899; Nachdr. 1955) 747.

[54]) Kaser, St. Arangio-Ruiz 2 (1953) 131 ff.: Derartige Beschränkungen unterlagen vor allem Soldaten und Beamten in ihrem Dienstbereich.

[55]) Dementsprechend wird dem Käufer, der wußte, daß er eine *res aliena* erwirbt, die Rückforderung des Kaufpreises versagt in C. 8, 44, 27 (Diocl.).

[56]) Bechmann, Kauf 2 (1884) 209: »Die Unsittlichkeit stellt sich nicht als eine Verletzung der dem Gegner schuldigen *bona fides* ... dar.«

[57]) Byzantinischem Geiste hätte wohl eher eine Entscheidung »nach dem Dogma allein mit krasser Begriffsjurisprudenz« entsprochen, die »nach beiden Seiten hin das Geschäft entweder als wirksam oder als unwirksam behandelt« (Partsch 43). Es ist Partsch nicht zuzugeben, daß die Byzantiner beide Entscheidungen praktisch nicht hätten treffen können: sie hätten die Möglichkeit gehabt, zugunsten des Verkäufers bei Annahme der Wirksamkeit des Vertrages die Eviktionshaftung auszuschließen, oder bei Annahme der Unwirksamkeit die Kondiktion der Kaufsache zuzulassen.

besonders scharf: der Käufer kann ihn schon vor Eviktion der Sache auf Leistung des Interesses an der ordnungsgemäßen Vertragserfüllung in Anspruch nehmen (Afr. D. 19, 1, 30, 1)[58]). Wahrscheinlich wird der Käufer dem Verkäufer die Bezahlung der Kaufsache ganz oder teilweise haben vorenthalten dürfen, ähnlich der Einrede wegen vollzogener oder drohender[59]) Eviktion. Die härtere Behandlung erleidet also, wer wissentlich eine *res furtiva* verkaufen will; und das mit Recht: denn er begeht nicht nur ein *furtum* gegenüber dem *dominus*[60]), sondern gefährdet außerdem in arglistiger Weise das Vermögen seines Vertragsgegners. Übrigens tritt dieser Fall ungleich häufiger in der Praxis auf als der, daß nur der Käufer den Makel der Sache kennt.

Wir halten diese drei Lösungen für klar und sehen auch in ihrer wohlbegründeten Verschiedenheit ein starkes Echtheitsindiz. Echt ist insbesondere die in Fall b) zum Ausdruck gekommene Abhängigkeit der Forderung des Verkäufers von der – unwirksamen – Forderung des Käufers.

4. Es ist kein Fall der *retentio* gegenüber dem *paterfamilias* überliefert[61]). Der *paterfamilias* erlangt die Forderung aus dem Vertrag, den der *filiusfamilias* abschließt, jedoch trifft ihn nur unter den Voraussetzungen der »adjektizischen« Klagen eine Pflicht zur Erfüllung des Vertrages[62]). Er unterliegt einer auf das *peculium* beschränkten Haftung, während sein Vertragsgegner voll haftet. Die Lage des *paterfamilias* gleicht insofern der des *pupillus*, des *dominus* und des Gutgläubigen. Deswegen darf die Vermutung gewagt werden, daß gegenüber der Forderung des *paterfamilias* auf Grund eines Vertrages, den der *filiusfamilias* abgeschlossen hat, dem anderen Teil die *retentio* zusteht.

III. Wir fassen zusammen[63]): Veräußert jemand etwas an einen *pupillus* ohne *auctoritas* des Tutors, so entsteht zu seinen Gunsten kein einklagbarer Kaufpreisanspruch[64]). Schließt jemand einen Kaufvertrag mit einem *servus*[65]) oder einem *filiusfamilias*[66]) ab, dann ist sein Anspruch gegen den *dominus* oder den *paterfamilias* auf das Pekulium beschränkt. Kauft jemand eine Sache, deren Furtivität er allein kennt, so erwächst ihm kein einklagbarer Lieferungsanspruch[67]). In diesen Fällen soll das Vermögen von

---

[58]) Medicus 78ff. m. Lit. Angaben, insbesondere: Arangio-Ruiz 176 N. 1; Kaser, RPR 1, 464 N. 66.

[59]) S. oben § 11 I und II.

[60]) Vgl. Iav. D. 46, 3, 78 (dazu Kaser, TS 29 [1961] 185ff.) und D. 47, 2, 74 (73).

[61]) S. indessen Pomp. D. 18, 5, 1 – dazu sogleich unter § 13 II 4.

[62]) Zu den »adjektizischen« Klagen: Kaser, RPR 1, 505ff.
Der *filiusfamilias* wird zwar durch das Rechtsgeschäft auch selbst verpflichtet, doch scheitert die Vollstreckung des Anspruches gegen ihn an der *patria potestas:* Kaser, RPR 1, 296.

[63]) Die besprochenen Fälle (vgl. die folgenden N. 64, 65 und 67) stammen von Paulus. Es ist aber nicht zu erkennen, daß er hier eine Meinung vertritt, die von der seiner Zeitgenossen abwiche; vgl. auch oben unter II 1 am Ende.

[64]) Paul. D. 18, 5, 7, 1 – oben unter II 1.

[65]) Paul. D. 12, 1, 31, 1 und D. 21, 1, 57 pr. – oben unter II 2.

[66]) Oben unter II 4.

[67]) Paul. D. 18, 1, 34, 3 – oben unter II 3.

pupillus, *dominus*, *paterfamilias* und Gutgläubigem vor Nachteilen geschützt werden.

Es würde dem Gedanken des Synallagmas widersprechen, wenn nun der Schutzbedürftige von dem anderen Teil Erfüllung des Kaufvertrages verlangen könnte, ohne selbst zu leisten. Andererseits ist es nicht erforderlich, dem ganzen Vertrag seine Wirksamkeit zu versagen. Dem Interesse des Wirtschaftslebens und dem Schutzbedürfnis der genannten Personen wird am besten gedient, wenn es in ihre Wahl gestellt wird, entweder den ganzen Vertrag überhaupt nicht auszuführen, oder die fremde Leistung zu verlangen und dabei die eigene zu erbringen[68]). Auf diese Weise wird dem Synallagma entsprochen.

Von den behandelten vier Fällen abgesehen, wird das genetische Synallagma in der Form verwirklicht, daß die anfängliche Unwirksamkeit der einen Forderung die der anderen nach sich zieht[69]).

§ 13

Konditionelles Synallagma

Das konditionelle Synallagma zeigt sich darin, daß mit dem Untergang der einen Forderung auch der Bestand der anderen endet. Auf diese Erscheinung sind die Fallgruppen des Zusammentreffens mehrerer Erwerbsgründe[1]) und der Aufhebung einer Verbindlichkeit, die Regelung der Gefahrtragung[2]) sowie der Einzelfall[3]) Labeo D. 19, 1, 50 zu untersuchen.

I. Bei dem Zusammentreffen mehrerer Erwerbsgründe[4]) ergibt sich das folgende Problem: Jemandem steht die Leistung derselben Sache aus zwei verschiedenen Rechtsgründen zu. Seine beiden Ansprüche können aus onerosen[5]) oder lukrativen[6]) Geschäften erwachsen, gegen einen einzigen[7]) oder gegen verschiedene[8]) Schuldner gerichtet sein. Muß nun ein Käufer, der die ihm geschuldete Sache auf Grund eines Legates oder eines weiteren Kaufvertrages erhält, trotzdem den Kaufpreis entrichten? In dem ersten Fall würde die unentgeltliche Zuwendung statt dem bestimmungsgemäßen Empfänger (mittelbar) dem Verkäufer zugute kommen; in dem zweiten

---

[68]) Diese Fälle werden unrömisch *negotia claudicantia* genannt. Dazu Labruna (o. N. 13) 140f. m. N. 35.

[69]) S. o. unter I.

[1]) Haymann, SZ 41 (1920) 59 m. N. 1 u. 2.

[2]) Unten § 15.

[3]) Unten § 14.

[4]) Zu diesem Problem: Di Marzo, Bull. 15 (1903) 91ff. und Bull. 17 (1905) 103ff.; F. Schulz, SZ 38 (1917) 114ff.; Beseler 4, 326ff.; ferner E. Levy, Konkurrenz, Nachträge (1962) 64ff. u. 73; Medicus 100ff.; Michel, Gratuité (1962) 404ff. – Im folgenden können nur zwei Beispiele aus diesem Problemkreis kurz betrachtet werden.

[5]) Z. B. Pomp. Cels. Nerv. D. 21, 2, 29 pr.

[6]) Z. B. Iul. D. 7, 1, 34, 1; Ulp. D. 19, 1, 13, 15; D. 19, 2, 9, 6; Paul. D. 21, 2, 41, 1; Ulp. D. 30, 34, 1/7; Iul. D. 30, 82, 4/6; Iul.-Pap. D. 31, 66, 1; PS 2, 17, 8.

[7]) Z. B. Iul. D. 7, 1, 34, 1; D. 30, 84, 5; Ulp. D. 30, 34, 1.

[8]) Z. B. Ulp. D. 19, 1, 13, 15; D. 19, 2, 9, 6; Pomp.-Cels.-Nerva D. 21, 2, 29 pr.; PS 2, 17, 8.

müßte der Käufer eine Sache, die er nur einmal erhält, zweimal bezahlen[9]). Dem Synallagma zuwider würde der Preiszahlung, welche zu einer weiteren Preiszahlung oder einer *causa lucrativa* hinzutritt, keine Warenlieferung entsprechen. Das Synallagma wäre aber gewahrt, wenn der Käufer von der anderen Preiszahlung frei würde.

1. Pomp. D. 21, 2, 29 pr. (11. Sab.): Si rem, quam mihi alienam vendideras, a domino redemerim, falsum esse quod Nerva respondisset posse te a me pretium consequi ex vendito agentem, quasi habere mihi rem liceret, Celsus filius aiebat, quia nec bonae fidei conveniret et ego ex alia causa rem haberem.

Ego hat eine Sache vom Nichteigentümer Tu gekauft. Später hat er über denselben Gegenstand einen Kaufvertrag mit dem wirklichen Eigentümer abgeschlossen und auf diese Weise sich selbst vor dem Verlust durch Eviktion und den ersten Verkäufer Tu vor der Haftung auf das *duplum* bewahrt[10]). Trotzdem hat der Ansicht Nervas zufolge auch der erste Verkäufer den Zahlungsanspruch, denn Ego dürfe die gekaufte Sache ja haben. Daß das *habere* nicht auf diesem ersten Kaufvertrag beruht, und daß nun der Ego dieselbe Sache zweimal bezahlen muß, wird von Nerva nicht berücksichtigt, wohl aber von Celsus und – wie die Formulierung des Berichtes zeigt[11]) – von Pomponius: Die Forderung des Tu widerspreche der *bona fides*, Nervas Bescheid sei unrichtig.

2. Handelte es sich soeben um das Zusammentreffen zweier *causae onerosae*, so im folgenden um das von *causa onerosa* und *lucrativa:*

Iul. D. 30, 84, 5 (33. dig.): Qui servum testamento sibi legatum, ignorans eum sibi legatum, ab herede emit, si cognito legato ex testamento egerit et servum acceperit, actione ex vendito absolvi debet, quia hoc iudicium fidei bonae est et continet in se doli mali exceptionem...

Jemandem ist mittels Damnationslegates[12]) ein Sklave vermacht worden. Während er von dem Vermächtnis noch nichts weiß, schließt er mit dem Erben über denselben Sklaven einen Kaufvertrag ab. Die Lieferung verzögert sich. Der bedachte Käufer erfährt von dem Vermächtnis. Er setzt die Übergabe des Sklaven mit der *a. ex testamento* durch – dem Erben-Verkäufer steht jedoch nicht die *a. ex vendito* auf die Kaufsumme zu. Die Zurückweisung der Kaufpreisklage ist um so bemerkenswerter, als der Erbe-Verkäufer die verkaufte Sache geliefert hat, wenn auch nicht – und darauf kommt es an – auf Grund des Kaufvertrages. Für die Verteidigung gegen den Angriff braucht sich der bedachte Käufer noch nicht einmal um die Inserierung der *exceptio* in die Formel zu bemühen, *quia hoc iudicium fidei*

---

9) Medicus 101.

10) Medicus 105f.

11) Beseler 4, 335 schließt aus der Form *aiebat*, daß Pomponius der Ansicht des Celsus nicht gefolgt sei. Pomponius sei aber auch nicht mit Nerva einer Meinung gewesen, fährt Beseler fort (SZ 54 [1934] 20), sondern hätte dem Käufer Ego gegen den ersten Verkäufer Tu »eine Gegenforderung auf Erstattung der Redemtionssumme« zuerkannt. – Keine der beiden Überlegungen findet in der Stelle eine Stütze: Medicus 104 N. 11; gegen Beselers Behauptung über die Bedeutung des Imperfekts auch F. Schwarz, Die Grundlage d. Condictio (1952) 61 N. 77 und 144 N. 14.

12) *[testamento]* ist wohl von den Kompilatoren für ‹*per damnationem*› eingefügt worden und kein Glossem, obwohl auch das erste *sibi legatum* nicht erforderlich ist; vgl. Beseler 4, 329f.; Kaser, SZ 54 (1934) 165 N. 3; Medicus 60 N. 5.

bonae est et continet in se doli mali exceptionem[13]). Der Hinweis auf die *exc. doli* läßt übrigens vermuten, daß die Erfüllung *ex alia causa* nicht den ganzen anderen Vertrag hinfällig gemacht hat, sondern nur die Durchsetzbarkeit der Preisforderung hindert.

Daß eine Forderung nicht geltend gemacht werden kann, wenn die Gegenleistung aus einem anderen Rechtsgrund gewährt wird, daß also hier das konditionelle Synallagma Beachtung findet, ergeben sowohl die Entscheidung Julians (D. 30, 84, 5) als auch die von Celsus-Pomponius (D. 21, 2, 29 pr.).

II. Die Abhängigkeit der Gegenforderung von der Hauptforderung könnte sich auch darin zeigen, daß deren Aufhebung allein entweder unwirksam ist oder die Aufhebung auch der anderen nach sich zieht oder wenigstens dem nichtbegünstigten Vertragsteil eine Retention beläßt.

1. Wegen der Aufhebung nur einer Vertragsverbindlichkeit setzt sich Paulus mit Labeo auseinander:

Labeo D. 46, 4, 23 (5. pith. a Paulo epit.): Si ego tibi acceptum feci, nihilo magis ego a te liberatus sum. PAULUS: immo cum locatio conductio, emptio venditio conventione facta est et nondum res intercessit, utrimque per acceptilationem, tametsi ab alterutra parte dumtaxat intercessit, liberantur obligatione.

Der Sachverhalt des Paulus gleicht dem des Labeo darin, daß – wie schon der Wortlaut der Stelle sagt – zwei Parteien gegeneinander je eine Forderung haben, und daß eine Partei der anderen ihre Forderung mittels einer *acceptilatio* erläßt.

Die *acceptilatio* setzt eine Stipulation voraus (Gai. 3, 169; Ulp. D. 46, 4, 8, 3). Jede sonstige Forderung kann zu diesem Zweck noviert werden (Gai. 3, 170). So erklärt es sich, daß Paulus von der *acceptilatio* eines Anspruches aus *locatio conductio* oder *emptio venditio* spricht[14]). Ob auch Labeo Forderungen, die in einem Miet- oder Kaufvertrag begründet sind, gemeint hat[15]), ist heute umstritten:

Hätte der erste Satz ausdrücklich auf eine Stipulation Bezug genommen, dann könnte möglicherweise *conventione* im zweiten Teil die Auslegung stützen, daß Labeo von den Verbal- und Paulus von den Konsensualkontrakten gesprochen hat. Für sich allein jedoch kann *conventione* den Gegensatz zwischen den beiden Sätzen nicht tragen[16]).

---

[13]) Die Begründung ist nicht zu beanstanden: Biondi 6; Kaser, RPR 1, 407 m. N. 16 gegen Schulz, Prinz. (1934) 64 N. 44.

[14]) Meylan, St. Riccobono 4 (1936) 285f. gegen Siber, SZ 42 (1921) 73f. und gegen Brasiello, St. Bonfante 2 (1930) 558.

[15]) So: Cornil, NRH 25 (1901) 153f.; Meylan (o.N. 14) 279ff.; 285 und ders., Iura 6 (1955) 195f.; Grosso 216; vgl. auch Brasiello (o. N. 14) 558. – Dagegen: Collinet, St. Bonfante 3 (1930) 417. – S. auch unten N. 25.

[16]) So aber Appleton, RH 5 (1926) 378f. und Brasiello (o. N. 14). – Wäre der Abschluß des Vertrages *conventione* der Grund für die abweichende Entscheidung des Paulus, dann müßte *cum* in Verbindung mit *conventione facta est* bedeuten »wenn« (kausal), »falls«, »weil« o. ä., in Verbindung mit *nondum res intercessit* »wenn« (temporal), »solange« – so: Siber (o. N. 14) 73f. N. 6. Eine derartig schillernde Verwendung eines Wortes ist kaum klassisch; ähnlich kritisch gegenüber diesem Gebrauch, bei Besprechung von D. 31, 87 pr.: F. Schulz, SZ 38 (1917) 195. – Vermutlich ist *conventione* überhaupt unecht: Siber (a. a. O.); Stoll, SZ 44 (1924) 61f.; Meylan (o. N. 14) 289.

Paulus beginnt seine Ausführung mit *immo cum*[17]). Eine grundsätzliche Gegenmeinung hätte er durch *immo contra*[18]), *minime*[19]) oder gar *falsum est*[20]) gekennzeichnet. Mit *immo* leitet er häufig eine Klarstellung ein[21]). Diese Klarstellung kann den gemeinten Vertragstyp betreffen, sie kann sich aber ebensogut auf eine Kontroverse über das Ergebnis beziehen.

Die Basiliken (Bas. 26, 6, 23 = Heimb. 3, 134) erwecken dadurch, daß sie in dieser Stelle die Juristennamen streichen, den Eindruck, daß der erste Fall allein Verbalkontrakte, der zweite dagegen einen Konsensualkontrakt als Grundgeschäft behandelte. Ihr Zeugnis ist wegen der erwähnten Streichung nicht stichhaltig[22]).

Wir vermögen nicht zu entscheiden, ob auch Labeo den Erlaß einer Forderung aus Kauf oder Miete gemeint hat. Er ist jedenfalls der Ansicht, daß eine *acceptilatio*, die Ego dem Tu erklärt, nicht zur weiteren Folge hat, daß auch Tu seinen Anspruch gegen Ego verliert. Sollte Labeo – ebenso wie Paulus – an einen Konsensualkontrakt als Grundgeschäft gedacht haben, so hätten wir hier ein Zeugnis dafür, daß zwar zu seiner Zeit der Untergang der einen Forderung – durch *acceptilatio* – nicht den der anderen nach sich zog[23]), daß aber Labeo es immerhin für nötig hielt, auf dieses Ergebnis hinzuweisen[24]) und daher vielleicht schon eine Abhängigkeit der beiden Forderungen voneinander in Erwägung zog. Geht man jedoch davon aus, daß Labeo nicht einen Konsensualkontrakt vorausgesetzt hat[25]), so bleibt der Gegenschluß denkbar, daß Labeo den später von Paulus vorgetragenen Fall der *acceptilatio* einer Forderung aus *locatio conductio* oder *emptio venditio* ebenso wie Paulus entschieden und sich also für die gegenseitige Abhängigkeit der beiden Forderungen erklärt hätte[26]). Wenn auch offenbleiben muß, ob Labeo das Prinzip des Synallagmas nur in Erwägung gezogen hat (1. Ansicht)[27]), oder ob er es sogar verwirklicht hätte (2. Ansicht)[28]), so läßt die Stelle doch erkennen, daß zu seiner Zeit dieses Prinzip in Erscheinung zu treten begann[29]).

---

17) Wie in D. 22, 3, 28 und D. 49, 15, 30: Meylan (o. N. 14) 288f. m. N. 26.
18) Wie in D. 33, 7, 29 und D. 47, 2, 92: Meylan 288.
19) Wie in D. 19, 1, 53, 1 und eod. 54 pr.: Meylan a. a. O.
20) Wie in D. 50, 16, 244: Meylan, a. a. O.
21) Wie insbesondere in D. 22, 3, 28; D. 23, 3, 84 und D. 49, 15, 30: Meylan a. a. O.
22) Meylan (o. N. 14) 283, gegen Collinet (o. N. 15).
23) Haymann (o. N. 1) 58; Rabel, SZ 42 (1921) 561 N. 1; Appleton (o. N. 16) 379; vgl. auch Arangio-Ruiz 220f.
24) Haymann (o. N. 1) 58; Rabel (o. N. 23); vgl. auch Meylan (o. N. 14) 285.
25) Wenn man vermutet, daß Ego und Tu einerseits die endgültige oder zeitweilige Überlassung einer Sache und andererseits ein entsprechendes Entgelt stipuliert hatten, dann hätte man in D. 46, 4, 23 und in D. 18, 5, 5 pr. die einzigen Belege für einen Kauf oder eine Miete, die durch beiderseitige Stipulationen geschlossen wurden. Wir können einer solchen These nicht folgen; ebenso Meylan (o. N. 14) 282f. gegen Appleton (o. N. 16). – Zur »Stipulationstheorie« siehe auch die Bemerkungen oben bei § 5 III. – Es ist möglich, daß Labeo an die Stipulationen sonstiger Leistungen gedacht hatte.
26) Vgl. Collinet (o. N. 15) 417ff.; Meylan (o. N. 14) 301; 309.
27) Oben N. 23f.
28) Oben N. 26.
29) Hingegen nehmen Siber (o. N. 14) 73f. m. N. 6 und Brasiello (o. N. 14) 557ff. an,

Nach Paulus löst die *acceptilatio*, die nur der einen Partei eines Kauf- oder Mietvertrages[30]) erklärt wird, auch die andere Partei aus ihrer Verbindlichkeit[31]), sofern *nondum res intercessit*[32]). Wenn die Schuld des erlassenden Vertragsteils bereits erfüllt ist, kann sie nicht noch einmal erfüllt und folglich auch nicht mehr erlassen werden. Trotzdem ist die *acceptilatio*, ist sie nur formgerecht vollzogen, gültig; sie hat also die Wirkung, daß sie nur noch der anderen Partei zugute kommt[33]). Wenn die Partei, der die *acceptilatio* erteilt wird, ihre Leistung schon erbracht hat, kann ihre Verpflichtung nicht mehr aufgehoben werden; dann ist also die Akzeptilation wirkungslos.

2. Warum Paulus auch den erlassenden Ego von der Verpflichtung befreit werden läßt, erklärt er nicht. Eine Begründung hatte aber schon Julian gegeben:

Iul. D. 18, 5, 5 pr. (15. dig.): Cum emptor venditori vel emptori venditor acceptum faciat, voluntas utriusque ostenditur id agentis, ut a negotio discedatur et perinde habeatur, ac si convenisset inter eos, ut neuter ab altero quicquam peteret, sed ut evidentius appareat, acceptilatio in hac causa non sua natura, sed potestate conventionis valet.

Die eine Forderung[34]) aus einem Kaufvertrag wird akzeptoferiert. Wir vermuten[35]), daß Julian als selbstverständlich davon ausging, daß die *acceptilatio* nach Novation der betreffenden Forderung erfolgt und daher wirksam (Gai. 3, 170) war[36]). Fraglich ist allein, in welcher Weise die Gegenforderung berührt wird.

---

weder Labeo noch Paulus seien der Meinung gewesen, die *acceptilatio* der einen Forderung beeinträchtige den Bestand der anderen; diese Ansicht sei erst von den Kompilatoren interpoliert worden. – Vgl. auch N. 36.

30) Perozzi, St. Schupfer, Diritto romano (1898) 177; Siber (o. N. 14); Brasiello (o. N. 14): echt sei nur *emptio venditio*. – Dagegen: Rabel (o. N. 23) 561 N. 1 und Stoll (o. N. 16): echt allein *locatio conductio*. – Für Streichung – sei es von *emptio venditio*, sei es von *locatio conductio* – ohne sich zu entscheiden: Meylan (o. N. 14) 289 m. N. 29. – Für Klassizität der Nennung beider Verträge: Haymann (o. N. 1) 58.

31) Obgleich *liberantur* sich nicht mit *ego* und *tu* verträgt (vgl. Siber a. a. O.), braucht es nicht in *liberamur* geändert zu werden, denn Paulus spricht nicht mehr von *ego* und *tu*, sondern unpersönlich von *facta est*, *utrimque* und *alterutra parte*, meint also »sie«, d. h. die Vertragsteile. – Für Änderung aber: Meylan (o. N. 14) 289f.

32) Die Wiederholung von *et nondum res intercessit* und *dumtaxat intercessit* mag unklassisch sein. Stoll (o. N. 16) 61f.: von Paulus stamme die zweite Fassung. – Anders: Siber (o. N. 14) 73f. N. 6: die erste Fassung sei die allein klassische. – Hingegen ohne Beanstandung: Meylan (o. N. 14) 290f.

33) Meylan (o. N. 14) 291.

34) Der Verdacht der Itp. von *vel emptori venditor*, den Rabel (o. N. 23) 561 N. 1 und Stoll (o. N. 16) 63 äußern, ist unbegründet: Meylan 293.
Wenn Siber 73f. und Brasiello 559 *vel* in *et* verwandeln, berauben sie die Stelle ihrer Pointe und schieben auf das Geleis bloßer theoretischer Erörterung – Aufhebung des Vertrages als Ganzes oder nur der beiden einzelnen Hauptforderungen – einen Komplex, der den Juristen gerade wegen seiner praktischen Konsequenzen gefesselt haben muß. So auch Meylan a. a. O.

35) Ebenso Meylan 298.

36) »Als solche nichtige *acceptilatio* einer nicht auf Stipulation beruhenden Forderung« nimmt aber an Siber 73. Ebenso Rotondi, Bull. 24 (1911) 109 N. 2; Perozzi, Ist. 2² (1928) 403 N. 1; vgl. auch Grosso 216f. Diese angeblich nichtige *acceptilatio* habe Julian (so Rotondi und Siber) oder Justinian (so Perozzi) in eine wirksame formlose Aufhebung der Forderungen umgedeutet.

Julian erspart sich die Entscheidung und gibt gleich deren Begründung: es zeige sich der Wille beider, vom Vertrag abzugehen. Bei demjenigen, der das *acceptum* erklärt, tritt dieser Wille offen zutage. Aber auch bei dem anderen Teil ist er erkennbar. Seitdem der andere Teil an der *acceptilatio* mitwirkte und sich dadurch mit seiner eigenen Schuldbefreiung einverstanden erklärte, muß er die Vermutung gegen sich gelten lassen, daß er von seinem Vertragsgegner nichts geschenkt haben und daher auch von dessen Inanspruchnahme absehen will. – Die *voluntas* umfaßt hier nicht den wirklichen, individuellen Willen in einer konkreten Situation, sondern die objektive Bedeutung der Äußerung einer Partei. In diesem Sinn ist *voluntas* an diesem Ort nicht von den Byzantinern hingesetzt, sondern schon von Julian gebraucht worden[37]). Auch *ostenditur* muß hier keine Interpolation verraten[38]): der Parteiwille wird »gezeigt« und nicht etwa »bewiesen«.

Julian bringt auch zum Ausdruck, auf welche Weise dem von ihm angenommenen Parteiwillen Geltung verschafft wird: die Parteien werden so behandelt, als hätten sie ein *pactum de non petendo* vereinbart[39]). Ein *pactum de non petendo* würde bei der nicht novierten und akzeptoferierten Forderung, die nach wie vor unter der *bona fides* steht, ohne besondere *exceptio* von dem *iudex* beachtet werden[40]). Daher wird der *iudex* die Klage des einen Teils auf Grund des *pactum de non petendo* abweisen und die des anderen Vertragsteils wegen der *acceptilatio*[41]).

Nach Julians Ansicht zieht also die Akzeptilation der einen Vertragsforderung die Unklagbarkeit der anderen nach sich.

3. Das Streben, beiden Vertragsforderungen dasselbe Schicksal zuteil

---

37) Anders: Pringsheim, SZ 78 (1961) 34 N. 94, unter Verweisung auf Beseler, SZ 47 (1927) 358; ferner Stoll (o. N. 16) 63. – Beselers Behauptung, Julian habe *nihil agitur* statt *voluntas utriusque rell* geschrieben, ist willkürlich: Meylan 293. Keine Bedenken zeigt: Riccobono, St. Bonfante 1 (1930) 133.

38) So aber Stoll 62f. unter Hinweis auf Cuiacius-Albertario, SZ 31 (1910) 159.

39) Der von Stoll a. a. O. vorgeschlagenen Änderung von *habeatur* in *habetur* bedarf es nicht.

40) Biondi 22ff.; Siber 73 m. N. 2; Kaser, RPR 1, 408 N. 17; insbes. Iul.-Paul. D. 18, 5, 3. – Anderer Ansicht jedoch: Beseler, SZ 45 (1925) 191; Grosso, L'efficacia 1 (1928) 32ff.; vgl. auch Schulz (o. N. 13).

41) Die abschließenden Erörterungen über die Geltung der *acceptilatio* auf Grund ihrer *natura* oder der *potestas conventionis, [sed ut evidentius rell]*, werden unecht sein. Das Erlöschen der novierten und akzeptoferierten Forderung steht nicht in Frage, und die Ungklagbarkeit der anderen Forderung ist hinreichend erörtert *(voluntas – peteret)*. Itp. nach Riccobono, SZ 35 (1914) 283 N. 2; ders. (o. N. 37) 155; Beseler 4, 132: »*evidentius appareat* ist subjektlos und byzantinischer Ausdruck«; Siber 73 N. 5; Stoll 62; Meylan 292; 298.
Die von Riccobono (o. N. 37) 155f. vorgeschlagene Änderung des Schlußsatzes: *[sed ut evidentius appareat] acceptilatio in hac causa non [sua natura] ‹solemnitate verborum› sed potestate conventionis valet*, bleibt unbewiesen (so Meylan 292f.), zumal da die Kompilatoren mit dieser Änderung Sachverhalt und Entscheidung verdunkelt hätten, ohne etwas zu gewinnen. – Nicht ablehnend gegenüber Riccobonos Vermutung: Brasiello (o. N. 14) 559 N. 68. Brasiello ändert den letzten Satz: *acceptilatio in hac causa non [sua natura] ‹ipso iure› sed [potestate conventionis] ‹ope exceptionis› valet.* Aber die *exc. pacti* im *bonae fidei iudicium* ist nicht glaubwürdig. – Für Echtheit des Schlusses *(sed ut evidentius rell)* aber: Rotondi (o. N. 36).

werden zu lassen, zeigt sich auch darin, daß ein Vertrag nur aufgehoben werden kann, solange noch von keiner Seite erfüllt ist[42]). Diese Regel[43]), ausgesprochen in Pomp. D. 18, 1, 6, 2; D. 18, 5, 2; Paul. eod. 3; Iul. eod. 5, 1, wird jedoch nicht starr angewandt:

Ner. D. 2, 14, 58 (3. membr.): Ab emptione venditione, locatione conductione ceterisque similibus obligationibus quin integris omnibus consensu eorum, qui inter se obligati sint, recedi possit, dubium non est. Aristoni hoc amplius videbatur, si ea, quae me ex empto praestare tibi oporteret, praestitissem et cum tu mihi pretium deberes, convenisset mihi tecum, ut rursus praestitis mihi a te in re vendita omnibus, quae ego tibi praestitissem, pretium mihi non dares tuque mihi ea praestitisses: pretium te debere desinere, quia bonae fidei, ad quam omnia haec rediguntur, interpretatio hanc quoque conventionem admittit. nec quicquam interest, utrum integris omnibus, in quae obligati essemus, conveniret, ut ab eo negotio discederetur, an in integrum restitutis his, quae ego tibi praestitissem, consentiremus, ne quid tu mihi eo nomine praestares. illud plane conventione, quae pertinet ad resolvendum id quod actum est, perfici non potest, ut tu quod iam ego tibi praestiti contra praestare mihi cogaris: quia eo modo non tam hoc agitur, ut a pristino negotio discedamus, quam ut novae quaedam obligationes inter nos constituantur.

Die Stelle ist durch Glosseme aufgeschwemmt[44]). Aber der Einleitungssatz (bis: *dubium non est*) sowie *hoc amplius* stehen richtig an ihrem Platz, um die unter den Juristen herrschende Ansicht von der weitergehenden Einzelmeinung Aristos klar abzuheben.

Gereinigt liest sich das Fragment etwa folgendermaßen:

Ab emptione venditione quin integris omnibus consensu eorum, qui inter se obligati sint, recedi possit, dubium non est. Aristoni hoc amplius videbatur, si ea, quae me ex empto praestare tibi oporteret, praestitissem et convenisset mihi tecum, ut rursus praestitis mihi, quae ego tibi praestitissem, pretium mihi non dares: pretium te debere desinere. illud plane conventione perfici non potest, ut tu quod iam ego tibi praestiti contra praestare mihi cogaris.

Solange ein Vertrag noch von keiner Seite erfüllt ist, kann er gewiß aufgehoben werden. Zweifel entstehen aber, wenn eine Partei schon geleistet hat. Neraz berichtet, daß Aristo eine Vereinbarung für wirksam gehalten habe, nach der die schon gelieferte Ware zurückgegeben und die noch nicht erfüllte Kaufpreisschuld erlassen werden sollte. Eine Begründung dafür, wie die Vereinbarung[45]) mit dem Erfordernis der *res integra* in Übereinstim-

---

[42]) Anders die förmliche *acceptilatio* einer zuvor novierten Forderung.

[43]) Siber 97 N. 3; Stoll 4; beide geben weitere Quellen.

[44]) Unecht dürften folgende Passagen sein: *[locatione conductione]* hat in dem Rest der Stelle keine Entsprechung. – *[ceterisque similibus obligationibus]* ist außerdem zu unbestimmt. – *[cum tu mihi pretium deberes]* ist unnötig vor *pretium mihi non dares*. – *praestitis mihi [a te in re vendita omnibus]* ist überflüssig. – *[tuque mihi ea praestitisses]* erübrigt sich nach *ut rursus praestitis mihi*. – *[quia bonae fidei ... interpretatio hanc quoque conventionem admittit]* enthält nur den Schein einer Begründung. – *[bonae fidei] [ad quam omnia haec rediguntur]* ist eine Selbstverständlichkeit. – *[nec quicquam – praestares]* ist als Erklärung unzureichend. – *conventione [quae pertinet ad resolvendum id quod actum est]* ist unnötig. – *[quia eo modo rell]*: an einen Neuabschluß haben die Klassiker nicht gedacht. – Dazu: Perozzi (o. N. 30) 178f.; Siber 98; Stoll 15ff.; Grosso, Efficacia dei patti 1 (1928) 17ff.; ferner die dort und im Ind. Itp. Genannten.

[45]) Die Vereinbarung wird vor der Rückgabe der Ware getroffen; Stoll 16f. – Siber 98 versteht den Fall jedoch so, daß die Übereinkunft nach der Rückgabe der Ware erzielt worden sei. In dieser Reihenfolge wird aber der Käufer nicht vorgehen: er muß doch vor der Rückgabe den Verkäufer dazu bestimmt haben, die Sache wieder an

mung zu bringen wäre oder warum das Erfordernis beiseite geschoben werden könnte, überliefert Neraz nicht. Aristo also läßt den Erlaß der einen Forderung nach Erfüllung der anderen zu, von der rechtlichen Gleichbehandlung beider Forderungen sieht er ab. Immerhin ist zu bemerken, daß nach der zwischen den Parteien getroffenen Vereinbarung auf beiden Seiten der gleiche wirtschaftliche Erfolg eintreten soll: einerseits darf die Zahlung des Preises nicht verlangt, andererseits muß die bereits gelieferte Ware zurückgegeben werden.

Neraz selbst folgt der Meinung Aristos nicht ausdrücklich, erinnert aber daran, daß jedenfalls das *pactum* keine Klage auf Rückgabe der Sache gewähre.

4. An der zutreffenden Wiedergabe von Aristos Ansicht zu zweifeln, besteht kein Anlaß: Denn mit Aristo setzt sich noch Pomponius bei der Erörterung des Paktum über einen Kaufvertrag, den ein *filiusfamilias* geschlossen hat[46]), auseinander:

Pomp. D. 18, 5, 1 (15. Sab.): Celsus filius putabat, si vendidisset mihi filius familias rem peculiarem, etiam, si conveniat ut abeatur ab ea venditione, inter patrem et filium et me convenire debere, ne, si cum patre solo pactus sim, filius non possit liberari et quaeratur, utrumne nihil agatur ex ea pactione, an vero ego quidem liberer, filius maneat obligatus, sicuti, si pupillus sine tutoris auctoritate paciscatur, ipse quidem liberatur, non etiam qui cum eo pactus est. nam quod Aristo dixit posse ita pacisci, ut unus maneat obligatus, non est verum, quia pro una parte contrahentium abiri pacto ab emptione non possit: et ideo si ab una parte renovatus sit contractus, dicitur non valere eiusmodi pactionem. sed dicendum est patre paciscente et liberato adversario filium quoque obiter liberari.

Ein *filiusfamilias* hat eine Pekuliarsache verkauft. Daraus haften er selbst mit der *actio empti*[47]) und der *paterfamilias* mit der *actio empti de peculio*[48]). Diese Verpflichtungen können nach Ansicht des Celsus nur beseitigt werden, wenn alle drei – Käufer, *filiusfamilias* und *paterfamilias* – dazu mitwirken. Pomponius erörtert nun die Wirkungen eines *pactum*, das, unter Verstoß gegen diese Regel, allein zwischen Käufer und *paterfamilias* zustandegekommen ist.

Er geht davon aus, daß dieses *pactum* nicht die Wirkungen eines, im Prinzip unzulässigen, Vertrages zugunsten Dritter entfalten und den *filius* von seiner Verbindlichkeit lösen könnte[49]). Folglich bliebe der *filius* allein verpflichtet, wenn dieses *pactum* wirksam wäre.

---

sich zu nehmen; der Käufer wird die Sache nicht wieder aus der Hand geben, bevor er nicht die Zusage hat, daß gegen ihn nicht mehr auf den Kaufpreis geklagt werden wird. – S. auch D. 2, 14, 16, 1 (dazu sogleich unter II 5).

[46]) Das Aufhebungspaktum mit einem *pupillus* behandelt Paulus (D. 18, 5, 7, 1). Doch ist seine Meinung nicht mehr sicher zu erkennen. – S. o. § 12 II 1.

[47]) Doch kann diese zur Zeit des Gewaltverhältnisses nicht vollstreckt werden: Kaser, RPR 1, 402.

[48]) Vgl. Ulp. D. 15, 1, 44.

[49]) Darüber kann auch der versöhnliche Schluß des Fragmentes, »daß trotz alledem der Sohn nebenbei befreit werde«, nicht täuschen; denn nach der im Text vorausgehenden Kontroverse wird *[sed dicendum rell]* unecht sein: De Francisci, Synallagma 2 (1916) 357 N. 1; Guarneri Citati, Obbl. indivis. 1 (1921) 136 N. 3; Siber 95 ff.; Stoll 16; 59 ff.

Für die Wirksamkeit könnte folgender, von Pomponius[50]) herangezogener Fall sprechen, in dem ein Vertragsteil von seiner Verbindlichkeit gelöst ist, während der andere gebunden bleibt. Nach einem *pactum*, das ein *pupillus sine tutoris auctoritate* vereinbart, haftet der andere Teil weiterhin aus dem Vertrage, während der *pupillus* selbst freigeworden ist[51]).

Entscheidend gegen die fortwirkende einseitige Haftung des *filius* spricht aber nach Pomponius folgende Regel: die beiden Parteien eines Kaufvertrages könnten nicht – wie Aristo behaupte – ein *pactum* schließen, nach dem der Käufer aus seinen Verpflichtungen entlassen werde, der Verkäufer aber nicht. Ebensowenig dürfe es in dem vorliegenden Fall gestattet sein, daß nur noch der verkaufende *filius*, aber nicht mehr der Käufer hafte.

Wir glauben wohl, daß Pomponius es ist, der Aristo das kurze *non est verum* entgegensetzt[52]), daß also Pomponius gegen Aristo die Meinung vertritt, die Aufhebung nur einer Verbindlichkeit sei unzulässig, und deswegen sei ein *pactum*, welches gegen die celsinische Ansicht verstoße, ohne jede Wirkung. Demnach hat Aristo nicht verlangt, daß beide Verpflichtungen zugleich entweder aufgehoben werden oder erhalten bleiben sollten, während Pomponius ihre Gleichbehandlung auch bei der Aufhebung festsetzte und damit das Synallagma verwirklichte.

5. Es wird aber auch der Fall überliefert, daß noch nach Erfüllung durch einen Teil der Vertrag rückgängig gemacht werden kann:

Ulp. D. 2, 14, 16, 1 (4. ed.): Sed et si inter dominum rei venditae et emptorem convenisset, ut homo qui emptus erat redderetur, ei qui pro domino rem vendidit petenti pretium doli exceptio nocebit.

Jemand – ob ein *argentarius*, ist nicht zu erweisen[53]) – hat mit Billigung des *dominus* einen Sklaven verkauft, ihn dem Käufer übereignet und – wie die spätere *exceptio doli* zeigt[54]) – den Kaufpreis stipuliert. Daraufhin spielt sich der Vorgang ab, dessen erster Teil schon in D. 2, 14, 58 vorgeführt worden ist: nach Übergabe der Ware, aber vor Zahlung des Preises vereinbart der Käufer mit dem früheren *dominus* die Rückgewähr des Sklaven. Von *redhibitio* oder Sachmängeln ist nicht die Rede. Die Parteien wollen den Kaufvertrag einfach rückgängig machen und schließen in der Lage, die auch Aristo im Auge gehabt hatte, ein *pactum* ab. Bevor der Käufer nun den Sklaven zurückgegeben hat, klagt die Zwischenperson das Kaufgeld ein. Die Klage

---

50) Wir halten *sicuti – pactus est* nicht für einen späteren Einschub; anders: Siber und Stoll a. a. O.

51) Vermutlich steht dann dem anderen Teil die *retentio* seiner Leistung zu – vgl. Paul. D. 18, 5, 7, 1 – oben § 12 II 1.

52) Wenig Vertrauen verdient aber die in dem Text mitgeteilte Begründung: Weil nicht zugunsten eines Vertragsteiles von dem Kaufe abgegangen werden könne, deswegen könne kein Paktum geschlossen werden, demzufolge nur ein Vertragsteil verpflichtet bleibe. Die angebliche Begründung gibt nur die vorausgegangene Behauptung mit anderen Worten wieder. *[quia – possit]* wird daher zu streichen sein; so auch Beseler 2, 70; De Francisci (o. N. 49); Siber a. a. O.; Stoll a. a. O. – Schon gar nichts hat der folgende Satz über die teilweise *renovatio* eines Kontraktes hier zu suchen: De Francisci; Siber; Stoll a. a. O.

53) Für *argentarius:* Thielmann 98f., 182f. – Zweifelnd: Kaser, SZ 79 (1962) 442 N. 18.

54) Thielmann 98.

wird auf Grund der *exceptio doli* abgewiesen. Ulpian zieht die Wirksamkeit der Vereinbarung zwischen *dominus* und Käufer mit keinem Wort in Zweifel und stellt auch den *dolus* des Klägers nicht in Frage, obwohl der Beklagte seinerseits die Übereinkunft noch nicht erfüllt hatte[55]).

Schließlich möchten wir auch aus Paulus' Äußerung in D. 46, 4, 23 den Schluß ziehen, daß die *acceptilatio* der einen Forderung noch nach Erfüllung der anderen wirksam ist[56]).

6. Den Entscheidungen liegt eine genaue Auslegung der Parteivereinbarung zugrunde[57]): Wenn der ganze Vertrag aufgehoben werden soll, würde der Erlaß nur einer der beiden Hauptforderungen (weil die andere schon erfüllt ist)[58]) oder der Untergang von nur zwei der insgesamt drei Aktionen (weil der dritte Schuldner nicht an dem Übereinkommen beteiligt war)[59]) nicht genügen; deswegen wird dem ganzen *pactum* die Wirkung versagt.

Haben die Parteien den Willen, nur eine der Verbindlichkeiten aufzuheben, so können sie das tun, wie die Durchbrechung des *res-integra*-Grundsatzes[60]) zeigt. Ganz ablehnend gegenüber dieser Möglichkeit war anscheinend Pomponius[61]).

Doch spricht die allgemeine Erfahrung dagegen, daß die Parteien vereinbaren, es sollte nur noch einer aus dem gegenseitig verpflichtenden Vertrage den Nutzen ziehen.

Nur besondere Umstände können auf einen solchen Parteiwillen schließen lassen. Im allgemeinen ist davon auszugehen, daß die Parteien die Aufhebung des ganzen Vertrages beabsichtigt hatten. Infolgedessen wird angenommen, sofern beide Leistungen noch nicht erbracht sind, daß der durch einen formellen Erlaß Begünstigte auch seinerseits von seiner Forderung hat abgehen wollen[62]). Wenn aber ein Teil schon erfüllt hat, kann der auf Aufhebung beider Forderungen gerichtete Parteiwille nicht mehr verwirklicht werden, deswegen wird in diesem Fall das *pactum* für unwirksam gehalten[63]). – Keine Bedenken wegen einer Bereicherung, die von den Parteien vielleicht nicht beabsichtigt worden ist, brauchen die Juristen zu haben, wenn dem Erlassenden versprochen wird, der andere Teil werde alles zurückgewähren, was der Erlassende in Erfüllung seiner Verpflichtung schon geleistet hat[64]). Dieses *pactum* ist daher gültig.

So kommen die Juristen dazu, in der Regel auch nach dem *pactum* über die Aufhebung von Verbindlichkeiten oder nach der Akzeptilation von

---

55) Auf das Problem der *exc. ex iure tertii* und der möglichen Unkenntnis des Klägers geht Ulpian nicht ein.

56) S. o. unter II 1.

57) Vgl. Stoll 52 und Meylan 297.

58) Pomp. D. 18, 1, 6, 2; D. 18, 5, 2; Paul. eod. 3; Iul. eod. 5, 1.

59) Pomp. D. 18, 5, 1.

60) Ulp. D. 2, 14, 16, 1; Aristo-Ner. D. 2, 14, 58; Labeo-Paul. D. 46, 4, 23.

61) D. 18, 5, 1 gegen Aristo.

62) Iul. D. 18, 5, 5 pr.; Labeo-Paul. D. 46, 4, 23.

63) S. o. N. 58.

64) Ulp. D. 2, 14, 16, 1; Aristo-Ner. D. 2, 14, 58.

nur einer Forderung Forderungen und Gegenforderungen gleich zu behandeln, also das Synallagma durchzusetzen. Vielleicht erlaubt schon Labeos Erklärung *si ego tibi acceptum feci, nihilo magis ego a te liberatus sum* (D. 46, 4, 23) einen Gegenschluß auf diesen Gedanken. Es ist möglich, daß Labeo zwei Stipulationsforderungen, die nicht einen Kauf- oder Mietvertrag zum Grundgeschäft haben, meinte und der *acceptilatio* einer (zuvor novierten) Forderung aus Kauf oder Miete eine aufhebende Wirkung auch hinsichtlich der Gegenforderung zugesprochen hätte. Es ist ebenso denkbar, daß Labeo in D. 46, 4, 23 von einem gegenseitigen Vertrag als Grundgeschäft ausgegangen ist und nur deshalb die einseitige Wirkung der *acceptilatio* betonte, um hier auf eine Durchbrechung des sonst anerkannten Synallagmas aufmerksam zu machen. Aristo hat dieses Prinzip noch außer acht gelassen (Ner. D. 2, 14, 58; Pomp. D. 18, 5, 1), Julian es aber befolgt (Iul. D. 18, 5, 5 pr.).

§ 14

Fortsetzung: Labeo D. 19, 1, 50

Einen Fall, der mit dem in D. 46, 4, 23 geschilderten[1]) eine gewisse Ähnlichkeit hat, beurteilt[2])

Labeo D. 19, 1, 50 (4. post. a. Iav. epit.): Bona fides non patitur, ut, cum emptor alicuius legis beneficio pecuniam rei venditae debere desisset, antequam res ei tradatur, venditor tradere compelletur et re sua careret. possessione autem tradita futurum est, ut rem venditor aeque amitteret, utpote cum petenti eam rem petitor ei neque vendidisset neque tradidisset.

I. Der Käufer[3]) ist von seiner Schuld *alicuius legis beneficio*[4]) befreit worden. Labeo hat vielleicht diese wohltätige *lex* genauer bezeichnet, eine spätere Hand dann den Sachverhalt durch Tilgung der näheren Angaben verallgemeinert. Die Kenntnis der *lex* könnte für das Verständnis von D. 19, 1, 50 wertvolle Hilfe leisten[5]).

Da nur eine Forderung, nicht der ganze Vertrag aufgehoben wird, kann der Jurist nicht einen der sog. Rücktrittsvorbehalte[6]) gemeint haben. Es wäre auch nicht zu erweisen, daß Labeo von einer *lex contractus*[7]), nach der

---

[1]) Oben § 13 II 1.

[2]) Über die Werke Labeo-Javolens zuletzt: De Visscher, AHDO-RIDA 1 (1954) 300 N. 2; weitere Lit.-Hinweise gibt Schulz, History (1953) 207ff. (= Geschichte [1961] 257ff.).

[3]) Meylan, in: Aequitas und Bona Fides (Festg. Simonius) (1955) 255, meint, die Schulden des Käufers seien *pecunia credita*. Appleton, RH 5 (1926) 382 N. 1 hatte behauptet, die labeonische *lex* sei nur zugunsten schon verschuldeter Kreditnehmer erlassen worden. Vgl. auch unten N. 38.

[4]) *beneficium* ist hier offenbar untechnisch gebraucht; ein Itp.-Verdacht besteht nicht. Zu diesem Wort näher Kaser, RPR 1, 190 m. N. 17 und RPR 2, 35 m. N. 21.

[5]) Schon Pernice 460 N. 17, ist es aufgefallen, daß Labeo seiner Entscheidung nicht die *lex*, sondern die *bona fides* zugrundelegt.

[6]) Zu der *in diem addictio*, der *lex commissoria* und dem unrömisch sogenannten *pactum displicentiae:* Arangio-Ruiz 400ff.; Kaser, RPR 1, 467f.; beide m. weit. Lit.

[7]) Lenel, Pal. 1, 309 N. 1 = Iav. 202: »sc. legis contractus?«

bei Eintritt eines bestimmten Ereignisses die Zahlungsverpflichtung des Käufers entfallen sollte, gesprochen hat.

Im allgemeinen[8]) wird angenommen, daß unter *lex* eine staatliche Maßnahme zu verstehen sei. Labeo wurde etwa 50 v. Chr. geboren[9]). Im Jahre 44[10]) polemisiert Cicero in de off. 2, 21, 72ff. heftig gegen *novae tabulae*, die die Schuldner von ihren Verpflichtungen entbinden[11]). Es ist seiner Schrift jedoch nicht zu entnehmen, daß er gegenwärtige Gesetze kritisierte. Vermutlich hat ihn die Besorgnis, solche Gesetze möchten eines Tages doch in Kraft gesetzt werden[12]), zu seinen Ausführungen getrieben. Derartige Gesetzesentwürfe haben Volksführer öfter versprochen oder vorgeschlagen (Catilina, Caelius, Coelius, Dolabella)[13]); und selbst bei Cäsar waren sie angeregt worden[14]). Angesichts der in dieser Zeit durchgeführten Maßnahmen der Landverteilung[15]), Getreideversorgung[16]), Beseitigung von Steuern und Staatsforderungen[17]), Aufhebung von Mietzinsen[18]) und gewissen Zinsforderungen sowie der Gestattung, alte Schulden durch Übereignung von Grundstücken zu erfüllen[19]), war die Furcht Ciceros nicht unbegründet. Aber keines dieser Gesetze bewirkte, daß Kaufpreisforderungen ganz erlassen würden.

Oktavian könnte vielleicht die Wirren, die zu Anfang seiner Regierungszeit geherrscht hatten, durch den Entscheid beendet haben, daß die Besitzverhältnisse an einem Stichtage als endgültig gelten und alle vorher begründeten Forderungen als erloschen angesehen werden sollten[20]). Labeo könnte dann diese Maßnahmen in den Kategorien des Privatrechts (*actio*, *exceptio*, Erlaß, Besitzwechsel) ausgeführt haben. Beweisbar ist das nicht.

---

[8]) S. die sogleich in den N. 12, 20 und 21 als Vertreter der verschiedenen Meinungen Genannten.

[9]) Pernice 9ff.: Dio 54, 15, 7: Augustus berief Labeo im Jahre 18 v. Chr. in eine Kommission zur Prüfung der Mitglieder des Senates; daher wird Labeo damals zwischen 25 und 35 Jahren alt gewesen sein.

[10]) Schanz-Hosius, Geschichte d. röm. Lit. 1^4 (1927, Nachdruck 1959) 519.

[11]) S. o. § 4 I zu de off. 2,23, 83.

[12]) Arangio-Ruiz 166, macht darauf aufmerksam, daß die Gesetze *de novis tabulis* in den Quellen meist nur unerfüllte Wünsche und nicht tatsächliche legislatorische Maßnahmen waren. – Zustimmend: De Visscher (o. N. 2) 304. – Daß Labeo *novae tabulae* gemeint habe, vermuten: Pernice 460 N. 17 m. weit. Nachweisen; Collinet, St. Bonfante 3 (1930) 410 N. 4; Meylan (o. N. 3) 255 m. N. 19; Senn, RH 33 (1955) 583.

[13]) Rotondi, Leges Publicae (1912) 417f.; vgl. auch Sallust, Cat. 21.

[14]) Sueton, vit. Caes. 42, 2.

[15]) *Leges agrariae* von 63, 60, 59, 46, 44, 30 und 14 v. Chr., 37, 41, 96, und 98 n. Chr.: Rotondi (o. N. 13) 380ff. Dazu Klotz, RE 10 (1919) 252 s. v. Iulius (Caesar); Vančura, RE 12 (1925) 1150ff. s. v. leges agrariae; Berger, Encyclopedic Dictionary (1953) 544f. s. v. Leges agrariae.

[16]) Gesetze von 62, 58, 57, 50, 46 und 18 v. Chr.: Rotondi (o. N. 13) 384ff.

[17]) Rotondi (o. N. 13) 391; Klotz (o. N. 15) 199.

[18]) Caesar 46 v. Chr.; Oktavian 41 v. Chr.: Rotondi (o. N. 13) 420, 437f.

[19]) Caesar (49 v. Chr.): Rotondi 415; s. außerdem: Klingmüller, RE 6 (1909) 2196 s. v. Fenus; E. Weiss, RE 12 (1925) 2362 s. v. Leges Iuliae.

[20]) So die Ansicht De Visschers (o. N. 2) 299ff., insbesondere 309, und Senns (o. N. 12) 584ff. – Dagegen: Meylan (o. N. 3) 255 N. 19.

Nach diesem Überblick bleibt nur noch die *lex Iulia de cessione bonorum*[21]) übrig. Mit diesem Gesetz hat zwar auch Augustus die Forderung nach allgemeiner Schuldenbefreiung nicht erfüllt, wohl aber eine dauerhafte, vernünftige und sozial fortschrittliche Regelung für die Eintreibung der Forderungen, also die Zwangsvollstreckung, getroffen. Dieses Gesetz bedeutet eine wirkliche Wohltat, ein *beneficium*, für den Schuldner: Er entgeht der Personalexekution und der Infamie, und Klagen gegen ihn binnen eines Jahres nach der *bonorum venditio* führen höchstens zur Verurteilung *in id quod facere potest dolove malo fecit quo minus posset*[22]).

Die *venditio bonorum* findet in der Weise statt, daß der *emptor bonorum* den Gläubigern einen bestimmten Prozentsatz ihrer Forderungen verspricht. Daß hierbei ein Gläubiger gar nichts bekommt, und man daher sagen kann, der Schuldner werde von seiner Pflicht frei, ist nicht denkbar. Sollten in dem Vermögen des Schuldners keine Aktiven enthalten sein, so würde niemand bereit sein, es als *bonorum emptor* zu übernehmen[23]); auch in diesem Fall würde der Schuldner nicht das *beneficium* einer Schuldbefreiung genießen. Außerdem haben die Gläubiger die Möglichkeit des *cum deductione agere*[24]), so daß sie einen vollständigen Verlust nicht erleiden können, solange sie selbst noch nicht geleistet haben. Also auch die *lex Iulia de cessione bonorum* kann von Labeo nicht gemeint gewesen sein.

Wir müssen die Suche nach der wohltätigen *lex* aufgeben. Sie ist nicht mehr zu bestimmen. – Es ist auch seltsam, daß Labeo zur Beurteilung der Rechtslage nicht die *lex*, sondern die *bona fides* herangezogen hat[25]).

II. Als der Käufer durch die wohltätige *lex* von seiner Kaufpreisschuld befreit wurde, stellte sich die Frage nach dem Schicksal der Gegenleistung sowohl für den Fall, daß die Warenlieferung noch aussteht, als auch für den, daß sie schon erbracht ist.

1. In der ersten Alternative geht es darum, ob der Verkäufer trotz Verlustes seiner Forderung die Ware noch übergeben muß. Labeo erklärt, die *bona fides*[26]) lasse es nicht zu[27]), daß der Verkäufer zur Lieferung gezwungen

---

[21]) Daß diese von Labeo gemeint gewesen sei, hat Brini (Mem. d. R. Acc. d. Sc. dell'Ist. di Bologna, Sez. di Sc. giurid. 6 [1911/1912] 23ff.) begründet. Seiner Ansicht sind Rabel (Grundz. [1915] 483 N. 2) und Haymann (SZ 41 [1920] 58 N. 2) beigetreten. – Zur *cessio* und *venditio bonorum* insbesondere: Rotondi (o. N. 13) 448ff.; Wenger, Inst. (1925) 223ff.; Solazzi, Il concorso 1–3 (1938); hauptsächlich 2, 61ff.; sowie die im folgenden Genannten.

[22]) Lenel, EP, 431 gemäß C. 7, 75, 6.

[23]) Vgl. auch von Woess, SZ 43 (1922) 520: wenn »wegen Wertlosigkeit der activa sich offenbar niemand fand, der sich auf die Kaufspekulation eingelassen hätte, so ist auch die *cessio bonorum*, weil zwecklos, offenbar nicht zugelassen worden«.

[24]) Solazzi, Compens.[2] (1950) 65ff.; dazu Kreller, Iura 2 (1951) 220f.; ders., Iura 2 (1951) 82ff.

[25]) S. o. N. 5.

[26]) Die Eingangsworte *bona fides non patitur* sind nicht von den Kompilatoren vor Labeos Urteil gesetzt worden, um dessen Sinn umzukehren (so aber Cornil, NRH 25 [1901] 136ff.; während Beseler, St. Bonfante 2 [1930] 81, ebenfalls *bona fides – ut* streicht, aber zwischen *tradere* und *compelletur* ein *non* einfügt). Die Ausdrücke *bona fides* und *pati* sind nicht zu beanstanden. *non pati ut* gebrauchen Cicero (de re publ. 3, 40; Laelius 87), Seneca (Dial. 1, 1, 15) und Gellius (N. A. 11, 13, 5). Der geäußerte Itp.-

werde[28]), wenn er inzwischen infolge der *lex* seine Forderung verloren habe[29]).

2. Im zweiten Fall ist zu prüfen, ob der Verkäufer die bereits hingegebene Sache zurückverlangen kann. Dabei wird offenbar nicht an eine *condictio* gedacht, sondern an die *rei vindicatio* des Verkäufers, der wohl eine *res mancipi* nur tradiert hatte[30]). Nach Labeos Entscheidung büßt der Verkäufer die Ware ebenso[31]) wie seine Kaufpreisforderung ein, wenn er die Lieferung an den Käufer bereits bewirkt hatte[32]). Der Text überliefert als Erklärung des Juristen, daß »nämlich demjenigen, der die Sache einklagt, der Kläger ihm weder verkauft noch übereignet hätte« – hier muß ein Kopist ein paar Worte ausgelassen haben[33]).

Die alten Handschriften (Paris., Vatican., Patavin.) ergänzen *utpote cum petenti eam rem ‹emptor exceptionem rei venditae et traditae obiciat ut perinde*

Verdacht kann nicht schon dadurch bestätigt werden, daß in einer anderen, insoweit als unecht erkannten Stelle, nämlich in Ulp. D. 19, 1, 11, 18, ähnliche Formulierungen auftauchen. Weitere Ausführungen zugunsten der Echtheit von D. 19, 1, 50 Satz 1 bei Meylan, St. Riccobono 4 (1936) 306f. m. N. 82.

[27]) Obwohl *pati* auch den Sinn haben kann »dulden«, »ertragen«, wäre die Übertragung unzutreffend: die *bona fides* werde nicht davon berührt, »n'en souffre pas«, wenn der Verkäufer nun doch liefern müsse (so aber Senn [o. N. 12] 583ff.). Die im VIR 4, 547ff. (Bearb. Grupe) aufgeführten Stellen von *pati* mit nachfolgendem *ut* können alle nur mit »zulassen«, nicht mit »beeinträchtigt werden« übersetzt werden.

[28]) *compelletur* (Fut. 1) sollte wohl richtiger *compellatur* (Konj. Präs. nach *ut*), *careret* (Konj. Imp.) *carere* (Inf.) heißen: Arangio-Ruiz 165f. N. 2; De Visscher (o. N. 2) 300f. m. N. 3. – Haymann (o. N. 21) 59, bezeichnet *compelletur* als anstößig und *careret* als trivial. Ferrini, Dig. Mil. ad h. l. schlägt vor: *compelleretur* – nach *patitur* wenig glücklich.

[29]) Mo. D.; Bonfante, Glück ital. 21 (1898) 341f. (= Scr. 2, 452); Haymann (o. N. 21) 58f.; Appleton (o. N. 3) 382 N. 1; Beseler, St. Bonfante 2 (1930) 81; Collinet (o. N. 12) 410; Bussmann, L'obligation de delivrance (1933) 106, 107 N. 2; Meylan, St. Riccobono 4 (1936) 308; ders., Aequitas u. Bona Fides (Festg. Simonius) (1955) 255; Gonvers, L'exceptio rei venditae et traditae (1939) 38; De Visscher (o. N. 2) 301 u. ö.; Miquel, SZ 80 (1963) 250; ders., SZ 81 (1964) 140 N. 19. – Anders nur: Cornil (o. N. 26) 153f. und Senn (o. N. 12) 583ff.

[30]) Darauf weisen die Schlußworte *neque vendidisset neque tradidisset* hin: Pernice 460 N. 17; 461; Bechmann 600 N. 1; H. Krüger, Beitr. z. Lehre v. d. exc. doli 1 (1892) 11; Bussmann (o. N. 29) 106f. N. 4; Meylan, St. Riccobono 4, 308 N. 85; Gonvers (o. N. 29) 39; Feenstra, Reclame en revindicatie (1949) 80; Wubbe, Res aliena (1960) 46 N. 94; Miquel SZ 80 (1963) 250.

[31]) *aeque* bedeutet demnach weder, daß die erste und die zweite Alternative gleich beurteilt würden, noch daß der Verkäufer seine Sache sowohl bei der regelmäßigen Abwicklung des Kaufvertrages als auch bei dem außergewöhnlichen Dazwischentreten der *lex* einbüße; so aber Meylan, St. Riccobono 4, 307f. N. 84; zust. Bussmann (o. N. 29) 107 N. 2 und Gonvers (o. N. 29) 39. – Zu der oben gegebenen Erklärung bedarf es also weder der Annahme, *et pecuniam* sei später weggefallen (so aber Mo.), noch der Konjektur, statt *aeque* habe es *aesque* geheißen (so aber Collinet [o. N. 12] 407ff.). – Zu weiteren Versuchen, *aeque* zu deuten oder zu ändern: Collinet a. a. O.: beispielsweise nach Bynkershoek *neque*, Haloander *eam*, Gothofredus *equidem*.

[32]) Daß dieser Verlust auf Grund der *exc. si quid contra legem senatusve consultum factum esse* eintrete (so: Senn [o. N. 12] 585 m. N. 7), ist nicht ersichtlich.

[33]) Allgemeine Ansicht. Collinet (o. N. 12) 409f. erklärt die Auslassung damit, daß der Kopist zwischen zwei Worten *rem* einen Teil des Satzes übersprungen habe. Das ist denkbar, aber wenig sicher.

habeatur ac si› petitor ei neque vendidisset neque tradidisset[34]): die *exceptio rei venditae et traditae* des Besitzers werde zurückgewiesen, weil es so angesehen werde, als habe der Eigentümer die Sache weder verkauft noch an den Besitzer übergeben. Nach dieser Ergänzung kann also der Verkäufer die Sache zurückverlangen[35]).

Neuestens liest Miquel: *utpote cum petenti eam rem ‹emptor exceptionem rei venditae et traditae obiciat aut perinde habeatur ac si› petitor ei neque vendidisset neque tradidisset.* Er meint, die ergänzten 66 Buchstaben bildeten genau zwei Zeilen des Originals, die von dem Kopisten versehentlich übersprungen worden seien. Der Text sei so zu verstehen, daß der Verlust den Verkäufer auf doppelte Weise treffe: Zum einen stünde seiner *rei vindicatio* die *exc. rei venditae et traditae* entgegen, zum anderen werde bei einer Kaufpreisklage der Käufer so angesehen, als habe er die Sache gerade nicht gekauft und erhalten[36]).

Im allgemeinen ergänzt man heute etwa: *utpote cum petenti ‹emptor obicere possit: si› eam rem petitor ei neque vendidisset neque tradidisset*[37]).

Beide neueren Lesarten ergeben eine einfache und abschließende Begründung des klassischen Juristen. Die Entscheidung ist vernünftig: das Gesetz bietet dem Käufer eine beachtliche Wohltat, wenn nur die Verwirklichung des Geschäftes schon in die Wege geleitet worden war[38]).

III. Wir verstehen also Labeos Bescheid so: Der Verkäufer kann seine Sache nicht zurückverlangen, wenn der Käufer durch ein Gesetz von seiner Verbindlichkeit befreit wird, nachdem die Ware schon übergeben worden ist[39]). Dieser Bescheid stimmt mit der Meinung überein, die man vielleicht aus D. 46, 4, 23 herauslesen kann[40]), daß nämlich die *acceptilatio* einer Forderung wirksam ist, auch wenn die Gegenforderung bereits erfüllt ist[41]).

Dort hatte Labeo weiter (unter Widerspruch von Paulus) entschieden, daß die Aufhebung einer Forderung vor Erfüllung der anderen die Wirksamkeit der anderen unberührt lasse. In D. 19, 1, 50, Alt. 1 hingegen hat die Beseitigung der einen auch die Unwirksamkeit der anderen zu Folge.

Der Unterschied der beiden Ergebnisse läßt sich möglicherweise damit erklären, daß Labeo in D. 46, 4, 23 nicht von einem Anspruch aus Kauf-

---

[34]) Th. Mommsen, Digesta 1 (1870) 557. – Der Vaticanus gibt *hoc perinde erit.*

[35]) Bechmann 600f. N. 2. Vgl. auch N. 32 und 38.

[36]) Miquel (o. N. 30).

[37]) Vgl. Mo.; sodann Bonfante, Glück ital. 21, 340ff. (= Scr. 2, 452); weiter ders., Dig. Mil.; Collinet (o. N. 12) 410; Bussmann (o. N. 29) 106 N. 2; De Visscher (o. N. 2) 300f.; außerdem Meylan, St. Riccobono 4, 306 und Gonvers (o. N. 29) 38; schließlich Arangio-Ruiz 166.

[38]) Von einer *replicatio doli* des Verkäufers gegen die *exc. rei vend. et trad.* des Käufers findet sich keine Spur, sie kann auch nicht aus dem Synallagma, dem Fehlen eines Kaufvertrages oder dem Inhalt der *lex* hergeleitet werden. Anders aber Haymann (o. N. 21) 59 und Appleton (o. N. 3) 382 N. 1; vgl. auch die N. 32 und 35 Genannten. – Dagegen, zu Recht: Collinet (o. N. 12) 412 und De Visscher (o. N. 2) 302.

[39]) S. o. N. 29.

[40]) Zu dieser Stelle oben § 13 II 1.

[41]) In D. 18, 1, 78, 2 (oben § 5 II) hatte sich Labeo im Sinne des Synallagmas geäußert. Jedoch ging es dort nicht um die Aufhebung von Verbindlichkeiten.

oder Mietvertrag ausgegangen ist, und daß er der *acceptilatio* eines solchen Anspruches die Wirkung auf den Gegenanspruch nicht versagt[42]), sich also wie in D. 19, 1, 50, Alt. 1 und so wie Paulus in D. 46, 4, 23 entschieden hätte.

Nimmt man jedoch an, Labeo habe in fr. 23 einen Kauf oder eine Miete als Grundgeschäft vorausgesetzt, so lösen vielleicht die Unterschiede in den Sachverhalten den scheinbaren Widerspruch[43]). Einmal mag der Formalakt der einseitigen *acceptilatio*, nicht aber die »wohltätige *lex*« die strenge Auffassung einer einseitigen Wirkung geboten haben. Zum anderen kann es der Zweck der *lex* gewesen sein, zur Sicherung des sozialen Friedens die Schuldner von alten, drückenden Belastungen, für die sie die Gegenleistung längst empfangen und verbraucht hatten, zu befreien, ihnen aber nicht aus einem laufenden Geschäft einen unerwarteten Vorteil zu verschaffen. Schließlich bedarf der Verkäufer, der seine Forderung ohne sein Zutun durch ein Gesetz verloren hat, eher des Schutzes als ein Vertragsteil, der einseitig eine *acceptilatio* erklärt und sich dabei bewußt ist, daß nur er und nicht der andere Teil den Verzicht auf seine Forderung ausspricht.

So strebt der Bescheid zu der ersten Alternative von D. 19, 1, 50 die Gleichstellung beider Parteien, das Synallagma, an[44]). Im zweiten Fall von fr. 50 wird allein der staatliche Befehl durchgesetzt und die Verbindlichkeit aufgehoben; für eine Rückforderung des Geleisteten hätten weder die *lex* selbst noch allgemeine Rechtssätze eine Grundlage geboten.

§ 15

Fortsetzung: Gefahrtragung

I. Dem konditionellen Synallagma wäre es weiterhin zuzurechnen, wenn Verkäufer und Käufer gleichermaßen von ihren Leistungspflichten frei würden, falls die Kaufsache infolge höherer Gewalt untergegangen ist. Gäbe es Fälle, in denen der Kaufpreis nicht entrichtet zu werden braucht, wenn die Ware vor Übergabe an den Käufer untergegangen ist, dann wäre auf die gleiche Behandlung von Käufer und Verkäufer – ohne Leistung keine Zahlung – zu schließen; dann wäre dem Synallagma Genüge getan. Es fragt sich also, ob das *periculum* der *venditor* trägt. Im Rahmen dieser Untersuchung kann nicht der ganze Problemkomplex so gründlich behandelt werden, wie er es verdiente. Nur die wichtigsten Stellen, die Antwort auf unsere Frage versprechen, können kurz erörtert werden[1]).

II. Die Stelle, die entscheidend gegen die Gefahrtragung des Verkäufers und für die des Käufers spricht, ist

---

42) S. o. § 13 II 1 und dort N. 26.
43) Appleton (o. N. 3) 382 N. 1; Meylan, St. Riccobono 4, 309.
44) Collinet (o. N. 12) 416; Meylan a. a. O.
1) Im übrigen muß auf die bei Kaser, RPR 1, 460 N. 33; Betti, Ist. 2/1 (1960/62) 410 N. 1 und Miquel, SZ 81 (1964) 139ff. angegebene Lit. verwiesen werden. – Auf den Unterschied zwischen der römischen Konzeption des *periculum* und der modernen der »Gefahrtragung« macht Miquel 134 ff. aufmerksam.

Paul. D. 18, 6, 8 pr. (33. ed.): Necessario sciendum est, quando perfecta sit emptio: tunc enim sciemus, cuius periculum sit: nam perfecta emptione periculum ad emptorem respiciet. et si id quod venierit appareat quid quale quantum sit, sit et pretium, et pure venit, perfecta est emptio...

Zwar wird der Text formal überarbeitet sein. Gegen den Inhalt, daß nach Perfektion des Kaufvertrages der Käufer die Preisgefahr trage, bestehen jedoch keine Bedenken[2]). Unter Perfektion verstehen Paulus und die anderen Juristen den Vertragsschluß[3]), ausnahmsweise die Individualisierung der Ware, ihre Befreiung von fremdem Besitz oder andere Ereignisse[4]).

III. 1. Als Hauptstelle für das *periculum venditoris*[5]) könnte angeführt werden

Afr. D. 19, 2, 33 (8. quaest.): ...nam et si vendideris mihi fundum isque priusquam vacuus traderetur publicatus fuerit, tenearis[6]) ex empto: quod hactenus verum erit, ut pretium restituas, non ut etiam id praestes, si quid pluris mea intersit eum vacuum mihi tradi...

Wenn ein verkauftes Grundstück, bevor der Verkäufer es *vacuus* an den Käufer tradiert hat, enteignet wird, haftet der Verkäufer auf den Kaufpreis[7]).

Die Verpflichtung läßt sich nicht etwa damit erklären, daß die Enteignung eine von ihm verschuldete Vollstreckungsmaßnahme sei[8]) oder als Eviktion gelte[9]), für die er einzustehen hätte[10]).

Die Entscheidung wird darauf zu stützen sein, daß das Grundstück vor der geplanten Übergabe noch nicht in der *vacua possessio* des Veräußerers stand und daß daher der Kaufvertrag noch nicht »perfekt« war[11]). Nur aus diesem Grunde wird die Gefahr bei dem Verkäufer geblieben sein[12]).

---

[2]) Seckel-Levy, SZ 47 (1927) 156f.; Jörs-Kunkel, RPR 3 (1949) 229 N. 9 (anders noch Jörs in der 1. Auflage [1927] 159 N. 2); Kaser, RPR 1, 461 m. N. 34: »Schultraktate«. – Inhaltliche Unechtheit nehmen dagegen an: Vassalli, Bull. 27 (1914) 216 m. N. 1; Rabel, Grdz. (1915) 484 N. 2; Haymann, SZ 41 (1920) 79f. m. N. 2; Beseler, TS 8 (1928) 295; Betti, St. De Francisci 1 (1956) 162f.; vgl. aber in Ist. 2/1 (1960/62) 410 N. 2.

[3]) Anders Betti, Ist. 2/1, 410f.: Die Klassiker hätten eine *emptio venditio* für *perfecta* gehalten, wenn sie mit der Warenlieferung abgewickelt sei; erst von den Kompilatoren stamme die im Paulus-Text überlieferte Bedeutung.

[4]) Im einzelnen: Kaser, RPR 1, 461 (nach Seckel-Levy [o. N. 2] 149ff.) und Miquel (o. N. 1) 141ff.

[5]) Haymann (o. N. 2) 64; ders., SZ 48 (1928) 406ff.; Betti, St. De Francisci 1, 172ff.; ders., Ist. 2/1, 233; 411.

[6]) Vielleicht Schreibversehen für *teneris*: Seckel-Levy (o. N. 2) 220 N. 3.

[7]) S. insbes.: Kaser, SZ 74 (1957) 158ff., 178ff.; Betti, Ist. 2/1, 230ff., 411 u. ö.; Medicus 45 N. 4, 247 N. 11 u. ö.

[8]) So aber Appleton, RH 5 (1926) 405 und Krückmann, SZ 60 (1940) 77. – Gegen diese Ansicht: Seckel-Levy (o. N. 2) 221; Haymann, SZ 48 (1928) 410 N. 2; Kaser, SZ 74 (1957) 178.

[9]) Dagegen auch Kaser, SZ 74 (1957) 178.

[10]) Von weiteren Erklärungsversuchen im Sinne der Regel *periculum emptoris* berichtet – ablehnend – Haymann (o. N. 2) 66f.

[11]) S. soeben unter II.

[12]) Seckel-Levy (o. N. 2) 226ff.; ähnlich Krückmann (o. N. 8) 74; Kaser, RPR 1, 461 N. 43. – Dagegen glauben, die Gefahr gehe hier wie stets mit der Tradition auf den Käufer über: namentlich Haymann und Betti (o. N. 5). – Rabel, SZ 42 (1921) 555f. meint, die Rechtsfolgen aus der Enteignung eines Grundstücks brauchten nicht notwendig dieselben zu sein wie die aus dem tatsächlichen Untergang einer sonstigen Sache.

2. Einen ähnlichen Fall behandelt

Paul. D. 21, 2, 11 pr. (6. resp.): Lucius Titius praedia in Germania trans Renum emit et partem pretii intulit: cum in residuam quantitatem heres emptoris conveniretur, quaestionem rettulit dicens has possessiones ex praecepto principali partim distractas, partim veteranis in praemia adsignatas: quaero, an huius rei periculum ad venditorem pertinere possit. Paulus respondit futuros casus evictionis post contractam emptionem ad venditorem non pertinere et ideo secundum ea quae proponuntur pretium praediorum peti posse.

Lucius Titius hat in Germanien Grundstücke gekauft und einen Teil des Preises entrichtet. Der Verkäufer verklagt nunmehr den Erben des Lucius Titius auf Zahlung des Restbetrages. Der Beklagte wendet ein, die Grundstücke seien enteignet worden. Da er genaue Angaben über den Verlust macht, und da Paulus von der Eviktion spricht, ist anzunehmen, daß die Grundstücke nach der Tradition an den Käufer enteignet worden sind[13]). Paulus entscheidet, daß der Erbe den Kaufpreisrest zu bezahlen hat[14]).

Man mag versucht sein, in einem Gegenschluß zu argumentieren: Wenn die Grundstücke noch nicht übergeben worden wären, dann brauchte der Erbe sie auch nicht zu bezahlen, falls sie inzwischen enteignet worden sein sollten[15]). Aber da Paulus über die *traditio* überhaupt nichts sagt, wird er ihr für die Zahlungspflicht des Käufers und für dessen Gefahrtragung keine Bedeutung beigelegt haben[16]). Unausgesprochen liegt in der Entscheidung der Gedanke: der Käufer müsse im Falle der Enteignung den Preis stets bezahlen, gleichgültig, ob er die Sache schon erhalten hat oder nicht[17]).

3. Für das *periculum venditoris* beruft man[18]) sich auch auf

Paul. D. 18, 6, 13 (12) (3. Alf. epit.[19])): Lectos emptos aedilis, cum in via publica positi essent, concidit: si traditi essent emptori aut per eum stetisset quo minus traderentur, emptoris periculum esse placet

. . . und das dazugehörige Fragment

Paul. D. 18, 6, 15 (14) pr. (3. epit. Alf.[19])): Quod si neque traditi essent neque emptor in mora fuisset quo minus traderentur, venditoris periculum erit.

Jemand hatte Betten verkauft. Die Betten standen auf der Straße. Einer der Ädilen hat sie zerstören lassen. Wenn sie dem Käufer bereits übergeben waren, oder wenn er sich in Annahmeverzug befindet, trägt er die Gefahr dieses Unterganges, andernfalls der Verkäufer. Der Verkäufer scheint die

---

13) Haymann 140; Appleton (o. N. 8) 407; Seckel-Levy 231 N. 2; Beseler, TS 8 (1928) 304; Meylan, RIDA 3 (= Mél. De Visscher 2) (1949) 195 ff.

14) Die Formulierung in der Begründung *futuros casus evictionis post contractam emptionem* ist häufig – ganz oder teilweise – kritisiert worden; wohl zu Unrecht. Vgl. Haymann, Appleton, Seckel-Levy und Beseler, a. a. O. – Die Echtheit verteidigt Meylan (o. N. 13) 209 f.

15) Vgl. Betti, St. De Francisci 1, 183 f.

16) Seckel-Levy 231; Meylan (o. N. 13) 197 ff.

17) Haymanns Vermutung (139 f.), die Kompilatoren hätten einen ursprünglich ausgesprochenen Bezug auf die *traditio* gestrichen, ist nicht zu erweisen. – Meylan ([o. N. 13] 207 ff.) glaubt die Entscheidung damit begründen zu können, daß bei *res nec mancipi* die Gefahr mit der Fälligkeit des Kaufpreises übergehe, räumt aber ein, daß normalerweise Abschluß oder Perfektion des Vertrages entscheidend ist. Bedenken gegenüber dieser Theorie äußert Kaser, RPR 1, 461 N. 43.

18) Haymann, SZ 41 (1920) 74; ders., SZ 48 (1928) 411 ff.; Huvelin, RH 3 (1924) 327; Betti, St. De Francisci 1, 174 f.

19) *digestorum* ins.: Mo. in D.

Gefahr also nicht nur bis zum Abschluß oder der Perfektion des Kaufvertrages zu tragen, sondern bis zur Übergabe, der der Annahmeverzug des Käufers gleichsteht; es gilt also scheinbar das *periculum venditoris*[20]).

Für das *periculum venditoris* spricht aber die Entscheidung nicht, wenn der Verkäufer die *custodia* verletzt hat[21]). Denn dann hätte der Verkäufer auch nach der Regel *periculum emptoris* die Gefahr zu tragen. Man darf wohl annehmen, daß die *custodia* verletzt ist, wenn die verkaufte Sache auf die Straße gestellt und dort von dem Ädilen zerschlagen wird. Dabei kommt es nicht darauf an – wie man aus dem zwischen die beiden Fragmente eingeschobenen Absatz von Julian entnehmen könnte –, ob der Ädil innerhalb seiner Amtsbefugnis gehandelt oder ob er sich rechtswidrig verhalten hat[22]). Denn es muß stets damit gerechnet werden, daß Sachen, die sich auf der Straße befinden, etwas zustößt[23]). Ob die Gegenstände mit oder ohne Wissen des Verkäufers auf die Straße gelangt sind, bleibt in dem Fragment zu Recht offen: jedenfalls geschieht der Vorgang im Einflußbereich des Verkäufers, für den er die Verantwortung zu tragen hat.

4. In demselben Zusammenhang wie das besprochene Fragment steht

Paul. D. 18, 6, 15 (14), 1 (3. epit. Alf.[24])): Materia empta si furto perisset, postquam tradita esset, emptoris esse periculo respondit, si minus venditoris: videri autem trabes traditas, quas emptor signasset.

Das Baumaterial, das nach dem Verkauf noch beim Verkäufer lagerte, ist gestohlen worden. Auch hier handelt es sich nicht um höhere Gewalt, sondern um die *custodia*-Haftung des Verkäufers[25]), die erst mit der Tradition erlischt. Solange die *custodia*-Haftung währt, haftet der Verkäufer auch für den Diebstahl[26]). *periculum* bedeutet hier also nicht *periculum vis maioris* sondern *periculum custodiae*[27]).

---

20) S. o. N. 18. Ganz anders: Arangio-Ruiz 270: Keine Frage des Sachunterganges infolge höherer Gewalt und des *periculum*, sondern ein Fall des Verstoßes gegen die Ordnung auf den öffentlichen Straßen. Die Nachteile dieses Verstoßes müsse natürlich derjenige tragen, der die Sache pflichtwidrig dort hingestellt oder nicht weggeschafft habe.

21) Seckel-Levy (o. N. 2) 246f.; Kaser, RPR 1, 461 N. 44. – Anders Krückmann (o. N. 8) 65ff.: Keine Perfektion des Vertrages, da die Betten erst herzustellen und dann vom Käufer noch nicht abgenommen waren. – Gegen beide Ansichten Haymann und Betti (o. N. 18).

22) Anders: Haymann (o. N. 2) 74.

23) Anders: Haymann, SZ 48 (1928) 413f. – Wie hier: Seckel-Levy (o. N. 2) 246. Ähnlich: Appleton (o. N. 8) 411. Er macht auf Labeo-Paul. D. 19, 1, 54 pr. aufmerksam: Wenn der Verkäufer nach Abschluß des Vertrages dem Sklaven eine gefährliche Arbeit aufgibt, und wenn sich der Sklave dabei das Bein bricht, dann haftet nach Paulus der Verkäufer selbst dann, wenn die befohlene Tätigkeit von dem Sklaven für gewöhnlich verrichtet wurde; anders hatte noch Labeo entschieden. – Zu D. 19, 1, 54 pr. zuletzt: Miquel (o. N. 1) 143ff.

24) *digestorum* hinzuzufügen: Mo. in D.

25) Miquel 144f. – Anders außer Haymann, SZ 41 (1920) 76; sowie SZ 48 (1928) 340 und Betti, St. De Francisci 1, 174 sowie Ist. 2/1, 411 noch Krückmann (o. N. 8) 72f., der die Entscheidung damit begründet, daß es sich hier um einen Werklieferungsvertrag gehandelt habe.

26) Das Ergebnis ändert sich nicht, wenn man mit Beseler, TS 8 (1928) 296, als überflüssig streicht: *si minus venditoris.*

27) Miquel 144f. – Vgl. Seckel-Levy 252f.; Arangio-Ruiz 250 N. 1 und Kaser,

5. Iav. D. 18, 6, 17 (16) (7. ex Cassio): Servi emptor si eum conductum rogavit, donec pretium solveret, nihil per eum servum adquirere poterit, quoniam non videtur traditus is, cuius possessio per locationem retinetur a venditore. periculum eius servi ad emptorem pertinet, quod tamen sine dolo venditoris intervenerit.

Jemand verkauft einen Sklaven und vermietet ihn an den Käufer bis zur Bezahlung des Kaufpreises (vereinbart also einen Eigentumsvorbehalt). Der Sklave wird dem Käufer-Mieter gegeben. – Die Verbindung von Kauf und Miete gibt Anlaß zu zwei Fragen: Fällt ein Erwerb durch den Sklaven dem Käufer oder dem Verkäufer zu? Wer von beiden trägt die Gefahr des Unterganges des Sklaven?

Die Lösung des ersten Problems richtet sich nach den folgenden beiden, von Gaius mitgeteilten Regeln: Grundsätzlich erwirbt der Sklave für den quiritischen Eigentümer (Gai. 2, 86). Gibt es daneben einen bonitarischen Eigentümer, so erwirbt er für diesen (Gai. 2, 88). Da der Käufer den Sklaven vorerst nur mietweise erhalten hat, ist der Käufer nicht bonitarischer Eigentümer geworden, folglich gehört der Sklavenerwerb dem Verkäufer.

Die zweite Frage beantworten die Juristen damit, daß sie die Gefahr des Unterganges des Sklaven dem Käufer aufbürden. Man könnte meinen, diese Erörterung hätte sich erübrigt, wenn die Regel *periculum emptoris* anerkannt gewesen wäre[28]). Überzeugender als diese Überlegung ist aber jene, daß mit der Beantwortung der zweiten Frage lediglich die Regel bestätigt[29]) und zum Ausdruck gebracht wird, daß eine Vereinbarung, wie die Parteien sie hier getroffen haben, die Perfektion des Kaufvertrages nicht beeinflußt und die Geltung der Regel nicht berührt[30]).

6. Über die Gefahrtragung beim Kauf eines Sklaven unterrichtet auch Impp. Diocletianus et Maximianus AA. et CC. Aurelio Cyrillo, C. 4, 48, 6: Mortis casus ancillae distractae etiam ante traditionem sine mora venditoris dilatam non ad venditorem, sed ad emptorem pertinet, et hac non ex praeterito vitio rebus humanis exempta solutionem emptor pretii non recte recusat. (a. 294)

Wenn die gekaufte Sklavin vor der Übergabe stirbt, dann trägt den Schaden der Käufer. Er muß trotz ihrem Tode den Preis für sie bezahlen, es sei denn, der Verkäufer habe sich im Lieferungsverzug befunden oder der Tod sei auf einen Mangel zurückzuführen, der schon zur Zeit des Vertragsschlusses vorhanden gewesen war.

Gegen die Meinung, die Kodexstelle erkläre ausdrücklich das *periculum emptoris* für die Regel[31]), könnte man versuchen einzuwenden: Das Reskript

---

RPR 1 462 N. 44. An dem schwankenden Gebrauch von *periculum* stößt sich aber Haymann, SZ 41 (1920) 76 und SZ 48 (1928) 340.

[28]) Haymann (o. N. 2) 120. – Betti, St. De Francisci 1, 152f.; 175f.; Ist. 2/1, 413; 418: Hier trage der Käufer die Gefahr, weil ihm der Verkäufer »il potere die controllo« übertragen habe. – Vgl. auch Haymann, SZ 40 (1919) 266: »Spuren der klassischen Dolushaftung«.

[29]) Arangio-Ruiz 275 N. 1. – Anders: Appleton (o. N. 8) 414f. *periculum* habe hier den untechnischen Sinn von »Verantwortlichkeit«.

[30]) Der Schlußsatz *quod tamen rell* wird wohl den ursprünglichen Text verkürzt wiedergeben, inhaltlich aber zutreffend sein: Seckel-Levy 228 N. 1; vgl. Beseler, TS 8 (1928) 297.

[31]) Rabel, SZ 42 (1921) 546; Appleton 399f.; Seckel-Levy 258f. – Betti, Ist. 2/1, 412 u. ö., glaubt hier an eine Ausnahme von der sonst angeblich geltenden Regelung des *periculum venditoris*.

wäre überflüssig gewesen, wenn das *periculum emptoris* ein feststehender Rechtssatz gewesen wäre[32]). Aus der Betonung *etiam ante traditionem sine mora venditoris dilatam* folge, daß der Käufer sich im Annahmeverzug befunden habe[33]). Deswegen treffe ihn hier ausnahmsweise schon vor der Tradition die Gefahr, abgesehen von dem Tod der Sklavin, der durch eine bei Kaufabschluß bereits vorhandene Krankheit verursacht worden ist. Aber beide Überlegungen sind nicht zutreffend. Der Kaiser hatte wohl Grund, die Anfragenden, zumal wenn sie nicht aus der Stadt Rom selbst stammten, auch über feststehende Rechtssätze zu belehren. Die wiedergegebenen Worte lassen in keiner Weise erkennen, aus welchem Grund die *traditio* aufgeschoben worden ist; ein Schluß von der einen Feststellung, daß der Verkäufer sich nicht im Lieferungsverzug befunden hat, zu der anderen, daß der Käufer im Annahme- oder Zahlungsverzug gewesen ist, wäre nicht zu rechtfertigen[34]).

Dagegen sind beide Einschränkungen – Tod der Sklavin infolge einer Krankheit *ex praeterito* und Lieferungsverzug des Verkäufers – eine mittelbare Bestätigung für die sonstige Geltung des *periculum emptoris*. Es wäre eine Unbilligkeit, dem Käufer den Schaden auch für einen Zeitraum aufzubürden, in dem ihm der Verkäufer nicht die Möglichkeit zur Übernahme der verkauften Sache geboten hat[35]), und ein Widerspruch gegen die Sachmängelhaftung des Verkäufers, den Käufer mit den Folgen eines Mangels, die sich schon bei dem Verkäufer eingestellt hatten, zu belasten[36]).

7. Cels. D. 12, 4, 16 (3. dig.): Dedi tibi pecuniam, ut mihi Stichum dares: utrum id contractus genus pro portione emptionis et venditionis est, an nulla hic alia obligatio est quam ob rem dati re non secuta? in quod proclivior sum:
et ideo, si mortuus est Stichus, repetere possum quod ideo tibi dedi, ut mihi Stichum dares.
finge alienum esse Stichum, sed te tamen eum tradidisse: repetere a te pecuniam potero, quia hominem accipientis non feceris:
et rursus, si tuus est Stichus et pro evictione eius promittere non vis, non liberaberis, quo minus a te pecunium repetere possim.

Ego hat Tu eine Geldsumme hingegeben, damit Tu dem Ego den Stichus gewähre. Dieses Geschäft ist nach der Äußerung des Celsus kein Kauf[37]). Celsus will noch nicht einmal die Kaufregeln analog anwenden, sondern nur die *condictio ob rem dati re non secuta* prüfen. Nachdem er diesen Ausgangspunkt festgelegt hat, entscheidet er drei Fälle: 1. Stichus ist nach Vertragsschluß gestorben. 2. Tu war nicht Eigentümer des Stichus, hat ihn aber dem

---

[32]) Haymann, SZ 41 (1920) 147.
[33]) Haymann, SZ 41 (1920) 146f.; ders., SZ 48 (1928) 398.
[34]) Rabel, SZ 42 (1921) 546f.; Appleton 399f.; ähnlich Betti, St. De Francisci 1, 180 N. 2.
[35]) Bei Verzug des Verkäufers Wegfall des *periculum emptoris:* Seckel-Levy 258f.; Arangio-Ruiz 269; Kaser, RPR 1, 430 N. 20; 461 N. 44.
[36]) Arangio-Ruiz 269.
[37]) Zu dem Fall *dedi tibi pecuniam ut mihi Stichum dares:* Arangio-Ruiz 151ff.; Thomas, in: Studies in the Roman Law of Sale, dedicated to the memory of Francis de Zulueta (1959) 160ff.; Yale, daselbst, 171ff.; zu beiden Kaser, SZ 77 (1960) 462f.; Betti, Ist. 2/1, 324; 327 u. ö. m. weit. Lit.; außerdem die N. 38 Zitierten.

Ego übergeben. 3. Tu ist Eigentümer, weigert sich aber, die Gewährschaft für Rechtsmängel zu übernehmen. In allen drei Fällen kann Ego das Geld von dem Tu zurückverlangen.

Die ausdrückliche Erklärung, daß das Geschäft nicht analog dem Kauf beurteilt wird, und die Entscheidung, daß Ego den Anspruch auf Rückzahlung des Geldes hat, wenn Stichus zwischen Vertragsschluß und Übergabe gestorben ist, zwingen zu dem Gegenschluß, daß nach dem Recht des Kaufes der Käufer in der gleichen Lage einen Anspruch auf Rückzahlung des Preises nicht hätte, daß also beim Kauf das *periculum emptoris* gilt[38]).

8. Mit der Gefahrtragung beim Weinhandel beschäftigen sich zahlreiche Stellen, vermutlich wegen der volkswirtschaftlichen Bedeutung dieser Ware in der Zeit sowohl des klassischen Rechts als auch der Kompilation, vielleicht auch wegen der dem Wein eigentümlichen Gefahren des Schimmelig- und Sauerwerdens, endlich wohl auch wegen der Ansätze zum *genus*-Geschäft, die sich beim Weinkauf zeigten. Wir müssen uns begnügen, zwei dieser Fälle herauszugreifen.

Auf die Verteilung der Gefahr soll zuerst untersucht werden

Pap. vat. 16: Vino mutato periculum emptorem spectat, quamvis ante diem pretii solvendi vel condicionem emptionis impletam id evenerit...

Die Gefahr, daß der Wein umschlägt, trägt der Käufer, auch wenn sich die Verschlechterung vor Eintritt des vereinbarten Zahlungstermins oder der Bedingung des Kaufvertrages ereignet. Man könnte aus diesem Satz eine Regel *periculum venditoris* damit begründen, daß entweder die sonstigen, allgemein vorhandenen Gefahren eines Totalverlustes den Verkäufer träfen[39]), oder daß die Vereinbarung einer Bedingung und eines Termins die sonst übliche Gefahrverteilung verändert hätten[40]). Beide Schlüsse sind nicht zwingend.

Papinian gibt in seinen Responsen, denen das Fragment entnommen ist, Rechtsgutachten zu tatsächlichen Fällen. Man wird ihm den Inhalt des Kaufvertrages und die Verschlechterung des Weines vorgetragen und ihn um seine Meinung gefragt haben. Nur auf dieses besondere Geschehen kam es den Parteien und dem Juristen an. Seine Antwort schließt es keineswegs aus, daß den Käufer auch die sonstigen Gefahren träfen. – Gleiches gilt von der Erwägung der beiden Vertragsbestimmungen. Daß ohne sie die

---

[38]) Appleton 391ff.; Seckel-Levy 132; Arangio-Ruiz 266. – Betti, St. De Francisci 1, 190f. und Ist. 2/1, 428f., geht im Falle des *servus mortuus* ausnahmsweise von seiner Annahme des *periculum venditoris* ab. – Haymann, SZ 41 (1920) 69f. und SZ 48 (1928) 396, will entgegen dem Wortlaut dieser Stelle doch eine Analogie zum Kauf herstellen. Er legt ferner die Worte *nulla alia obligatio etc.* so aus, daß beim Kauf dem Ego eine andere *actio*, nämlich die *ex empto* auf Preisrückzahlung, zustehen würde.

[39]) So Haymann, SZ 41 (1920) 98; 108; Appleton 396; Seckel-Levy 173. Vgl. aber Arangio-Ruiz 275 und Miquel 142.

[40]) So: Haymann, Appleton und Seckel-Levy a. a. O. – Dagegen zu Recht: Krückmann (o. N. 8) 55f.; vgl. auch Arangio-Ruiz 275. – Betti, St. De Francisci 1, 179 und Ist. 2/1, 414, geht davon aus, daß der Käufer den Wein bereits probiert habe und aus diesem Grunde die Gefahr trägt; das ist jedoch dem Text nicht zu entnehmen.

Gefahr bei dem Verkäufer bis zur Auslieferung des Weines geblieben wäre, ist nicht zu erweisen.

9. Ausdrücklich erwähnt wird das *periculum venditoris* in

Gai. D. 18, 1, 35, 7 (10. ed. prov.): Sed et si ex doleario pars vini venierit, veluti metretae centum, verissimum est (quod et constare videtur) antequam admetiatur, omne periculum ad venditorem pertinere...

Die Gefahr trägt der Verkäufer, bis der verkaufte Wein dem Käufer zugemessen worden ist[41]). Das Zumessen wird häufig mit der Übergabe zusammenfallen. So verstanden, unterstützt die Stelle die Behauptung, der Verkäufer trage die Gefahr bis zur Übergabe der Sache[42]).

Jedoch behandelt Gaius in diesem Paragraphen nicht den üblichen Vertrag über eine Speziessache, sondern den Kauf von Wein aus einem bestimmten Vorrat[43]), nämlich einen Bruchteil oder 100 Metreten aus dem Bestand eines gewissen Weinkellers. Ein Kauf kann endgültig aber erst abgeschlossen sein, wenn die Kaufsache unzweideutig bestimmt ist; zu dieser Bestimmung, und nicht zur Übergabe an den Käufer – von der Gaius kein Wort sagt –, ist das Zumessen des Weines erforderlich[44]). Wenn durch die Zumessung der Kauf perfekt geworden ist, geht die Gefahr vom Verkäufer auf den Käufer über[45]).

IV. Dieser Überblick, den eine längere Betrachtung vertiefen und erweitern könnte[46]), muß für den vorliegenden Zweck genügen. Er hat gezeigt, daß keiner der herangezogenen Texte[47]) überzeugenden Beweis dafür erbringt, daß der Verkäufer die Gefahr zufälligen Unterganges der Sache zwischen Vertragsschluß und Sachübergabe zu tragen hätte[48]), sondern daß alle Stellen eher für das *periculum emptoris* sprechen.

Die Juristen werden davon ausgegangen sein, daß der Normalfall des Kaufes der Handkauf ist, bei dem der Abschluß und die Abwicklung zeit-

---

[41]) Haymann, SZ 41 (1920) 100, 107; ders., SZ 48 (1928) 377, 383ff. und Betti, St. De Francisci 1, 178, erklären das Stück für stark interpoliert. – Seckel-Levy 190 sprechen von »Zusammenfassung und Verdeutlichung«, die die Substanz unverändert gelassen habe. – S. auch den Rekonstruktionsversuch von Beseler, TS 8 (1928) 291.

[42]) Haymann, SZ 41 (1920) 108.

[43]) »gemischt generisches Geschäft«: Haymann, SZ 41 (1920) 107. – »beschränkt generischer Kauf«: Rabel, SZ 42 (1921) 546. – »konkreter Vorratskauf«: Seckel-Levy 189. – »... eher als abgewandelter Stückkauf denn als beschränkter Gattungskauf...«: Kaser, RPR 1, 461 N. 39.

[44]) Appleton, RH 6 (1927) 227; Seckel-Levy 160 N. 9; 192; Arangio-Ruiz 273; s. auch Kaser, RPR 1, 461 N. 39. – Vgl. ferner Haymann, SZ 41 (1920) 81 und Betti, St. De Francisci 1, 178; beide erklären aber die Stelle insoweit für interpoliert.

[45]) Seckel-Levy 191; vgl. auch Appleton, RH 6 (1927) 227, und Arangio-Ruiz 273.

[46]) S. schon die Bemerkung o. unter I.

[47]) Cels. D. 12, 4, 16; Gai. D. 18, 1, 35, 7; Paul. D. 18, 6, 8 pr.; eod. 13; eod. 15 pr./1; Iav. eod. 17; Afr. D. 19, 2, 33; Paul. D. 21, 2, 11 pr.; Pap. vat. 16; C. 4, 48, 6 (Dioclet.).

[48]) So indessen Betti, St. De Francisci 1, 154ff.; 165 und Ist. 2/1, 191; 410ff.; 418ff. u. ö. Er glaubt, in nachklassischer Zeit habe sich – unter dem Einfluß der hellenistischen Rechte – die Tendenz bemerkbar gemacht, den Anspruch des Käufers auf die Sache zu verstärken und ihm deswegen auch die Gefahr des Sachunterganges aufzubürden.

lich zusammenfallen[49]). Wenn der Verkäufer, der die Ware zu liefern imstande und bereit ist – was Voraussetzung für die Perfektion des Kaufvertrages und damit für den Gefahrübergang ist –, die Lieferung aufschiebt, so tut er das nur auf Wunsch des Käufers, der sie noch nicht gebrauchen oder bezahlen kann[50]). Bei dieser Sachlage wäre es unbillig, wenn der Verkäufer trotzdem weiterhin die Gefahr des zufälligen Unterganges oder der Verschlechterung der Ware tragen sollte[51]).

Das konditionelle Synallagma wird also hier zugunsten einer anderen, den Anforderungen der Billigkeit noch besser entsprechenden Regelung, aufgehoben[52]).

§ 16

Zusammenfassung

Die gegenseitige Abhängigkeit zwischen der Kaufpreis- und der Warenforderung bei der Geltendmachung, dem Entstehen und dem Untergang dieser Ansprüche, hat sich in der klassischen Zeit durchgesetzt. Die Abhängigkeit findet ihre Grenzen zum einen in bewußt abweichenden Parteivereinbarungen[1]) und zum anderen in der Gefahrtragungsregel *periculum emptoris*[2]).

I. 1. Das funktionelle Synallagma war Varro noch unbekannt, denn er berichtete, der Käufer könne den Verkäufer auf Lieferung verklagen, ohne seinerseits den Kaufpreis entrichtet zu haben[3]). Dieser Rechtszustand scheint sich zu Labeos Zeit noch nicht geändert zu haben, denn in dem von ihm erörterten Kaufvertrag war noch die ausdrückliche Bestimmung notwendig *ut soluta pecunia traderetur ei possessio*[4]), damit nicht der Käufer vor der Preiszahlung die Übergabe fordern könne; nach dem Tode des Käufers hielt Labeo die Zahlung der Gesamtpreises vor der Übergabe für erforderlich; er legte damit die erwähnte Vertragsklausel im Sinne des Synallagmas aus[5]).

Seit Julian[6]) steht es fest, daß der Verkäufer seine Sache wie ein Pfand zurückbehalten darf, bis der ganze Preis bezahlt oder zumindest

---

[49]) Kaser, RPR 1, 461: »Diese Regel ... rechnet, wenn die Leistung der Ware aufgeschoben wird, die Kaufsache, auch wenn sie noch Eigentum des Verkäufers bleibt, nicht mehr zu seinem Vermögen.«

[50]) Als Beispiele seien die oben § 6 bei der Retention des Verkäufers besprochenen Fälle erwähnt.

[51]) Appleton, RH 5 (1926) 383ff.; Seckel-Levy (o. N. 2) 149.

[52]) Grosso 211ff.; vgl. auch Betti, St. De Francisci 1, 170; Ist. 2/1, 202f.

[1]) Ulp. D. 2, 14, 16, 1; Aristo D. 2, 14, 58; Gai. 4, 126a – zu diesen Stellen sogleich.

[2]) S. o. § 15 IV.

[3]) de r. r. 2, 2, 6 – oben § 5 I.

[4]) D. 18, 1, 78, 2 – oben § 5 II.

[5]) Eine weitere Äußerung Labeos i. S. des Synallagmas: D. 19, 1, 50; vgl. auch D. 46, 4, 23; zu beiden Stellen sogleich.

[6]) Weitere Gutachten Julians, die dem Synallagma entsprechen: D. 18, 5, 5 pr./1; D. 19, 1, 25; D. 30, 84, 5; D. 47, 2, 14, 1 – zu diesen Stellen sogleich.

angeboten ist[7]). Der Vergleich mit dem Pfandrecht beruht darauf, daß der Verkäufer die Ware besitzt und sie erst hinzugeben braucht, wenn seine Preisforderung befriedigt ist. Der Vergleich wird den Hochklassikern nützlich erschienen sein, weil möglicherweise zu ihrer Zeit die Retention des Verkäufers noch nicht selbstverständlich ist; er ist daher geeignet, die Vermutung zu stützen, daß am Ende der Republik[8]), vielleicht sogar noch zu Beginn des Prinzipats[9]), das funktionelle Synallagma nicht anerkannt ist. Die Lieferungsklage des Käufers wird der *iudex* auf Grund der *bona-fides*-Klausel, ohne eine besondere *exceptio*, abweisen, doch steht es denkbarerweise dem Kläger frei, noch *apud iudicem* die Zahlung nachzuholen[10]).

2. Es ist kein Fall überliefert, in dem auch die *actio venditi* abgewiesen wird, weil der Kläger seiner Verpflichtung nicht nachgekommen ist. Gegen die stipulierte Geldforderung gewähren Julian und Gaius dem Erwerber eine *exceptio*, solange die Warenlieferung noch aussteht[11]). Diese Einrede wird als *exc. mercis non traditae* gegen Argentarierforderungen aus Auktionen beweglicher Sachen ediktal gewesen sein. Geht ein Verkäufer mit der *a. venditi* vor, so wird ihn der *iudex*, gestützt auf die *bona-fides*-Klausel, abweisen, wie man auf Grund dieser *exceptio* und der *retentio* des Verkäufers vermuten darf.

II. 1. Für das genetische Synallagma ist die Verbindung von Forderung und Gegenforderung zweifelsfrei: Der Verkäufer erlangt keine Forderung, wenn die des Käufers nicht entsteht, weil es an der Einigung über die Ware fehlt, oder weil etwa die Kaufsache bei Vertragsschluß nicht existiert, bereits dem Käufer gehört oder sich *extra commercium* befindet; ebensowenig ist der Verkäufer verpflichtet, wenn der Käufer den Preis wegen fehlender oder unbestimmter Vereinbarung nicht schuldet[12]).

2. Berichten von Paulus zufolge verwirklicht sich das genetische Synallagma auf andere Weise in dem Fall, daß nur eine der beiden Forderungen eines Kaufvertrages in vollem Umfang klagbar ist[13]), so, wenn ein *pupillus sine tutoris auctoritate*[14]) oder ein Sklave ohne Pekulium oder mit einem geringwertigen eine Sache kauft[15]), oder wenn ein gutgläubiger Verkäufer eine *res furtiva* an einen bösgläubigen Käufer veräußert[16]). In den ersten beiden Fällen wird die *actio venditi* gar nicht bzw. beschränkt auf das Pekulium gegeben, im dritten wird die *actio empti* versagt. Dem Vermögensschutz von *pupillus*, *dominus* und Gutgläubigem, sowie den Interessen des

---

7) Iul.-Ulp. D. 47, 2, 14, 1; Marcel.-Ulp. D. 21, 1, 31, 8; Scaev. D. 18, 4, 22 und D. 26, 7, 56; Ulp. D. 19, 1, 13, 8; C. 4, 49, 8 (Diocletian); s. o. §§ 6 und 8.

8) Varro hat sein Werk 37 v. Chr. verfaßt: Dahlmann, RE Suppl. 6 (1935) 1185 s. v. M. Terentius Varro.

9) Labeo lebte etwa von 50 v. Chr. bis 20 n. Chr.: Pernice 9 ff.; s. auch oben § 14 m. N. 9.

10) S. o. § 7.

11) Iul. D. 19, 1, 25; Gai. 4, 126a – dazu oben § 10.

12) S. o. § 12 I.

13) Oben § 12 II.

14) Paul. D. 18, 5, 7, 1 – oben § 12 II 1.

15) Paul. D. 12, 1, 31, 1 und D. 21, 1, 57 pr. – Diesen Fällen wird der des Geschäftes eines *filiusfamilias* über eine Pekuliarsache gleichzuachten sein – vgl. o. § 12 II 4.

16) Paul. D. 18, 1, 34, 3 – oben § 12 II 3.

anderen Vertragsteils ist am besten gedient, wenn die geschützten Personen nach ihrer Wahl entweder auf Erfüllung durch den anderen Teil bestehen, dann aber auch ihrerseits erfüllen, oder wenn sie die fremde Leistung nicht begehren, dafür aber die eigene behalten dürfen.

III. 1. Wenn jemand dieselbe Sache zweimal kauft, muß er – nach Meinung Nervas – zweimal den Preis bezahlen, obwohl er sie nur einmal bekommt[17]). Das konditionelle Synallagma zeigt sich hingegen in der seit Celsus und Julian verbreiteten Anschauung, daß der Käufer den Vertrag nicht zu erfüllen braucht, wenn er die Ware auf Grund eines anderen Rechtsgeschäftes, insbesondere eines anderen Kaufes oder eines Legates, zu erhalten hat[18]).

2. Auf den Gedanken des konditionellen Synallagmas läßt sich vielleicht schon aus Labeos Betonung der von ihm angenommenen einseitigen Wirkung der *acceptilatio* und aus seinem Schweigen über die Wirkung der Aufhebung einer in einem Kauf- oder Mietvertrag begründeten Forderung schließen[19]). Es entspricht dem Synallagma, wenn Labeo ein Gesetz, das den Käufer von seiner Verpflichtung entband, so auslegte, daß auch von dem Verkäufer die Leistung nicht mehr begehrt werden könne, falls diese noch aussteht[20]).

Aristo unterbrach noch die gegenseitige Abhängigkeit beider Forderungen, wenn er ein *pactum*, aus dem nur ein Teil frei werden soll[21]), oder das nach Erfüllung durch einen Teil vereinbart worden ist[22]), für wirksam erklärte.

Im übrigen richten sich die Folgen der Forderungsaufhebung nach dem Synallagma, das nur durch besondere Umstände außer Kraft gesetzt wird: Julian und Paulus deuten den Vorgang der *acceptilatio* einer in der *emptio venditio* oder *lacatio conductio* begründeten Forderung so, daß auch der andere Teil – formlos – befreit werde[23]).

Es ist anerkannt, daß nach Erfüllung durch eine Partei im allgemeinen ein *pactum* über die Vertragsaufhebung nicht mehr vereinbart werden kann[24]). Ein *pactum* über einen Vertrag, durch den ein *filiusfamilias* eine Sache verkauft hat, ist unwirksam, wenn nicht – neben dem Käufer und dem *paterfamilias* – auch der *filiusfamilias* an dem *pactum* beteiligt ist[25]).

Das Synallagma wird wohl im Wege der Retention verwirklicht, wenn durch ein *pactum* mit einem *pupillus sine tutoris auctoritate* allein der *pupillus* befreit wird[26]).

Wirksam ist allerdings eine Vereinbarung, nach der der Preis nicht mehr

[17]) Nerva-Pomp. D. 21, 2, 29 pr. – oben § 13 I 1.
[18]) Cels.-Pomp. D. 21, 2, 29 pr.; Iul. D. 30, 84, 5 – oben § 13 I.
[19]) Labeo-Paul. D. 46, 4, 23 – oben § 13 II 1 und 6 sowie § 14 III.
[20]) Labeo D. 19, 1, 50 – oben § 14.
[21]) Aristo-Pomp. D. 18, 5, 1 – oben § 13 II 4.
[22]) Aristo-Ner. D. 2, 14, 58 – oben § 13 II 3.
[23]) Iul. D. 18, 5, 5 pr.; Paul. D. 46, 4, 23 – oben § 13 II 2 und 1.
[24]) Pomp. D. 18, 1, 6, 2; D. 18, 5, 2; Paul. eod. 3; Iul. eod. 5, 1 – oben § 13 II 3.
[25]) Pomp. D. 18, 5, 1 – oben § 13 II 4.
[26]) Paul. D. 18, 5, 7, 1 – oben § 12 II 1.

gefordert und die schon gelieferte Ware zurückgegeben werden soll[27]), weil hier der ausdrückliche Parteiwille auf die Befreiung nur eines Teiles gerichtet und außerdem die Herstellung eines gleichartigen Zustandes bei beiden Parteien – als wäre der Vertrag nie geschlossen gewesen – beabsichtigt ist.

3. Das Synallagma setzt sich gegen die Gefahrtragungsregel nicht durch, denn der Käufer muß den Preis entrichten, auch wenn die Sache vor der Übergabe infolge höherer Gewalt untergegangen ist und ihm daher nicht geliefert wird[28]). Der Grund für diesen Rechtssatz wird – außerhalb des Synallagmas – darin zu sehen sein, daß nicht der Verkäufer mit dem Risiko des Sachunterganges für einen Zeitraum belastet sein soll, in dem bereits der Käufer die Sache von dem Verkäufer in seinen eigenen Obhutsbereich übernehmen könnte und aus seinem Willen darauf verzichtet[29]).

Im übrigen wird im hochklassischen Recht das Synallagma allenthalten beachtet.

---

[27]) Ulp. D. 2, 14, 16, 1; Aristo-Ner. D. 2, 14, 58 – oben § 13 II 5 und 3.
[28]) Insbesondere Paul. D. 18, 6, 8 pr. – oben § 15 II und III.
[29]) Oben § 15 IV.

3. Abschnitt

Locatio conductio

§ 17

Funktionelles Synallagma

Der Austausch von Leistung und Gegenleistung kennzeichnet auch die Beziehungen innerhalb der *locatio conductio*. Der Gebrauchsgewährung steht der Mietzins, der Dienstleistung steht der Dienstlohn und dem Werklohn steht die Werkherstellung gegenüber. Es fragt sich, ob diese Leistungen synallagmatisch miteinander verknüpft sind, so daß die eine nicht gefordert werden kann, wenn die andere nicht erbracht wird. Auch die *locatio conductio* ist auf Erscheinungen des funktionellen, genetischen und konditionellen Synallagmas zu untersuchen.

I. Als erstes wird geprüft, ob der *locator* und der *conductor* sich weigern dürfen, ihre Leistung zu erbringen, wenn ihr Vertragspartner seine Verbindlichkeit noch nicht erfüllt hat.

Insgesamt kommen nur drei Stellen in Frage: Paul. D. 14, 2, 2 pr.; Ulp. D. 19, 2, 19, 3 und C. 4, 65, 14.

1. Daß ein Schuldner sich zu Recht weigert, seine Schuld zu erfüllen, wird zum ersten Mal[1]) in einem Bericht des Servius Sulpicius Rufus (*cos.* 51, gest. 43 v. Chr.)[2]) erwähnt:

Paul. D. 14, 2, 2 pr. (34. ed.): Si laborante nave iactus factus est, amissarum mercium domini, si merces vehendas locaverant, ex locato cum magistro navis agere debent: is deinde cum reliquis, quorum merces salvae sunt, ex conducto, ut detrimentum pro portione communicetur, agere potest.
Servius quidem respondit ex locato agere cum magistro navis debere, ut ceterorum vectorum merces retineat, donec portionem damni praestent. immo...[3]).

Das Fragment handelt von der *lex Rhodia de iactu*[4]): Häufig ist das einzige Mittel, um Schiff und Ladung aus Seenot zu retten, daß ein Teil des Gutes über Bord geworfen wird. Nach Ansicht von Paulus kann der Geschädigte den *magister navis*, und dieser die anderen Befrachter auf Zahlung eines

---

1) Zusammenstellung der Retentionsfälle bei Nardi 443 ff.

2) Kunkel, Herkunft (1952) 25.

3) Ab *immo* ist die Stelle völlig verderbt: s. die im folgenden und im Ind. Itp. Genannten.

4) Die *lex Rhodia:* besondere Klausel des Beförderungsvertrages? So Kreller, Ztschr. f. d. Gesamte Handelsr. 85 (1921) 346. – Oder ursprünglich lediglich Ausschluß des *iactus* von den Entschuldigungsgründen des *magister navis* und Einräumung des Zurückbehaltungsrechtes durch die Befrachter? So De Martino, Riv. del dir. della navig. 3 (1937) 335 ff.; 4 (1938) 3 ff. und 183 ff.

Ausgleiches in Anspruch nehmen. Anderes bestimmt Servius: er glaubt, der geschädigte Befrachter könne von dem *magister navis* nur verlangen, daß dieser die Ladung der anderen Befrachter zurückhalte[5]). Anscheinend war zur Zeit des Servius das Rechtsinstitut der *lex Rhodia* weniger weit entwickelt als zu Paulus' Zeiten. Hinter der Entscheidung des Servius werden folgende Überlegungen gestanden haben:

Der geschädigte Befrachter kann den *magister navis* nicht auf Schadensersatz verklagen, denn dieser hat nicht treuwidrig gehandelt, als er zur Rettung von Schiff und Ladung einen Teil der Güter opferte.

Der Geschädigte hat auch keine Klage gegen die anderen Befrachter. Zwar sind infolge seiner Vermögenseinbuße die Waren der anderen gerettet worden; da es jedoch an der Hingabe einer Sache oder an einer ihr gleichstehenden Leistung[6]) fehlt, sind die anderen Befrachter nicht im Sinne des Kondiktionsrechts bereichert. Auch ein Vertrag besteht zwischen den einzelnen Befrachtern nicht, insbesondere keine *societas.* Ein Vertrag des *magister navis* mit den Befrachtern zugunsten eines aus einem Seewurf Benachteiligten ist nicht anzunehmen und wäre zudem als ein Vertrag zugunsten Dritter[7]) ohne Wirksamkeit.

Der *magister navis* selbst hat wegen des Seewurfs gegen die Eigentümer der geretteten Waren keine *actio*[8]) auf Grund Deliktes, Bereicherung oder Vertrages.

Es ist offenbar, daß die anderen Befrachter infolge des Verlustes des einen von ihnen vor Vermögensschäden bewahrt worden sind. Sein Vermögensopfer kann mit den Aufwendungen zur Erhaltung oder zur Verbesserung einer später von dem Eigentümer herausverlangten Sache oder mit dem Schaden, den eine solche Sache herbeigeführt hat, verglichen werden; in diesen Fällen darf der herausgabepflichtige Besitzer die Sache bis zum Ersatz der mit der Sache verknüpften Vermögenseinbuße retinieren. Denselben Weg hält Servius dem *magister navis* zugunsten des benachteiligten Befrachters offen. Die *fides* gebietet es dem *magister navis* sogar, von seiner Befugnis Gebrauch zu machen. Der benachteiligte Befrachter kann den *magister navis* auf die Retention gegenüber den anderen Befrachtern verklagen, erklärt Servius[9]).

---

[5]) Das heißt praktisch: der Befrachter klagt mit der *actio locati* auf Schadensersatz, wenn der *magister navis* nicht zurückgehalten hat. – De Martino (Estr. S. 85) streicht das Klagerecht des Befrachters gegen den *magister navis.*

[6]) Kaser, RPR 1, 496f.; s. auch oben § 12 II 2 bei N. 30.

[7]) Vgl. Wieacker, St. Albertario 1 (1953) 517: *exceptio e iure tertii* oder Drittschadensliquidation.

[8]) Zur Zeit des Servius: De Martino, Lex Rhodia, Estr. S. 32 N. 1; 46; 82ff.; Nardi 411f. – Paulus gewährt dann dem *magister navis* diese Klage; so der Anfang des fr. cit. – Im übrigen s. o. N. 5.

[9]) Nardi 409 rekonstruiert: *[,ut] ‹et magistrum› ceterorum [vectorum] merces [retineat] ‹retinere posse›.* Ähnliche Veränderungen nimmt Marrone, Iura 6 (1955) 174 an, der davon ausgeht, daß eine *actio* auf Zurückhaltung einer Sache gegenüber Dritten unklassisch sei. Diese Behauptungen tragen unseres Erachtens dem wenig entwickelten Rechtszustand der *lex Rhodia* zur Zeit des Servius nicht hinreichend Rechnung. S. im übrigen o. N. 8 und 5.

Da aber die anderen Befrachter auf den Ausgleich nicht verklagt werden können[10]), und da jedenfalls der Ausgleich keine Hauptpflicht aus dem Frachtvertrage darstellen würde – denn diese ist allein die Bezahlung des Transportes, – ist die *retentio* des *magister navis* keine Geltendmachung des nichterfüllten Vertrages.

2. Auf die Landpacht bezieht sich

Ulp. D. 19, 2, 19, 3 (32. ed.): Si dominus exceperit in locatione, ut frumenti certum modum certo pretio acciperet, et dominus nolit frumentum accipere neque pecuniam ex mercede deducere, potest quidem totam summam ex locato petere, sed utique consequens est existimare officio iudicis hoc convenire, haberi rationem, quanto conductoris intererat in frumento potius quam in pecunia solvere pensionis exceptam portionem. simili modo et si ex conducto agatur, idem erit dicendum.[11])

Der Verpächter hat sich ausbedungen, daß ein Teil der Pachtsumme durch Lieferung einer bestimmten Menge Getreides zu einem bestimmten Preis abgegolten werden sollte. Später weigert er sich, das Getreide abzunehmen und dessen Wert von seiner Pachtforderung abzuziehen. Nach Ulpians Ansicht kann der Verpächter auf die ganze Pachtsumme klagen, er muß sich jedoch die Differenz zwischen dem höheren Vertrags- und dem niedrigeren Marktwert des Getreides abrechnen lassen[12]).

Der Richter nimmt hier lediglich eine Abrechnung zwischen den Rechnungsposten beider Parteien vor. Eine Zurückbehaltung erkennt er dem Beklagten nicht zu. Die Hauptforderung des beklagten Pächters, die Landnutzung, wird überhaupt nicht erwähnt. D. 19, 2, 19, 3 hat mit dem funktionellen Synallagma nichts zu tun.

3. Impp. Valerianus et Gallienus AA. et C. Aurelio Iulio C. 4, 65, 14: Si hi, qui a vobis redemerant frumentum et hordeum annonae inferendum, accepta pecunia fidem fefellerunt, ex locato agere cum his potestis. (a. 259)

Der Gutsbesitzer hat das Einbringen seiner Ernte Unternehmern übertragen und ihnen die Vergütung schon ausgezahlt. Nun wird er von ihnen im Stich gelassen. Ihm steht die *actio ex locato* auf Schadensersatz zu. Auch hier wird nichts von der Geltendmachung der Nichterfüllung gesagt[13]), sondern nur die Vorleistung des Geldschuldners ausgesprochen.

II. 1. Die einzigen drei in Betracht kommenden Stellen geben also keine Auskunft darüber, ob auch im Rahmen der *locatio conductio* die Retention wegen der Nichterfüllung zulässig, das funktionelle Synallagma mithin verwirklicht ist.

Dennoch glauben wir, daß sich auch der mit der *actio ex locato* oder *ex conducto* Belangte auf die Nichterfüllung des Klägers berufen kann. Diese

---

[10]) Anders zur Zeit des Paulus: vgl. den Anfang des fr. cit.

[11]) Partsch 57: »Eine Entscheidung, die auch dem Dogma der *ultro citroque obligatio* entspricht.«

[12]) Ab *sed utique* soll das Fragment interpoliert sein; so: Partsch 57; G. Longo, St. Arangio-Ruiz 2, 393; Mayer-Maly, Locatio conductio (1956) 137f.; noch weitergehend: Beseler 5, 37. Die Mängel, wie das zweite *dominus* (Mo. verbessert in *dein;* Dig. Mil. in *deinceps)*, wie *sed utique consequens est existimare* und *quanto intererat* deuten wohl auf eine spätere Überarbeitung, aber nicht auf eine inhaltliche Veränderung hin: Medicus 159 N. 7. Ein Glossem wird allein der Schlußsatz *[simili modo rell]* sein, denn dasselbe Problem kann bei der Klage des Pächters nicht auftauchen: Medicus a. a. O.

[13]) Anders anscheinend: Mayer-Maly (o. N. 12) 83.

Vermutung stützt sich auf zwei Erwägungen: einmal darauf, daß zumindest auch das genetische Synallagma für die *locatio conductio* aus den überlieferten Texten nachzuweisen ist[14]); zum anderen auf der Beobachtung, daß die Quellen das funktionelle Synallagma bei der *emptio venditio* bezeugen und die *emptio venditio* in wesentlichen Punkten denselben Regeln unterliegt wie die *locatio conductio*.

Die Ähnlichkeit zwischen *locatio conductio* und *emptio venditio* betonen schon die römischen Juristen. Sie nennen außer den Grenzfällen zwischen beiden Verträgen die Gleichartigkeit des Abschlusses durch Konsens[15]), des Entgeltes[16]), der Zulässigkeit einer Bedingung[17]) und des *se circumscribere*[18]).

Wesentlicher als die bisher genannten Gleichartigkeiten ist es, daß die Klagformeln aus beiden Verträgen die *bona-fides*-Klausel enthalten, und daß beide Verträge den Leistungsaustausch zwischen den Parteien vorbereiten. Wie aber der Zweck des Leistungsaustausches und der Gedanke der *bona fides* bewirkten, daß der Verkäufer den Preis nicht ohne Lieferung der Ware und der Käufer die Ware nicht ohne Entrichtung des Preises verlangen kann, so müssen dieselben Gedanken bei der *locatio conductio* eine entsprechende Regelung hervorgebracht haben, so daß auch hier die Leistung nicht ohne Erbringung der Gegenleistung beansprucht werden kann.

2. Allerdings wird gegen die Behauptung, auch im Rahmen der *locatio conductio* habe sich der Beklagte auf die Nichterfüllung von seiten des Klägers berufen können, eingewandt[19]): Die Verpflichtungen von Käufer und Verkäufer ließen sich jeweils in demselben Zeitpunkt erfüllen, hingegen könne von den Parteien der *locatio conductio* nur die geldzahlungspflichtige ihre Leistung in einem Zeitpunkt erbringen, während die andere zur Gebrauchs- und Nutzungsgewährung, zur Herstellung des versprochenen Werkes und zur Leistung der zugesagten Dienste eine längere Spanne benötige[20]). Da bei der *locatio conductio* eine gleichzeitige Erfüllung von beiden Seiten nicht möglich sei, sei ein Rechtsbehelf, um diese zu erzwingen, nämlich die Zurückbehaltung wegen Nichterfüllung, sinnlos.

Wir halten diesen Schluß für unzutreffend, wie wir an zwei Beispielen zu zeigen versuchen werden:

Beispiel 1: Angenommen, der Vermieter habe dem Mieter für zwei Tage eine Anzahl von Fechtern versprochen (vgl. Gai. 3, 146).

1. Fall: Die Parteien hatten sich auf Zahlung praenumerando geeinigt[21]).

---

[14]) Dazu sogleich in § 18.

[15]) Gai Epit. 2, 9, 15.

[16]) Paul. D. 19, 2, 20 pr./1; Gai. 3, 142.

[17]) Paul. D. 19, 2, 20 pr.

[18]) Paul. D. 19, 2, 22, 3 – vgl. o. § 12 II 1 bei N. 15.

[19]) Bechmann 605 f.; vgl. Seidl, St. Albertario 1 (1953) 113.

[20]) Insoweit ist die *locatio conductio* als Dauerschuldverhältnis anzusehen.

[21]) Hierbei wird vorausgesetzt, daß die Parteien keine Zwischenzeit zwischen Lieferung und Zahlung abgemacht, also an Zahlung unmittelbar vor Lieferung gedacht hatten. – In entsprechender Weise wird angenommen, daß im zweiten Fall die Zahlung im unmittelbaren Anschluß an die Lieferung erfolgen sollte.

Der Vermieter verlangt von dem Mieter die Entrichtung des Mietzinses. Der Mieter bringt vor: drei der Gladiatoren seien inzwischen bei anderen Kämpfen verwundet worden.

2. Fall: Nachdem die Parteien Zahlung postnumerando festgesetzt hatten, klagt der Mieter auf Überlassung der Fechter. Der Vermieter weist nach, daß der Mieter inzwischen sein Vermögen verschwendet hat.

In beiden Fällen des ersten Beispiels ist der von den Parteien bezweckte Austausch der Leistungen in Frage gestellt. Es würde der *bona fides* widersprechen, wenn der Beklagte seine Leistung erbringen müßte, obwohl er die Gegenleistung aller Voraussicht nach nicht erhalten wird. Daher besteht ein Bedürfnis für die *retentio* auf Grund der Nichterfüllung[22].

Daß die *retentio* auch bei der *locatio conductio* praktisch durchführbar ist, ergibt die folgende Überlegung[23]: Die Zahlung praenumerando darf nicht ohne Zusammenhang mit der Gegenleistung gesehen werden. Wenn auch nicht die Gegenleistung schon vollendet sein kann, so müssen doch für ihre Erbringung schon Ansätze gemacht worden sein, wenn die Geldzahlung gefordert wird. »Zahlung praenumerando« wird etwa so aufgefaßt werden dürfen, daß das Geld erst in dem Augenblick erlegt werden muß, in dem beispielsweise die vermieteten Fechter übergeben, die Arbeiten am Flußbett[24]) begonnen oder die Schreiberdienste[25]) aufgenommen werden.

Entsprechendes wird von der Zahlung postnumerando zu gelten haben. Eine derartige Regelung bedeutet nicht immer, daß die Gegenleistung restlos erbracht sein muß. Insbesondere beim Werkvertrag wird die Vereinbarung häufig so zu verstehen sein, daß zwar der weitaus größte Teil der Leistung, die Herstellung des Werkes, bereits vollendet sein muß, daß aber ein kleiner Teil, nämlich die Übergabe der Sache an den Besteller, erst zu erfolgen braucht, wenn der Werklohn gezahlt wird.

In jedem Fall ist die Geltendmachung der Nichterfüllung denkbar und – wie wir vermuten – auch zulässig.

Beispiel 2: Ein *exceptor*[26]) hat sich auf mehrere Jahre verdungen. Der Lohn soll jeweils nach drei Monaten ausgezahlt werden.

1. Fall: Die Lohnzahlung bleibt aus. Soll der *exceptor* verpflichtet bleiben, dennoch im vierten und den folgenden Monaten seine Dienste fortzusetzen?

2. Fall: Der *exceptor* ist faul und trunksüchtig. Soll dennoch der Dienstherr zur Lohnzahlung verurteilt werden können?

---

[22]) In diesen Zusammenhang gehören noch zwei weitere Fälle:
3.) Obwohl die Parteien Zahlung praenumerando vereinbart hatten, klagt der Mieter auf Stellung der Fechter, ohne daß er den Mietzins entrichtet hätte.
4.) Der Mietzins sollte postnumerando gezahlt werden. Trotzdem klagt der Vermieter schon vor Beginn der Spiele auf Zahlung.
In den Fällen 3 und 4 ist die Klage schon nach den Worten des Vertrages nicht schlüssig. Eines Rückgriffes auf das Synallagma bedarf es nicht.

[23]) In erster Linie kommt es auf den Vertragsinhalt an.

[24]) Wie in dem Fall Labeo-Paul. D. 19, 2, 62.

[25]) Wie in dem Fall Ulp. D. 19, 2, 19, 9.

[26]) Vgl. N. 25.

Wir glauben, auch diese beiden Fragen auf Grund der *bona fides* verneinen zu müssen.

Im Gegensatz zu der obenerwähnten Theorie[27]) haben die beiden Beispiele gezeigt, daß auch im Rahmen der *locatio conductio* die Geltendmachung der Nichterfüllung erstens möglich ist und zweitens einem Gebot der *bona fides* entspricht.

Obwohl sich in der Überlieferung keine entsprechenden Fälle finden, möchten wir nach alledem doch vermuten, daß auch bei der *locatio conductio* das funktionelle Synallagma Geltung hatte.

§ 18

Genetisches Synallagma

I. Das genetische Synallagma zeigt sich bei der Miete ebenso wie beim Kauf[1]): Wenn etwa die Zahlungsverpflichtung fehlt[2]) oder unbestimmt ist[3]), oder wenn es an einer Leistung des Vermieters mangelt, weil das Mietobjekt schon dem Mieter gehört[4]), dann braucht auch die Gegenleistung nicht erbracht zu werden[5]).

II. Im Gegensatz zum Kauf[6]) haben wir jedoch kein Zeugnis über die Rechtslage, die sich etwa ergibt, wenn ein ohne *auctoritas* des Tutors handelnder *pupillus*, ein *filiusfamilias* oder ein Sklave mit zu niedrigem Pekulium eine *locatio conductio* vereinbart hat. Bei der *locatio conductio* besteht, ebenso wie bei der *emptio vendito*, die Gefahr, daß der *pupillus*, der *paterfamilias* oder der *dominus* die ganze Leistung von dem anderen Vertragsteil fordert und sich später gegenüber dessen Leistungsverlangen auf seine fehlende oder durch die Höhe des Pekuliums beschränkte Haftung beruft. Die Rechtsordnung wird den anderen Vertragsteil bei der Abwicklung einer *locatio conductio* in gleicher Weise wie bei der Erfüllung eines Kaufvertrages dadurch geschützt haben, daß sie ihm die Zurückbehaltung seiner Leistung bis zum Erhalt der Gegenleistung zugestand. Wir halten es daher für denkbar, daß beispielsweise derjenige, der mit einem *pupillus*, einem *filiusfamilias* oder einem Sklaven einen Vertrag abgeschlossen hatte, durch den er ein Haus vermietet, die Vornahme von Kanalisierungsarbeiten versprochen oder sich als *exceptor* verdungen hatte, seine Verpflichtung erst zu erfüllen brauchte, wenn ihm die entsprechende Geldzahlung erbracht worden war.

---

[27]) Bei N. 19.

[1]) S. o. § 12 I.

[2]) Ulp. D. 10, 3, 23; Paul. D. 19, 2, 20; Pap. D. 24, 1, 52 pr.

[3]) Vgl. Gai. D. 19, 5, 22. – Näher, zu beiden Fallgruppen: Kaser, RPR 1, 411f.; Mayer-Maly, Locatio conductio (1956) 128f.; Michel, Gratuité (1962) 253ff.

[4]) Iul. D. 16, 3, 15; Iav. D. 41, 3, 21; Ulp. D. 50, 17, 45; C. 4, 65, 20; eod. 23; eod. 25.

[5]) Mayer-Maly (o. N. 3) 114ff.; vgl. auch Kaser, SZ 78 (1961) 216 N. 147; teilweise abweichend: Albanese, Bull. 62 (1959) 121ff.

[6]) S. o. § 12 II und III.

§ 19

Konditionelles Synallagma

I. Als Äußerung des konditionellen Synallagmas ist es anzusehen, wenn die Verpflichtung zur Erbringung der Gegenleistung entfällt, soweit der Schuldner nicht in den Genuß der Hauptleistung gelangt. Ob die römischen Juristen einen solchen Grundsatz bei der *locatio conductio* anerkannt haben, soll an Hand der Regeln über die Gebrauchsüberlassung aus einem weiteren Rechtsgrund, die rechtsgeschäftliche Forderungsaufhebung und die Gefahrtragung untersucht werden.

II. Die Gebrauchsüberlassung aus einem weiteren Rechtsgrund betrifft

Ulp. D. 19, 2, 9, 6 (32. ed.): Si alienam domum mihi locaveris eaque mihi legata vel donata sit, non teneri me tibi ex locato ob pensionem: sed de tempore praeterito videamus, si quid ante legati diem pensionis debetur: et puto solvendum:

Tu hat an Ego ein fremdes Haus vermietet[1]) – sei es mit, sei es ohne Erlaubnis des Eigentümers. Der Eigentümer vermacht es dem Ego[2]). Ego braucht den Mietzins nicht zu bezahlen[3]). Er muß allerdings den Mietzins für die Zeit vor dem Legat entrichten; vor *solvendum* ein *non* einzufügen[4]), ist durch nichts zu rechtfertigen[5]).

Ulp. D. 19, 2, 9, 6 zeigt, daß die im Rahmen der *locatio conductio* versprochene Leistung nicht gewährt zu werden braucht, wenn die Gegenleistung aus einem anderen Rechtsgrund erbracht wird. So wenig wie die eine Partei muß die andere den Vertrag erfüllen. Wenn der Mieter das Haus vermacht erhält, dann erfreut er sich des Besitzes und Genusses der Sache nicht auf Grund des ursprünglichen Mietvertrages; dann hat andererseits der Vermieter nicht das Vermögensopfer gebracht, das von ihm erwartet wurde. So ist das Ziel des ersten Vertrages nicht erreicht, die erste Forderung unerfüllt geblieben. Die *bona fides* verbietet, daß dann trotzdem die erste Verpflichtung erfüllt werden muß. Das Synallagma ist gewahrt.

III. Wie beim Kauf könnte auch bei der Miete das konditionelle Synallagma weiter dann zutage treten, wenn eine der beiden Forderungen aufge-

---

[1]) Mayer-Maly, Locatio conductio (1956) 60 N. 85, stellt fünf weitere Stellen über die Vermietung oder Verpachtung durch den Nichteigentümer zusammen: Ulp. (statt Paul.) D. 19, 2, 7; eod. 9 pr.; 1 und 6; eod. 15, 8; Afr. eod. 35 pr.; Paul. D. 41, 2, 30, 6.

[2]) *legati diem* läßt *[vel donata]* als später eingeschoben erkennen: Di Marzo, Bull. 17 (1905) 109 N. 1; F. Schulz, SZ 38 (1917) 150; Beseler 4, 335; Mayer-Maly (o. N. 1) 59; Albanese, Bull. 62 (1959) 138.

[3]) So hat, wenn man dem AcI trauen darf (beanstandet von Albanese [o. N. 2]), schon ein anderer Jurist vor Ulpian geschrieben. Es mag aus dem nachfolgenden D. 19, 2, 10 zu schließen sein, daß hier Julian zitiert wurde; so: F. Schulz (o. N. 2) und Mayer-Maly (o. N. 1) 59; dagegen Albanese (o. N. 2). Doch bleibt unerklärlich, warum die Kompilatoren seinen Namen hätten streichen sollen. Denkbar ist auch, daß Ulpian den Bericht über Celsus fortsetzt, den er in § 5 begonnen hatte (zweifelnd: Lenel, Pal. 1, 141 N. 2 = Cels. 82). D. 21, 2, 29 pr. hatte schon gezeigt, daß sich Celsus mit den Problemen des *concursus causarum* beschäftigte.

[4]) Amann, zit. in Dig. Mil. N. 3 ad h. l.

[5]) Vor *ante legati diem* ist *de tempore praeterito* überflüssig, wenn auch vielleicht nicht unecht. – Mayer-Maly 59 m. N. 82: gl.

hoben werden soll. Dem Synallagma würde es entsprechen, wenn die Aufhebung der einen Forderung auch die Beseitigung der anderen nach sich zöge, oder wenn die Begünstigung nur einer Partei durch den Erlaß ihrer Verpflichtung unwirksam wäre.

1. Iul. D. 2, 14, 56 (6. Minic.): Si convenerit, ne dominus a colono quid peteret, et iusta causa conventionis fuerit: nihilo minus colonus a domino petere potest.

Der Verpächter hat dem Pächter in einem *pactum de non petendo* erklärt, er werde die Pachtsumme nicht einfordern. Der Gedanke liegt nahe, daß der Verpächter einer Mißernte des Pächters Rechnung tragen und ihn nachträglich von dem Risiko ungünstiger Witterung hat befreien wollen – eine Überlegung, die in späterer Zeit[8]) zu der Rechtseinrichtung der *remissio mercedis* geführt hat. Die *iusta causa conventionis* wird schon dann gegeben sein, wenn der Verpächter zu dem *pactum* nicht durch Täuschung oder Drohung bestimmt worden ist. Julian geht davon aus, daß das *pactum* wirksam sei, daß also nunmehr der Verpächter von dem Pächter nichts mehr zu verlangen habe, und er bestimmt, daß trotzdem der Pächter seine Ansprüche gegen den Verpächter weiterhin durchsetzen könne.

2. Die unentgeltliche Befreiung nur des Pächters, nicht des Verpächters, zeigt sich auch in

Paul. D. 19, 2, 24, 5 (34. ed.): Qui in plures annos fundum locaverat, testamento suo damnavit heredem, ut conductorem liberaret. si non patiatur heres eum reliquo tempore frui, est ex conducto actio: quod si patiatur nec mercedes remittat, ex testamento tenetur.[9])

Ein Verpächter hatte seinem Erben durch Damnationslegat aufgegeben, den Pächter von seiner Pachtschuld zu befreien. Den Erlaß kann der Pächter mit der *actio ex testamento* erzwingen. Die *locatio conductio* selbst bleibt erhalten: dem Pächter steht die *a. ex conducto* zu.

Die gleiche Entscheidung[10]) trifft Paulus noch in D. 34, 3, 16 und überliefert sie von Cassius in D. 34, 3, 18.

3. In denselben Zusammenhang gehört schließlich

Ulp. D. 19, 2, 5 (28. ed.): Si tibi habitationem locavero, mox pensionem remittam, ex locato et conducto agendum erit.

Ego vermietet dem Tu eine Wohnung. Bald darauf erläßt er dem Tu die *pensio*. Trotzdem bestehen auch weiterhin sowohl Ansprüche des Vermieters Ego, als auch solche des Mieters Tu[11]).

Es könnte so scheinen, als sei die *remissio* wirkungslos geblieben, da Ulpian beiden Parteien Klagen zugesteht. Man könnte geneigt sein, sich die Wirkungslosigkeit des Erlasses damit zu erklären, daß grundsätzlich nur beide Forderungen und nicht eine allein aufgehoben werden könnten. Diese

---

[8]) Hauptsächlich seit den Severern: Mayer-Maly 142.

[9]) Dazu Mayer-Maly 46 N. 26.

[10]) Die beiden folgenden Stellen hatten das *legatum sinendi modo* zum Gegenstand. Näheres bei Bammate, Origine et nature du *legs sinendi modo* (1947) 88ff. und bei Kaser, SZ 67 (1950) 324 N. 6; weitere Hinweise bei Mayer-Maly 46 N. 26.

[11]) Daß etwa *locato et* ein unüberlegter, vollständigkeitssüchtiger Zusatz sei, wäre nicht zu erweisen.

Deutung würde in der Stelle keine Stütze finden und zudem durch die Entscheidungen des Paulus und Julian[12]) erschüttert werden[13]).

Ulpian wird vielmehr gemeint haben, daß der Erlaß des gesamten Mietzinses zwar wirksam sei, im übrigen aber die Parteien ihre Rechte und Pflichten als Vermieter und Mieter behielten, dem Vermieter also die *actio ex locato* beispielsweise für den Fall der unsorgfältigen Behandlung der Mietsache nicht verlorengegangen sei[14]). Ulpian legt die Parteivereinbarung, die sich allein auf *pensionem* bezieht, eng aus und macht deutlich, daß *pensionem remittere* nicht soviel umfaßt wie *legare quidquid eum dare facere oportet oportebitve* (Paul. D. 34, 3, 16). Auch Ulpian erkennt den Grundsatz an: der *conductor* kann von der Entgeltspflicht befreit werden, während der *locator* weiterhin zur Überlassung der Sache verpflichtet ist[15]).

Der Grund für derartige Entscheidungen wurde oben[16]) schon genannt: Hier ist es offensichtlich der Wille beider Teile, nur die Forderung des Vermieters/Verpächters unwirksam zu machen. Es ist sehr wahrscheinlich, daß ohne diesen besonderen Parteiwillen die Aufhebung nur einer der Forderungen nicht möglich wäre, daß also das Synallagma die Regel ist.

IV. Schließlich ist zu prüfen, ob der Zinspflichtige von seiner Schuld frei wird, soweit die Miet- oder Pachtsache von ihm nicht gebraucht, die Dienst- oder Werkleistung nicht ausgenutzt werden kann, ohne daß er oder sein Vertragsgegner die Unbrauchbarkeit verschuldet hat[17]).

1. Wenn ein Mieter das gemietete Haus nicht gebrauchen kann, weil es baufällig wurde[18]), abgestützt werden mußte[19]), einstürzte[20]) oder aufbrannte[21]), ist er von der Zinspflicht frei[22]).

2. Der Pächter braucht den Pachtzins nicht zu zahlen, wenn ihm Schäden aus unwiderstehlicher Gewalt erwachsen sind[23]); dazu gehören Hochwasser und Erdrutsch, Nachtfrost und übermäßige Sonnenglut, ferner die

---

[12]) Iul. D. 2, 14, 56; Paul. D. 19, 2, 24, 5; D. 34, 3, 16; eod. 18.

[13]) Ebensowenig würde in dieser Stelle die Ansicht zu begründen sein, daß der bald – sei es nach Vertragsschluß, sei es nach Übernahme der Wohnung – gewährte Erlaß als eine Umgehung des Erfordernisses der Entgeltlichkeit angesehen und daher für ungültig erklärt worden sei, oder daß der Vermieter nur eine Rate, *pensio*, und nicht den gesamten Mietzins, *merces*, erlassen (ähnl. C. 4, 65, 19) und deswegen – bis auf den Betrag der einen Rate – seine Forderung behalten hätte.

[14]) Dazu weiter Michel, Gratuité (1962) 254ff. und 307ff.

[15]) S. auch Iul. D. 7, 1, 34, 1; Iav. D. 33, 2, 30, 1: Vermächtnis des *ususfructus* an den Pächter.

[16]) S. § 13 II 6.

[17]) Im Rahmen dieser Untersuchung soll ein kurzer Überblick über das Gebiet der Gefahrtragung genügen. Ausführlich zuletzt: Kaser, SZ 74 (1957) 155ff.; Betti, Ist. 2/1 (1960/62) 421ff. und Miquel, SZ 81 (1964) 134ff. und 168ff.

[18]) Alfen. D. 19, 2, 27 pr. und eod. 30 pr.; Labeo eod. 28 pr./1.

[19]) Labeo eod. 60 pr.

[20]) Ulp. eod. 19, 6; vgl. auch Alfen. eod. 30 pr.; Sab.-Ulp. D. 39, 2, 13, 6.

[21]) Ulp. D. 19, 2, 9, 1; eod. 19, 6; Alfen. eod. 30, 1; Sab.-Ulp. D. 39, 2, 13, 6.

[22]) Betti, St. De Francisci 1 (1956) 192f.; ders., Ist. 2/1, 426; Kaser (o. N. 17) 169ff.

[23]) Servius-Ulp. D. 19, 2, 15, 2 – zu dieser Stelle neuestens: Miquel (o. N. 17) 142 m. N. 33 und 173f.

Verheerungen durch römische oder feindliche Soldaten, durch Räuber[24]) und Piraten[25]). Keine Befreiung des Pächters tritt aber ein wegen Nachteilen, die *ex ipsa re oriantur*, wie dem Umschlagen des Weins oder dem Verderb der Saaten durch Ungeziefer und Unkraut[26]), denn diese Schadensursachen sind eher dem Interessenbereich des Pächters zuzuordnen[27]).

3. Dem Werkunternehmer wollte Labeo die Gefahr aufbürden, wenn der zu befördernde Sklave auf dem Transport starb[28]) oder ein Erdrutsch Kanalisierungsarbeiten zunichte machte[29]). Sabinus läßt den Besteller die Gefahr tragen *si vi naturali, veluti terrae motu hoc acciderit*[30]); derselben Ansicht sind Afrikan[31]), Paulus, der demgemäß den Unternehmer mit den Nachteilen *operis vitio* belastet[32]), und wohl auch[33]) Florentinus[34]).

4. Unverschuldete Ereignisse im Bereich des Dienstgebers wie sein Tod[35]) oder die Vernichtung des Arbeitsplatzes[36]) gehen zu seinen Lasten[37]). Wahrscheinlich hat aber der Dienstnehmer den Verlust des Lohnanspruches hinzunehmen, wenn ihm durch ein Ereignis auf seiner Seite, z.B. Krankheit, die Erbringung der Dienste unmöglich wurde[38]).

Dem Synallagma ist es gemäß, wenn der Vermieter den Zinsanspruch verliert, falls der Mieter nicht in den Genuß der Wohnung kommt. Ihm entspricht es auch, daß der Dienstlohn bezahlt wird, solange die Arbeitskraft zur Verfügung gestellt, wenn auch nicht ausgenutzt wird[39]).

Die Beurteilung der Gefahrtragung bei der Dienstmiete stimmt außerdem mit den Entscheidungen überein, die die Pacht und den Werkvertrag

---

24) Gai. D. 19, 2, 34.

25) Labeo-Ulp. D. 4, 9, 3, 1.

26) So Servius-Ulp. D. 19, 2, 15, 2 – anders Ulp. D. 19, 2, 19, 1.

27) Kaser (o. N. 17) 198f. – Grosso 211 m. N. 1; 214, gelangt zu einer uneingeschränkten Regel *periculum locatoris* und damit zu einer Bestätigung des Synallagmas. – Betti, St. De Francisci 1, 192f. und Ist. 2/1, 426f., stellt daneben auf Vorhersehbarkeit oder Unvorhersehbarkeit der Schadensursache ab.

28) Labeo D. 14, 2, 10 pr. – abweichend Paulus daselbst.

29) Labeo D. 19, 2, 62 – abweichend Paulus daselbst.

30) Sabinus-Iav. D. 19, 2, 59.

31) Afr. D. 19, 2, 33.

32) Paulus-Labeo D. 19, 2, 62.

33) Florent. D. 19, 2, 36 – dazu Miquel (o. N. 17) 183ff.

34) Kaser (o. N. 17) 186ff.; 194: »Die Gefahr der höheren Gewalt liegt... beim *locator*.« So, im Ergebnis, auch Miquel (o. N. 17) 183ff. – Betti, St. De Francisci 1, 185ff. und Ist. 2/1, 421ff. geht hingegen von einer Gleichstellung zwischen Kauf und Werkvertrag aus und kommt daher – nach Behauptung des *periculum venditoris* – zum *periculum conductoris*. – Beide Autoren halten jedoch die angeführten Stellen für im wesentlichen echt. Wie Kaser von »Interessenbereichen« (S. 198), so spricht Betti bei der *locatio operis* von der »sfera di controllo del committente« (Ist. 2/1, 422f.).

35) Pap. D. 1, 22, 4 (cfr. Ulp. D. 19, 2, 19, 10); Ulp. D. 19, 2, 19, 9.

36) Gegenschluß aus dem Bergarbeitervertrag CIL 3, 948, 10 Zeile 7 (FIRA 3, 466f.; Nr. 150): *Quod si] fluor impedierit, pro rata computare debebi[t]*. – Mayer-Maly (o. N. 1) 184; Kaser (o. N. 17) 196.

37) Allgemein formuliert in Paul. D. 19, 2, 38 pr.

38) Vgl. auch Paul. D. 19, 2, 38 pr.; Ulp. D. 38, 1, 15 pr.; Ulp. D. 50, 13, 1, 13. – Betti, St. De Francisci 1, 193f.; ders., Ist. 2/1, 427f.; Kaser (o. N. 17) 194ff.

39) Betti, St. De Francisci 1, 192f.; ders., Ist. 2/1, 426f.; Grosso 211; 214.

betreffen: hier trägt – ohne Rücksicht auf das Synallagma[40]) – derjenige die Gefahr, in dessen Bereich das störende Ereignis entstanden ist[41]).

§ 20

Zusammenfassung

Bei der *locatio conductio* läßt sich das Synallagma schwer erkennen. Nachzuweisen ist das genetische, sofern die eine Forderung dann nicht entsteht, wenn die andere nicht wirksam wird, und das konditionelle, da bei einem *concursus causarum* der Mieter oder Pächter von seiner Zinszahlungspflicht frei wird.

Es ist denkbar, aber nicht überliefert, daß dem einen Teil die Retention zugestanden wird, wenn der andere Teil seine Leistung begehrt, ohne die eigene Verpflichtung erfüllt zu haben. Ebensowenig ist auszuschließen, daß jemand, der Geschäfte mit Haussöhnen, Sklaven oder Pupillen abgeschlossen hat, seine Leistung erst zu erbringen braucht, wenn auch der *paterfamilias*, *dominus* oder *pupillus* die seine vollzogen hat. Quellen dazu gibt es nicht, wie ja überhaupt die *locatio conductio* bei den römischen Juristen wenig Interesse gefunden hat[1]).

Zurückgedrängt wird das Synallagma bei der einverständlichen Aufhebung der Zinspflicht und bei der Gefahrtragung: Es stößt auf keinen Widerstand, daß der Mieter oder Pächter von seiner Zahlungspflicht befreit wird, während der Vermieter oder Verpächter weiterhin zur Gebrauchsgewährung verpflichtet bleibt. Vor allem soziale Gründe werden dafür gesprochen haben, diesen Freigebigkeiten ihre Wirkung nicht zu versagen. – Die Gefahrtragung wird danach verteilt, in wessen Bereich das nachteilige Ereignis entstanden ist. Hier wird eine den wirtschaftlichen Gegebenheiten besser sich anpassende Regelung dem starren Prinzip des Synallagmas vorgezogen.

---

40) Anders: Grosso 211 m. N. 1; 214.
41) Kaser (o. N. 17) 198ff.
1) Kaser, RPR 1, 469.

4. Abschnitt

»Uneigentliches Synallagma«

§ 21

Transactio

I. Auf Erscheinungen, die dem Synallagma ähnlich sind, ist die *transactio* zu untersuchen. Die *transactio*[1]) ist eine formlose[2]) Abrede, durch die zwei oder mehr Personen einen Streit[3]) oder eine Ungewißheit[4]) über ein Recht[5]) beenden, und zwar mittels gegenseitiger Zugeständnisse. Meistens verspricht[6]) oder erbringt[7]) der eine Teil eine Leistung, damit der andere auf eine Klageerhebung oder -fortsetzung[8]) verzichte[9]). Der Verzicht bedeutet für die Gegenpartei die Abwendung eines drohenden Verlustes, also einen Gewinn. Die Leistungen beider Parteien haben Entgeltscharakter. Sie werden gegeneinander ausgetauscht, obwohl nur die eine Leistung in einem Tun, die andere aber in einem Unterlassen besteht.

Der wesentliche Unterschied zu der *emptio venditio* und der *locatio conductio* ist darin zu sehen, daß die *transactio* kein typischer Schuldvertrag mit typischer *actio*, sondern ein *pactum* ist und keine Aktionen hervorbringt. Deshalb kann hier nur allenfalls von einem »uneigentlichen« Synallagma gesprochen werden.

II. Mit dem funktionellen Synallagma läßt sich die Regelung des Falles, daß ein Vertragsteil die Vereinbarung nicht erfüllt, vergleichen. Denn dann ist auch der andere nicht mehr an sie gebunden. Das folgt aus zwei kaiserlichen Reskripten der Jahre 293 und 294.

1. Impp. Diocletianus et Maximianus AA. et CC. Eusebio. C. 2, 3, 21: Cum proponas inter vos sine scriptura placuisse fratrum tuorum successiones aequis ex partibus dividi, et

---

[1]) Peterlongo, Transazione (1936); dazu: Kaser, SD 3 (1937) 200ff. und Schnorr von Carolsfeld, SZ 58 (1938) 349ff.; Kaser, RPR 1, 536f. und 2, 322; Aboucaya, RH 37 (1959) 275ff. – alle m. weit. Lit.

[2]) Peterlongo 177ff.

[3]) Z.B. Ulp. D. 2, 15, 1; Scaev. D. 2, 15, 14.

[4]) Z.B. Ulp. D. 2, 15, 1; eod. 7, 1; eod. 11.

[5]) Aus dem Erbrecht, Sachenrechte, Ansprüche aus Vertrag und Delikt, seit 500 auch Statusrechte: Peterlongo 208ff.; Kaser, RE 6 A (1937) 2143 s. v. transactio;

[6]) Z.B. Scaev. D. 45, 1, 122, 5; C. 2, 3, 21; C. 2, 4, 2.

[7]) Z.B. Pomp.-Ulp. D. 12, 6, 23 pr.–4; Scaev. D. 45, 1, 122, 5.

[8]) Dagegen ist es unerheblich, ob der einen Partei tatsächlich eine *actio* zustand, hierin liegt ja gerade die Ungewißheit.

[9]) Über die Wirksamkeit: Peterlongo 244ff.; Kaser, RE 6 A (1937) 2141f.

transactionis causa probari possit hanc intercessisse conventionem, exceptione te tueri potes, si possides:
quod si adversarius tuus teneat, ex hoc placito nullam actionem esse natam, si tibi stipulatione non prospexisti, debes intellegere:
nec adversario tuo transactione uti concedendum, nisi ea quae placita sunt paratus est adimplere.[10]) (a. 293)

Die *transactio*[11]) sieht vor, daß Eusebius von den Erbschaften nach seinen Brüdern die Hälfte erhalten sollte. Seine eigene Leistung an den *adversarius* ist nicht näher bestimmt. Diese kann in der Nichterhebung einer Klage, insbesondere der *querela inofficiosi testamenti*, welche auch einem Bruder des Erblassers möglich ist[12]), bestehen; dann würde der *adversarius transactione uti* (letzter Satz), indem er gegen diese Klage die *exceptio pacti* geltend machte. – Andererseits wäre es unverständlich, warum dann in dem zweiten Fall kein entsprechender Hinweis auf die Klagmöglichkeit des Eusebius gegeben, sondern der Eindruck hervorgerufen wird, Eusebius könne nun keinerlei Ansprüche gerichtlich gegen den *adversarius* durchsetzen. Vielleicht hat der Kaiser eine ausführlichere Antwort gegeben, die dann von den Kompilatoren, welche das Reskript ja auch in drei Teile zerstückelt haben (C. 2, 3, 21; C. 6, 30, 7 und C. 6, 53, 6), gekürzt worden ist.

Im ersten Teil des Reskriptes geht es um die Klage des *adversarius*, wohl die *hereditatis petitio* oder vielleicht die *rei vindicatio*, auf Herausgabe der Sachen, die sich bei Eusebius befinden. Der verklagte Eusebius – anscheinend nicht Allein- oder Miteigentümer der herausverlangten Sachen – hat die *exceptio pacti*[13]), die sich darauf stützt, daß dem Vergleich gemäß alles oder zumindest ein Teil des Beanspruchten ihm selbst gebühre. – Mit dieser *exceptio* erzwingt zwar der Beklagte die Respektierung des *pactum* und macht er dessen Nichterfüllung durch den Kläger geltend. Aber weil der Kläger in diesem Verfahren nicht die Erfüllung des *pactum* durch den Beklagten, sondern eine anders begründete Leistung fordert, dient die *exceptio pacti* nicht der Durchsetzung des Synallagma-Gedankens.

Zweitens wird der Fall beurteilt, daß der *adversarius* die Sachen besitzt. Dann kann Eusebius sie nicht, gestützt auf das formlose *pactum*, einfordern. Eine *actio* auf Übereignung der Hälfte der Erbschaft hätte er nur, wenn er die Zusage des *adversarius* stipuliert hätte.

Drittens darf der *adversarius* die *transactio* nicht »benutzen«, wenn er nicht

---

[10]) Teile desselben Reskriptes bilden C. 6, 30, 7 und C. 6, 53, 6.

[11]) Auf das *sine scriptura placuisse* kommt es für das römische Recht nicht an, wohl aber für das griechische: Gneist, Formelle Verträge (1845) 411ff.; Mitteis, Reichsrecht (1891) 514ff.; J.-Ph. Lévy, RH 30 (1952) 486 m. N. 3. Aus dem Bereich des griechischen Rechts mag Eusebius stammen. – Mitteis 11f., macht darauf aufmerksam, daß alle diokletianischen Reskripte dem Orient angehören. – Im Falle C. 2, 3, 21 wird zwischen den Parteien Streit auch darüber geherrscht haben, ob die Schriftform entbehrlich war oder nicht. Die Worte *sine scriptura placuisse* für unecht zu halten, liegt kein Anlaß vor. Wegen derselben Frage in C. 2, 4, 28 s. sogleich.

[12]) Kaser, RPR 1, 593 m. N. 16, dort weit. Lit.

[13]) Über Echtheit und Zusammentreffen der *exceptiones pacti, doli* und *transacti negotii* o. ä.: Koschaker, Festschr. Hanausek (1925) 141ff.; Kaser, RE 6 A (1937) 2141; Collinet, La nature des actions (1947) 514ff.; Jörs-Kunkel, RPR, 197f. N. 3.

seinerseits zu ihrer Erfüllung bereit ist – eine klare Formulierung der Abhängigkeit beider Leistungen. Auf welche Weise er von der *transactio* Gebrauch machen könnte, ist dem Reskript nicht zu entnehmen. Es ist vor allem an die Möglichkeiten zu denken, daß er die Zusage des Eusebius stipuliert hat und sie einklagt, oder daß er sich gegen eine Klage des Eusebius mit der Berufung auf die *transactio* verteidigt.

2. Dem Synallagma vergleichbar ist es auch, daß die *replicatio doli* gegen die *exceptio pacti* gewährt wird, wenn der Beklagte den Vereinbarungen nicht nachgekommen ist. Dann braucht auch der Kläger sich nicht mehr an sie zu halten und kann – seiner früheren Zusage entgegen – seine *actio* doch geltend machen:

Impp. Diocletianus et Maximianus AA. et CC. Sapparutae. C. 2, 4, 28: Sive apud acta rectoris provinciae sive sine actis, scriptura intercedente vel non, transactio interposita est, hanc servari convenit. Sed quoniam, ut certum quid accipias, convenisse te, licet sine scriptura, proponis nec huius rei causa stipulationem secutam esse, quamvis ex pacto non potuit nasci actio, tamen rerum vindicatione pendente, si exceptio pacti opposita fuerit, doli mali vel in factum replicatione usa poteris ad obsequium placitorum adversarium urguere. (a. 294)

Nach dem Inhalt der mündlich vereinbarten *transactio*[14]) würde Sapparuta die Vindikation ihrer bei dem *adversarius* befindlichen Sachen unterlassen, der *adversarius* diese Gegenstände also behalten dürfen; und der *adversarius* würde ihr eine bestimmte Summe zahlen. Das hat er unterlassen[15]). Sapparuta kann die Zahlung auf Grund des ohne *cautio* geschlossenen *pactum* nicht einklagen, aber die *rei vindicatio* wegen dieser Sachen anstrengen und der *exceptio pacti* des *adversarius* eine *replicatio* entgegensetzen.

Das Reskript betont besonders, daß mit der Replikation auf den *adversarius* ein Druck ausgeübt werden kann, die Vereinbarung zu erfüllen. Der Kaiser spricht aus, daß die Einrede nicht nur die allgemein sichtbare – negative – Folge hat, demjenigen, der sie erhebt, die Erbringung einer Leistung zu ersparen, sondern daß ihr auch die positive Wirkung innewohnen kann, den Einredegegner zur Erfüllung seiner Verbindlichkeit anzutreiben. Dieses Moment, das sonst in den Quellen verdeckt bleibt, tritt hier zutage: *replicatione usa poteris ad obsequium placitorum adversarium urguere*[16]).

---

[14]) Das in Satz 1 auftauchende *licet sine scriptura* ist eine überflüssige Wiederholung und mag ein Glossem sein. Im übrigen ist es durchaus wahrscheinlich, daß die Klägerin auf den Mangel der Schriftform in ihrer Anfrage hingewiesen hat, um sich von dem Kaiser die Entbehrlichkeit dieser Form bestätigen zu lassen. S. o. N. 11. Anders: Brassloff, St. Riccobono 1 (1936) 330: die anfragende Klägerin werde kaum von sich aus auf einen Mangel, der der Vereinbarung nach Volksrecht anhafte, hingewiesen haben. Dieser Gedanke Brassloffs überzeugt nicht. Die Anfragenden wandten sich ja gerade deswegen an den Kaiser, weil ihre Rechtslage unsicher war und sie vom Kaiser die Beseitigung rechtlicher Zweifel erhofften. Kosten, Mühen und Zeitverlust einer Anfrage lohnten sich nur dann, wenn der Anfragende auch die rechtlich strittigen Punkte mitteilte und der Kaiser ihn darauf beschied.

[15]) Anders: Brassloff (o. N. 14) 330: »Die Partei, die sich an den Kaiser wendet, hat sich... eine Leistung versprechen lassen und die Zusage ist, wie man nach dem Reskript annehmen muß, auch tatsächlich erfüllt worden.«

[16]) Kein unmittelbares Zeugnis für die *replicatio doli* des Klägers erbringt: *Impp. Diocletianus et Maximianus AA. et CC. Achilleo.* C. 2, 4, 36: *Si cum liberis maior annis viginti*

3. Dieselbe Rechtsansicht wie Kaiser Diokletian hatte schon Ulpian vertreten:

Ulp. D. 5, 2, 27 pr. (6. op.): Si instituta de inofficioso testamento accusatione de lite pacto transactum est nec fides ab herede transactioni praestatur, inofficiosi causam integram esse placuit.

Der Kläger hat die *querela inofficiosi testamenti* eingeleitet, dann aber, indem er einem *pactum* mit dem Erben Folge leistete, von dem Verfahren Abstand genommen[17]). Der Erbe jedoch hatte die Vereinbarung nicht erfüllt. Deswegen steht der Fortsetzung der *querela* nichts im Wege. Die eine Nichterfüllung rechtfertigt die andere.

III. Dem genetischen Synallagma ist es vergleichbar, daß die Gegenverpflichtung eine Unwirksamkeit des Verzichtsversprechens teilt.

Ulp. D. 12, 6, 23, 1 (43. Sab.): Si post rem iudicatam quis transegerit et solverit, repetere poterit idcirco, quia placuit transactionem nullius esse momenti: hoc enim imperator Antoninus cum divo patre suo rescripsit...

Post rem iudicatam ist der Vergleich unzulässig[18]). Der Grund dafür mag in der Autorität des Urteils und dem Fehlen einer Ungewißheit, die man zu beseitigen trachten könnte, liegen – jedenfalls in einem Umstand, der den Verzicht, nicht aber die Gegenleistung als unzulässig erscheinen läßt. Trotzdem wird auch das Versprechen und Gewähren der Gegenleistung nicht anerkannt. Sie ist zwar, wenn sie nur im *pactum* vereinbart ist, schon deswegen nicht einklagbar[19]), aber der Gegner kann hier seine eigene Leistung zurückfordern[20]), weil der Verzicht des anderen Teiles unwirksam ist[21]).

2. Ein weiteres Beispiel findet sich in der Fortsetzung des Fragmentes

D. 12, 6, 23, 2: Item si ob transactionem alimentorum testamento relictorum datum sit, apparet posse repeti quod datum est, quia transactio senatus consulto infirmatur.

Eine *transactio* über testamentarisch begründete Unterhaltsansprüche ist unwirksam, sofern sie ohne Mitwirkung eines Prätors geschah[22]). Diese Einschränkung hat der Kaiser wohl weniger aus Achtung vor dem letzten Willen des Verstorbenen, als zum Schutz der oft unerfahrenen Bedachten

---

quinque transegisti, quamvis dari tibi placita repraesentata necdum probentur nec offerant haec qui conveniuntur, ne quid amplius ab ipsis exigi possit, exceptionis proficit aequitas. – Danach steht dem Beklagten die *exc. pacti* zu, selbst, wenn er die vereinbarte Leistung weder angeboten noch erbracht hat.

17) Dazu Racz, Les restrictions à la liberté de tester (1934) 112ff.

18) Paul. D. 42, 1, 45, 1; consult. 9, 8; Peterlongo (o. N. 1) 31ff; Kaser, RE 6 A, 2144. – Darauf, daß man in nachklassischer Zeit diesen Grundsatz auf solche Entscheidungen beschränkt hat, gegen die keine Appellation möglich war, kommt es in diesem Zusammenhang nicht an.

19) S. o. unter I.

20) Dazu Schwarz, Condictio (1952) 251.

21) Der Rest des Ulpian-Paragraphen wird interpoliert sein, wie die Gleichstellung von *retentio* und *compensatio* vermuten läßt. Es ist auch kaum glaubwürdig, daß Ulpian seine eigene Feststellung der Rückforderbarkeit des Gezahlten sogleich durch diesen Hinweis auf Kompensation oder Retention abgeschwächt haben sollte. – So Peterlongo 94 m. N. 168; 34 m. N. 50. Vgl. auch Broggini, SZ 73 (1956) 367 N. 47 bezüglich §§ 1 und 3. – Das Prinzip der Unwirksamkeit der Zahlung wird auch von den Kompilatoren anerkannt. Nur auf dieses kommt es in diesem Zusammenhang an.

22) Ulp. D. 2, 15, 8 pr.; C. 2, 4, 8 (a. 239).

veranlaßt[23]), die möglichst nicht der öffentlichen Wohlfahrtspflege zur Last fallen sollten. Auch hier ist nicht die Geldzahlung schädlich, sondern der Verzicht. Die völlige Unwirksamkeit des Verzichtes zieht die der Zahlung nach sich: sie kann kondiziert werden. So entspricht es dem genetischen Synallagma[24]).

IV. Während die *transactio* dem Synallagma verwandte Erscheinungen zeigt, sind entsprechende Fälle bei anderen Rechtsverhältnissen außerhalb der Konsensualkontrakte, auffallenderweise auch beim Tausch, nicht überliefert. Das erklärt sich hauptsächlich damit, daß die Innominatkontrakte erst geschlossen sind, wenn eine Partei ihre Leistung schon erbracht hat, so daß für eine Zurückbehaltung der Leistung seitens der einen Partei keine Gelegenheit und seitens der anderen kein Grund gegeben ist.

---

[23]) Ulp. D. 2, 15, 8 pr.

[24]) Weiter zu diesem Fragment: Peterlongo 56ff.; 183f.; 257ff.; Schwarz (o. N. 20) und Broggini (o. N. 21). – Diesem Fragment widerspricht auch nicht grundsätzlich die – itp – Aussage in Ulp. D. 2, 15, 8, 21/22: Die Rückforderung des Geldes wird dort nur soweit ausgeschlossen, wie die Zahlung mit der fortbestehenden Legatsschuld und Unterhaltspflicht verrechnet wird.

5. Abschnitt

§ 22

Ergebnisse

I. 1. In den Quellen ist nicht zu erkennen, daß zu irgendeiner Periode der römischen Rechtsgeschichte ein Kauf oder eine Miete zustandegekommen wäre, wenn es bei Vertragsabschluß an der einen der beiden Forderungen –weil es etwa an der Einigung über den Preis mangelt oder weil der Vertragsgegenstand bereits dem Käufer oder Mieter gehört – fehlte[1]). Es darf wohl angenommen werden, daß insofern das genetische Synallagma stets beachtet worden ist[2]). Hingegen haben sich das funktionelle und das konditionelle Synallagma anscheinend erst allmählich durchgesetzt.

2. Varro berichtet ausdrücklich, der Käufer habe die Lieferung der Ware schon vor Entrichtung des Preises begehren können[3]). Diese Unabhängigkeit der Warenforderung von der Geldzahlung wird auch aus der von Labeo behandelten Vertragsklausel *ut soluta pecunia traderetur ei (= emptori) possessio* zu erschließen sein[4]). Des weiteren ist denkbar, daß die späteren Juristen – seit Julian – die Retentionsbefugnis des Verkäufers deswegen mit dem Pfandrecht vergleichen, weil zu ihrer Zeit der Gedanke, der Verkäufer dürfe die Lieferung bis zum Empfang des Geldes verweigern, noch nicht allgemein verbreitet war[5]).

Ob anfangs auch die Preisforderung unabhängig von der Leistung des Klägers durchgesetzt werden konnte, läßt sich – da hierüber die Quellen schweigen – nicht feststellen.

3. Etwa zu Labeos Zeit beginnt der Gedanke der Abhängigkeit von Forderung und Gegenforderung Raum zu gewinnen: Die erwähnte Vertragsklausel[6]) macht die Durchsetzung der Käuferforderung von der Erfüllung der Käuferpflicht abhängig. – Die gegenseitige Abhängigkeit hat Labeo vielleicht im Sinne gehabt, als er erklärte, die *acceptilatio* der einen von zwei einander gegenüberstehenden Forderungen lasse die andere unberührt; dabei mag er der Ansicht gewesen sein, die *acceptilatio* könne die an-

---

[1]) §§ 12 I und 18 I.
[2]) Zu einer anderen Erscheinungsform des genetischen Synallagmas sogleich unter 7
[3]) de r. r. 2, 2, 6 – oben § 5 I.
[4]) Labeo D. 18, 1, 78, 2 – oben § 5 II.
[5]) Iul.-Ulp. D. 47, 2, 14, 1; Marcel.-Ulp. D. 21, 1, 31, 8; Scaev. D. 18, 4, 22; Ulp. D. 19, 1, 13, 8 – dazu oben insbesondere § 8.
[6]) S. o. N. 4.

dere Forderung deswegen nicht beeinträchtigen, weil jene an dem Formalakt der *acceptilatio* nicht teilnehme, und nur aus diesem Grunde stelle dieser Fall eine Ausnahme von dem sonst zu bejahenden Grundsatz der gegenseitigen Abhängigkeit dar. Labeo könnte ferner zwei Forderungen, die nicht einem gegenseitigen Vertrag entspringen, gemeint haben und der Ansicht gewesen sein, die *acceptilatio* einer in einem gegenseitigen Vertrag begründeten (und dann novierten) Forderung würde jedoch die Gegenforderung ebenfalls unwirksam machen[7]. – Schließlich vertritt Labeo die Auffassung, eine Aufhebung der Preisforderung durch Gesetz habe zur Folge, daß auch die Warenforderung nicht mehr durchgesetzt werden könne[8].

4. Nerva dagegen betrachtet die Forderung losgelöst von der Gegenforderung, indem er der Ansicht ist, der Käufer müsse bei zweimaligem Kauf derselben Sache den Preis zweimal entrichten, obwohl er die Sache nur einmal erhält[9]. Anders als Nerva entscheiden jedoch Celsus, Julian und Pomponius, die den Käufer oder Mieter bei einem *concursus causarum* von seiner Zahlungspflicht befreien[10].

5. Aristo hält die Aufhebung einer Kaufforderung durch ein *pactum*, welches die Gegenforderung bestehen läßt, für wirksam[11]. Celsus und Pomponius verlangen hingegen, daß durch ein *pactum* alle, die aus dem aufzuhebenden Vertrag verpflichtet waren, befreit werden[12]. Nach Julian und Pomponius ist das *pactum* nur gültig, wenn die Gegenforderung noch nicht erfüllt ist[13]. Die *acceptilatio*, die der einen Partei einer *emptio venditio* oder *locatio conductio* erteilt wird, befreit auch die andere, so entscheiden Julian und Paulus[14].

6. Ebenfalls von Julian und von Gaius ist überliefert, daß sich der Ersteher einer Sache auf die *exceptio mercis non traditae* berufen kann, wenn von ihm die Bezahlung vor der Sachübergabe verlangt wird[15]. Julian spricht ferner davon, daß dem Verkäufer die Ware wie ein Pfand für die Preiszahlung hafte[16]; Marcellus, Scaevola, Ulpian und Diokletian erklären sodann, daß der Verkäufer die Ware erst aus den Händen zu geben brauche, wenn er den Preis erhalte[17].

7. Paulus berichtet von Fällen, in denen jemand mit einem *pupillus sine tutoris auctoritate* oder mit einem *servus* einen Kauf abschließt, oder in denen ein Bösgläubiger von einem Gutgläubigen eine gestohlene Sache kauft.

---

[7]) Labeo-Paul. D. 46, 4, 23 – oben § 13 II 1.
[8]) Labeo D. 19, 1, 50 – oben § 14.
[9]) Nerva-Cels.-Pomp. D. 21, 2, 29 pr. – oben § 13 I 1.
[10]) Nerva-Cels.-Pomp. D. 21, 2, 29 pr.; Iul. D. 30, 84, 5; Ulp. D. 19, 2, 9, 6 – oben § 13 I, § 19 II.
[11]) Aristo-Cels.-Pomp. D. 18, 5, 1 – oben § 13 II 4.
[12]) S. N. 11.
[13]) Iul. D. 18, 5, 5, 1; Pomp. D. 18, 1, 6, 2; Pomp. D. 18, 5, 2; Paul. eod. 3 – oben § 13 II 3.
[14]) Iul. D. 18, 5, 5 pr.; Labeo-Paul. D. 46, 4, 23 – oben § 13 II 1 und 2.
[15]) Iul. D. 19, 1, 25; Gai. 4, 126a – oben § 10.
[16]) Iul.-Ulp. D. 47, 2, 14, 1 – oben § 8 I 4.
[17]) Marcel.-Ulp. D. 21, 1, 31, 8; Scaev. D. 18, 4, 22; Scaev. D. 26, 7, 56; Ulp. D. 19, 1, 13, 8; C. 4, 49, 8 – oben insbesondere § 6.

Aus diesen Verträgen erwächst nur einer Partei – dem *pupillus*, dem *dominus* und dem Gutgläubigen – eine *actio*. Die Klage dringt jedoch nur durch, wenn der Kläger dem anderen Teil Befriedigung gewährt[18]).

8. Auch Diokletian macht die Erfüllung der einen Verpflichtung abhängig von der der anderen[19]).

II. Diese Entwicklung ergibt im hochklassischen Recht das folgende Bild, das sich auch in der nachklassischen Zeit nicht geändert haben wird:

1. Dem funktionellen Synallagma entspricht es, daß der Verkäufer seine Ware dem Käufer bis zur Preiszahlung vorenthalten darf[20]) und daß offenbar der Käufer seinerseits den Preis nur zu entrichten braucht, wenn er die Ware erhält[21]).

Für die *locatio conductio* fehlen entsprechende Zeugnisse. Erhebliche Gründe sprechen jedoch dafür, daß der Mietzins sowie der Dienst- und Werklohn nicht unabhängig von der Gebrauchsgewährung, Werkherstellung oder Dienstleistung begehrt werden kann und umgekehrt. Die *locatio conductio* wird in den Quellen auch in anderen Beziehungen verhältnismäßig wenig behandelt; doch sind die Retention in dem besonderen Fall des Seewurfs sowie Erscheinungen des genetischen und des konditionellen Synallagmas erwiesen. Außerdem tritt die Ähnlichkeit der *locatio conductio* mit der *emptio venditio* mehrmals deutlich hervor. Bei beiden Kontrakten handelt es sich um Austauschverträge mit *bona-fides*-Klausel. Dieses alles führt zu der Annahme, daß auch die *locatio conductio* das funktionelle Synallagma gekannt habe[22]).

Dem funktionellen Synallagma vergleichbare, mit ihm aber nicht identische Erscheinungen finden sich in der Abhängigkeit der Eviktionshaftung von der Preiszahlung[23]), in den Exzeptionen wegen Sach- oder Rechtsmängeln gegenüber der novierten Kaufpreisforderung[24]), dem bereits erwähnten Fall der Retention wegen des Ausgleichsanspruches des durch den *iactus mercium* benachteiligten Befrachters[25]) und schließlich bei der *transactio*[26]).

Die Abhängigkeit wird dadurch verwirklicht, daß der Schuldner seine Leistung retinieren darf. Im Prozeß wird der *iudex* die Retentionsbefugnis schon auf Grund der *bona-fides*-Klausel, ohne daß es einer besonderen *exceptio* bedurft hätte, berücksichtigen und die Klage endgültig abweisen, sofern der Kläger seine Leistung nicht bis zum Urteilsspruch erbracht hat[27]).

---

[18]) Paul. D. 12, 1, 31, 1; D. 18, 1, 34, 3; D. 18, 5, 7, 1; D. 21, 1, 57 pr. Ähnliches wird vermutlich für die Geschäfte mit einem *filiusfamilias* gelten. Oben § 12 II.

[19]) C. 4, 49, 8 – oben § 6, 5. Vgl. auch C. 2, 3, 21; ähnlich C. 2, 4, 28 – oben § 21 II.

[20]) S. N. 16 und 17 – und oben §§ 6–8.

[21]) S. N. 15.

[22]) S. oben § 17.

[23]) Ulp. D. 19, 1, 11, 2 – oben § 9 I.

[24]) Ulp. D. 21, 1, 59 pr./1; Pap. D. 21, 2, 68 pr.; Alfen. D. 44, 1, 14; Paul. D. 44, 4, 5, 4; Pap. vat. 12 (= D. 18, 6, 19, 1); C. 8, 44, 5; C. 8, 44, 24. – oben § 11.

[25]) Servius-Paul. D. 14, 2, 2 pr. – oben § 17 I 1.

[26]) C. 2, 3, 21 und C. 2, 4, 28 – oben § 21 II.

[27]) Oben § 7.

Anfangs waren es anscheinend die Parteien, die durch eine *lex contractus* die Abhängigkeit hergestellt haben; das darf man vielleicht aus dem von Labeo behandelten Fall schließen[28]). Später wird die Abhängigkeit kein zwingender Rechtssatz, der der Disposition der Parteien entzogen wäre: es steht den Vertragsteilen frei, die Abhängigkeit durch eine besondere Abrede zu durchbrechen; das berichtet Gaius, allerdings im Hinblick auf eine stipulierte Forderung[29]).

2. Der Gedanke des genetischen Synallagmas äußert sich beim Kauf und der *locatio conductio* auf zweierlei Weise: Entweder zieht die Unwirksamkeit des einen Anspruchs die Unwirksamkeit des anderen und damit die des ganzen Vertrages nach sich[30]). Oder es hindert die Unwirksamkeit der einen Forderung nicht das Entstehen der anderen, wie bei dem unrömisch sogenannten negotium claudicans, sondern bewirkt, daß die entstandene, klagbare Forderung nur durchgesetzt werden kann, wenn die andere Forderung erfüllt wird[31]). Ist diese, zuletzterwähnte Form auch nur für den Kauf überliefert, so wird sie wohl aus den oben unter II 1 vorgetragenen Gründen dennoch in gleicher Weise auf die *locatio conductio* Anwendung finden.

3. Mit dem konditionellen Synallagma stimmt es überein, daß die *acceptilatio* der einen Forderung[32]) sowie der Erwerb der Kaufsache aus einem anderen Rechtsgrund[33]) die Gegenforderung beseitigt, und daß ein Aufhebungs*pactum* im allgemeinen nur wirksam ist, wenn der ganze Vertrag noch unerfüllt ist[34]).

Doch ist einem abweichenden Parteiwillen auch hier Raum gelassen: So ist ein *pactum* trotz Erfüllung von einer Seite wirksam, wenn die erbrachte Leistung zurückgewährt wird und die noch ausstehende nicht mehr verlangt werden soll[35]). Des weiteren ist der Zinsnachlaß zugunsten des Mieters und Pächters anerkannt, obwohl Vermieter und Verpächter verpflichtet bleiben[36]), da hier die Parteien bewußt eine Freigebigkeit beabsichtigt haben und da die finanzielle Besserstellung der unteren Schichten, insbesondere der Landbevölkerung, im wirtschafts- und sozialpolitischen Interesse liegt.

Dem konditionellen Synallagma entziehen sich dagegen die Gefahrtragungsregeln, die an einer andersartigen Interessenlage als der Gleichbehandlung der beiden Vertragsteile orientiert sind: Dem Käufer wird die Gefahr aufgebürdet[37]), da es typischerweise bei ihm liegt, wenn die Sache nach Vertragsschluß in dem Gefahrenbereich des Verkäufers geblieben ist.

---

28) Oben N. 4.
29) Gai. 4, 126a – oben § 10.
30) Oben N. 1.
31) Oben unter I 7.
32) Oben N. 14.
33) Oben N. 10.
34) Oben N. 13.
35) Ulp. D. 2, 14, 16, 1; Aristo-Ner. D. 2, 14, 58 – oben § 13 II 5 und 3.
36) Iul. D. 2, 14, 56; Ulp. D. 19, 2, 5; Paul. eod. 24, 5 – oben § 19 III.
37) Insbesondere Paul. D. 18, 6, 8 pr. – oben § 15.

Bei der *locatio conductio* ist die Gefahrtragung anscheinend danach verteilt, in wessen Einflußbereich ein Schaden entstanden ist[38]).

III. Die Antwort auf die beiden Fragen, die wir zu Beginn der Arbeit gestellt haben[39]), lautet demnach: Das klassische römische Recht zeigt vielfältige Auswirkungen der gegenseitigen Abhängigkeit von Forderung und Gegenforderung. Einen gemeinsamen Ausgangspunkt dieser verschiedenen Erscheinungen haben die römischen Juristen jedoch noch nicht gesucht[40]). Was sie συνάλλαγμα nennen, ist der Vertrag, vielleicht der Konsensual- oder der Innominatkontrakt, aber jedenfalls nicht der gegenseitige Vertrag[41]). Erst im 16. Jahrhundert wird die Abhängigkeit zwischen den Leistungen als συνάλλαγμα bezeichnet[42]). Besonders das 19. Jahrhundert hat dann das Prinzip des unrömisch sogenannten »Synallagmas« herausgearbeitet[43]).

---

[38]) Oben § 19 IV. – Die abweichende wirtschaftliche Gestaltung von *locatio conductio* und *emptio venditio* gebietet eine abweichende Regelung der Gefahrtragung: Miquel, SZ 81 (1964) 143 und 170.

[39]) In § 1 I am Ende.

[40]) Oben §§ 3 und 4.

[41]) Labeo-Ulp. D. 50, 16, 19; Aristo-Ulp. D. 2, 14, 7, 2 – oben § 3 III.

[42]) Alciat, Paradoxa, l. V. c. 7 de verbor. signific. ad D. 50, 16, 19; 1536.

[43]) Oben § 1 II und III.

Quellenregister

Die Zahlen verweisen auf die Seiten und die Anmerkungen.
Die Hauptfundstellen sind durch Kursivdruck hervorgehoben.

I. Juristische Quellen

A. Vorjustinianische Quellen

B. Corpus iuris civilis

Codex Just.

C. Nachjustinianische Quellen

D. Inschriften, Gesetze usw.

II. Nichtjuristische Quellen

Sachregister

Die Zahlen verweisen auf die Seiten und die Anmerkungen

FSC
www.fsc.org
MIX
Papier | Fördert gute Waldnutzung
FSC® C083411

Kolibri 360 GmbH
Ferdinand-Jühlke-Straße 7
99095 Erfurt, Deutschland
produktsicherheit@kolibri360.de